Bastidores

Um Outro Lado do Cinema

Bastidores

Um Outro Lado do Cinema

por Elaine Guerini

CULTURA
Fundação Padre Anchieta

imprensaoficial

São Paulo - 2005

Dados Internacionais de Catalogação na Publicação elaborados pela Biblioteca da Imprensa Oficial do Estado de São Paulo

Guerini, Elaine
Bastidores : um outro lado do cinema / por Elaine Guerini. – São Paulo : Imprensa Oficial do Estado de São Paulo : Cultura – Fundação Padre Anchieta, 2005.
384p.: il. – (Coleção aplauso. Série cinema / coordenador geral Rubens Ewald Filho).

ISBN 85-7060-233-2 (Obra completa) (Imprensa Oficial)
ISBN 85-7060-399-1 (Imprensa Oficial)

1. Artistas cinematográficos – Entrevistas 2. Ewald Filho, Rubens I. Título. II. Série

CDD – 791.43

Índices para catálogo sistemático:

1. Artistas Cinematográficos 791.43

Foi feito o depósito legal na Biblioteca Nacional (Lei nº 1.825, de 20/12/1907).

Imprensa Oficial do Estado de São Paulo

Rua da Mooca, 1921 - Mooca
03103-902 - São Paulo - SP - Brasil
Tel.: (0xx11) 6099-9800
Fax: (0xx11) 6099-9674
www.imprensaoficial.com.br
e-mail: livros@imprensaoficial.com.br
SAC 0800-123401

Apresentação

"O que lembro, tenho."
Guimarães Rosa

A *Coleção Aplauso*, concebida pela Imprensa Oficial, tem como atributo principal reabilitar e resgatar a memória da cultura nacional, biografando atores, atrizes e diretores que compõem a cena brasileira nas áreas do cinema, do teatro e da televisão.

Essa importante historiografia cênica e audiovisual brasileiras vem sendo reconstituída de maneira singular. O coordenador de nossa coleção, o crítico Rubens Ewald Filho, selecionou, criteriosamente, um conjunto de jornalistas especializados para realizar esse trabalho de aproximação junto a nossos biografados. Em entrevistas e encontros sucessivos foi-se estreitando o contato com todos. Preciosos arquivos de documentos e imagens foram abertos e, na maioria dos casos, deu-se a conhecer o universo que compõe seus cotidianos. A decisão em trazer o relato de cada um para a primeira pessoa permitiu manter o aspecto de tradição oral dos fatos, fazendo com que a memória e toda a sua conotação idiossincrásica aflorasse de maneira coloquial, como se o biografado estivesse falando diretamente ao leitor.

Gostaria de ressaltar, no entanto, um fator importante na *Coleção*, pois os resultados obtidos ultrapassam simples registros biográficos, revelando ao leitor facetas que caracterizam também o artista e seu ofício. Tantas vezes o biógrafo e o biografado foram tomados desse envolvimento, cúmplices dessa simbiose, que essas condições dotaram os livros de novos instrumentos. Assim, ambos se colocaram em sendas onde a reflexão se estendeu sobre a formação intelectual e ideológica do artista e, supostamente, continuada naquilo que caracterizava o meio, o ambiente e a história brasileira naquele contexto e momento. Muitos discutiram o importante papel que tiveram os livros e a leitura em sua vida. Deixaram transparecer a firmeza do pensamento crítico, denunciaram preconceitos seculares que atrasaram e continuam atrasando o nosso país, mostraram o que representou a formação de cada biografado e sua atuação em ofícios de linguagens diferenciadas como o teatro, o cinema e a televisão – e o que cada um desses veículos lhes exigiu ou lhes deu. Foram analisadas as distintas linguagens desses ofícios.

Cada obra extrapola, portanto, os simples relatos biográficos, explorando o universo íntimo e psicológico do artista, revelando sua autodeterminação e quase nunca a casualidade em ter se tornado artista, seus princípios, a formação de sua personalidade, a *persona* e a complexidade de seus personagens.

São livros que irão atrair o grande público, mas que – certamente – interessarão igualmente aos nossos estudantes, pois na *Coleção Aplauso* foi discutido o intrincado processo de criação que envolve as linguagens do teatro e do cinema. Foram desenvolvidos temas como a construção dos personagens interpretados, bem como a análise, a história, a importância e a atualidade de alguns dos personagens vividos pelos biografados. Foram examinados o relacionamento dos artistas com seus pares e diretores, os processos e as possibilidades de correção de erros no exercício do teatro e do cinema, a diferenciação fundamental desses dois veículos e a expressão de suas linguagens.

A amplitude desses recursos de recuperação da memória por meio dos títulos da *Coleção Aplauso,* aliada à possibilidade de discussão de instrumentos profissionais, fez com que a Imprensa Oficial passasse a distribuir em todas as bibliotecas importantes do país, bem como em bibliotecas especializadas, esses livros, de gratificante aceitação.

Gostaria de ressaltar seu adequado projeto gráfico, em formato de bolso, documentado com iconografia farta e registro cronológico completo para cada biografado, em cada setor de sua atuação.

A *Coleção Aplauso,* que tende a ultrapassar os cem títulos, se afirma progressivamente, e espera contemplar o público de língua portuguesa com o espectro mais completo possível dos artistas, atores e diretores, que escreveram a rica e diversificada história do cinema, do teatro e da televisão em nosso país, mesmo sujeitos a percalços de naturezas várias, mas com seus protagonistas sempre reagindo com criatividade, mesmo nos anos mais obscuros pelos quais passamos.

Além dos perfis biográficos, que são a marca da *Coleção Aplauso,* ela inclui ainda outras séries : *Projetos Especiais,* com formatos e características distintos, em que já foram publicadas excepcionais pesquisas iconográficas, que se originaram de teses universitárias ou de arquivos documentais pré-existentes que sugeriram sua edição em outro formato.

Temos a série constituída de roteiros cinematográficos, denominada *Cinema Brasil,* que publicou o roteiro histórico de *O Caçador de Diamantes,* de Vittorio Capellaro, de 1933, considerado o primeiro roteiro completo escrito no Brasil com a intenção de ser efetivamente filmado. Paralelamente, roteiros mais recentes, como o clássico *O Caso dos Irmãos Naves,* de Luis Sérgio Person, *Dois Córregos,* de Carlos Reichenbach, *Narradores de Javé,* de Eliane Caffé, e *Como Fazer um Filme de Amor,* de José Roberto Torero, que deverão se tornar bibliografia básica obrigatória para as escolas de cinema, ao mesmo tempo em que documentam essa importante produção da cinematografia nacional.

Gostaria de destacar a obra *Gloria in Excelsior,* da série *TV Brasil,* sobre a ascensão, o apogeu e a queda da TV Excelsior, que inovou os procedimentos e formas de se fazer televisão no Brasil. Muitos leitores se surpreenderão ao descobrirem que vários diretores, autores e atores, que na década de 70 promoveram o crescimento da TV Globo, foram forjados nos estúdios da TV Excelsior, que sucumbiu juntamente com o Grupo Simonsen, perseguido pelo regime militar.

Se algum fator de sucesso da *Coleção Aplauso* merece ser mais destacado do que outros, é o interesse do leitor brasileiro em conhecer o percurso cultural de seu país.

De nossa parte coube reunir um bom time de jornalistas, organizar com eficácia a pesquisa documental e iconográfica, contar com a boa vontade, o entusiasmo e a generosidade de nossos artistas, diretores e roteiristas. Depois, apenas, com igual entusiasmo, colocar à disposição todas essas informações, atraentes e acessíveis, em um projeto bem cuidado. Também a nós sensibilizaram as questões sobre nossa cultura que a *Coleção Aplauso* suscita e apresenta – os sortilégios que envolvem palco, cena, coxias, *set* de filmagens, cenários, câmeras – e, com referência a esses seres especiais que ali transitam e se transmutam, é deles que todo esse material de vida e reflexão poderá ser extraído e disseminado como interesse que magnetizará o leitor.

A Imprensa Oficial se sente orgulhosa de ter criado a *Coleção Aplauso*, pois tem consciência de que nossa história cultural não pode ser negligenciada, e é a partir dela que se forja e se constrói a identidade brasileira.

Hubert Alquéres
Diretor-presidente da
Imprensa Oficial do Estado de São Paulo

A Visão de uma Jornalista Brasileira

Mais uma vez, a Coleção Aplauso expande seu alcance com este livro escrito por Elaine Guerini, que nos dá uma visão diferente e inédita dos bastidores do Cinema. Até agora tínhamos nos limitado às artes nacionais, dando preferência as chamadas performing arts, que normalmente são menos cobertas pelas editoras. A idéia surgiu numa viagem de ônibus, em direção ao Festival de Gramado de 2003 quando, ao comentar que planejávamos a Coleção, me ocorreu que seria especialmente interessante para o leitor saber como são as entrevistas com os grandes astros e diretores - não apenas de Hollywood, mas também do Cinema Europeu - o que sente e reflete uma pessoa que tem acesso direto a essas pessoas, que muitos consideram ídolos, ou até semideuses. Esse é o caso de Elaine Guerini, que hoje praticamente mora numa ponte aérea entre São Paulo e qualquer lugar do mundo onde possa estar ocorrendo uma filmagem ou um press junket para lançamento de um filme.

Deixa primeiro eu contar como conheci Elaine. Eu tinha um programa na HBO Brasil onde mostrava as locações mais famosas de filmes. Ia aos lugares, apontando as diferenças e dando os endereços, mistura de turismo com cultura cinematográfica. Pois a Elaine estava, na época, na Folha de São

Paulo e, como ela ia a Nova York entrevistar Demi Moore, combinamos dela me acompanhar por algumas horas na gravação. Como tínhamos um problema com o jornal, que não dava fotos de pessoas que escreviam para outros jornais (eu ainda estava no Jornal da Tarde), resolvemos o caso com uma foto mais genérica da cidade, onde eu fazia parte da paisagem.

Foi nessa situação que surgiu a amizade que depois se consolidou em diversos festivais pelo mundo todo, apesar de ambos estarmos quase sempre correndo para fazer alguma entrevista ou ver algum filme. É preciso explicar também como funciona o sistema de atendimento à imprensa escrita e televisiva. Em geral sai mais barato para o estúdio reunir num mesmo lugar a imprensa americana e, no dia seguinte, a de todo o mundo. Coloca os artistas numa sala fechada (com equipe de TV se for o caso, com a luz já adequada para favorecê-lo), e deixa a imprensa esperando num salão, às vezes por tardes inteiras. Quando se escreve para uma revista ou jornal, você pode ganhar um espaço numa mesa coletiva formada por seis a dez pessoas de diferentes lugares do mundo, que compartilharam as respostas (e, no máximo, tem tempo para duas ou ter perguntas pessoais). Somente em casos de alto prestígio (se, por exemplo, escrever para uma revista como Veja, você consegue uma exclusiva total; no caso, fica sozinho com o artista por meia hora, numa sala, ainda que sempre vigiado pelo assessor de imprensa ou, como eles chamam, publicista). Ou seja, o contato é bastante pessoal e os atores, por mais famosos que sejam, são obrigados por contrato a atender a imprensa, promovendo o filme deles, mesmo que não gostem do resultado.

No caso da televisão, a situação é mais complicada porque o tempo é menor, pode ser de três (para alguém como Bruce Willis que odeia falar) a sete minutos (e sempre haverá uma assistente atrás de você lhe batendo nas costas, avisando que está acabando seu tempo e que você não pode ultrapassá-lo sob pena de ser penalizado depois. De que forma? Não sendo chamado para outra entrevista do mesmo estúdio! Além disso, você recebe uma orientação preliminar de quais temas não pode abordar, em geral da vida particular deles, novamente sob pena de ser interrompido e posto para fora. Em geral, os atores gostam mais de falar para os estrangeiros porque com freqüência são:
1. Mais fãs;
2. Menos fofoqueiros e
3. Fazem perguntas melhores e mais sérias, se bem que com freqüência com inglês claudicante e incompreensível.

Com os anos, aprendi que atores não têm muito a dizer, que europeus são mais cultos, e que é melhor falar com um diretor, que este sempre terá mais conteúdo. Mas voltemos à Elaine: ela trabalha como free-lance, ou seja, ela se financia (com a ajuda de uma companhia aérea, para quem escreve na revista de bordo) e depois paga as dívidas vendendo as matérias para diversos órgãos de imprensa. Então é preciso conversar com artistas que os editores desses órgãos conheçam e achem importantes. Porque senão a matéria fica encalhada e dá prejuízo. Por vezes, elas também são cortadas por questão de espaço ou a critério do editor (todas aqui estão - fizemos questão disso - em sua versão integral, sem censura).

O que temos neste livro é o trabalho que Elaine realizou nos últimos anos, com apontamentos e comentários pessoais, em diferentes formatos, mas sempre dando uma visão realista, sincera, bem-humorada, de alguma celebridade. Que retrata em close, sem retoques, conforme você gostaria de saber. Por isso, é um trabalho tão saboroso e informativo, que pode servir tanto como entretenimento quanto como informação. E de uma certa forma, também celebra uma arte tão pouco valorizada como a da entrevista.

Rubens Ewald Filho

Aos meus pais, Luiz e Neuza
Elaine Guerini

Introdução

Sentada aqui na poltrona do avião (classe econômica, bem entendido), tento lembrar as primeiras andanças mundo afora, à caça de entrevistas com personalidades do cinema. Nem adianta contar à comissária de bordo, toda sorridente ao distribuir a comida de aparência duvidosa, que Richard Gere já me recebeu para um almoço em Veneza. O *fettuccine* de espinafre com cogumelos estava divino e a companhia... Nem preciso dizer. Ela não acreditaria. Num bate-papo com Meryl Streep, em Los Angeles, a mulher recordista de indicações ao Oscar dividiu comigo uma receita de costela de porco que há anos faz a sua família lamber os beiços nos almoços de domingo. Onde foi mesmo que guardei a tal receita? Não lembro... Talvez conte apenas do encontro com Russell Crowe no friozinho de Berlim, onde, entre um café e outro, o bonitão jogou charme para o meu lado. Não, melhor deixar para lá. Nessa história, às vezes, nem eu acredito.

Houve, naturalmente, astros e estrelas que não foram com a minha cara. Mal eu abria a boca na entrevista com Harrison Ford e o sujeito já vinha com uma resposta atravessada, dando prova ao vivo do lendário mau-humor.

Sabe o irresistível Brad Pitt? Que decepção vê-lo com ar indiferente estirado num sofá, com os pés sobre a mesinha de centro, falando com a boca cheia de tirinhas de cenoura. Acredite, amiga aeromoça, Pitt sabe ser desagradável e pouco atraente quando quer. Julia Roberts consegue ser pior. O jeitinho adorável não resiste fora das telas. Só faltou me expulsar da sala, quando perguntei, depois de vê-la humilhar alguns colegas, por que ela intimida tanto as pessoas. Enquanto a mulher bufava, quase soltando fogo pelas ventas, confesso que só tinha olhos para uma veia que saltava na sua testa.

Ah... Essas celebridades de Hollywood. Muitas têm egos frágeis, ficando ofendidas por qualquer coisinha. Ai de você, pobre mortal, se contrariar aqueles que se sentem acima do bem e do mal. Felizmente há os que surpreendem pela simplicidade e simpatia. Mesmo colocados num pedestal, evitam o ar de superioridade e condescendência, posando humildemente de gente como a gente.

Outros são apenas profissionais, deixando transparecer que estão lá para cumprir uma agenda de entrevistas imposta pelo estúdio. Só querem acabar logo e voltar rapidinho para as suas mansões – de preferência, isoladas do resto do mundo.

Como observadora privilegiada, por ter conhecido pessoalmente esses seres quase mitológicos, tenho uma idéia de quem é quem na indústria. Nesses anos de repórter especializada em entrevistas com atores e diretores, procurei olhar atentamente para essas figuras, a quem o cinema concedeu uma aura mágica, distanciando-as de nós, seres comuns. Com certo esforço, muitas vezes consegui ver a pessoa por trás do mito. Por mais que astros e estrelas estejam sempre representando – afinal, é isso que os atores mais gostam de fazer – há particularidades que saltam aos olhos no cara a cara. O olhar, o tom de voz ou o jeito de falar pode desvendar muito mais do que os próprios astros gostariam. Já vi muita gente dizer uma coisa com a boca e com os olhos outra.

O objetivo deste livro é justamente dividir com vocês as minhas impressões sobre personalidades da telona. É uma coletânea de entrevistas, acompanhadas sempre de uma apresentação inédita, com os bastidores de cada encontro. A idéia do livro não foi minha. Foi do meu amigo Rubens Ewald Filho, o jornalista que sempre me inspirou. Quando ele brinca dizendo que eu moro num avião (agora, reconheço, não estou em condições de discordar), digo que, quando crescer, quero ser igual a ele...

Acompanho Rubinho desde que ele comentava os filmes no *Jornal Hoje*, da TV Globo. Na época não podia imaginar que um dia a gente ia sentar lado a lado na platéia do lendário Grand Théâtre Lumière, de Cannes.

Até o final deste vôo para Los Angeles espero ter finalmente me decidido pelos nomes do livro, pouco mais de 40 entrevistados. Escolho os mais célebres – e não necessariamente os mais inteligentes ou talentosos – retratados nas entrevistas que publiquei, nos últimos dez anos, nos mais variados veículos de imprensa nacional, como *Agência Estado, Folha de S. Paulo, Valor Econômico, O Estado de S. Paulo, Jornal da Tarde,* revistas *Ícaro, ELLE, Contigo, UMA*, a extinta *Chiques* e *Primeiras Imagens*, uma revista portuguesa. Oba! Isso me lembra que pelo menos uma publicação paga em euro...

O tom do livro é intencionalmente leve e opinativo. São os astros a olho nu, com tudo o que eles têm de mais característico, curioso e até infame. Pode ser a modéstia de Tom Hanks, a personalidade forte de Susan Sarandon ou o jeito maltrapilho de Johnny Depp se vestir. Ao vivo, sem que sejam favorecidos pelo melhor ângulo de câmera ou pelo milagre da maquiagem e da iluminação, nem sempre os atores são aquilo tudo que a gente imagina.

É por isso que reúno apenas personalidades estrangeiras, a quem a imprensa do Brasil tem acesso restrito. Não tenho a intenção de deliberadamente ofender ou bajular nenhum entrevistado. Só quero informar e, quem sabe, divertir vocês com as minhas histórias e observações sobre essa gente que adora dominar a cena. Aqui entra tudo aquilo que muitas vezes nem foi mencionado na entrevista publicada por destoar da pauta. Muitos editores preferem o material factual, relacionado ao filme que o ator está lançando, ignorando o clima e a minha química com o entrevistado (ou mesmo a ausência de).

Dou a minha impressão dos astros (não só de Hollywood, mas de representantes do cinema europeu) a partir de entrevistas com duração média de 30 minutos. Acha pouco tempo? Então pense nos coitados dos repórteres de televisão, que têm apenas três minutos com cada entrevistado. Imagine só três minutinhos com Mel Gibson... Ou Michelle Pfeiffer, para quem prefere a companhia feminina. A câmera ligada ainda induz os atores a representarem muito mais, concorda? Quando entra imagem na história, muda tudo.

Ator não é bobo. Quer, sim, ser admirado e (por que não?) adorado pelo público, o que o impede de soltar os cachorros no jornalista de TV, preferindo quase sempre manter as aparências. São os repórteres de imprensa escrita, como eu, que normalmente levam as cacetadas. Mesmo que a gente publique como eles estavam azedos no encontro, os atores podem negar, alegando muitas vezes "perseguição". Uma fita cassete gravada nunca terá o mesmo peso de uma fita de vídeo. Mas não reclamo. Até porque, como eu travo diante das câmeras, não levo mesmo o menor jeito para TV. E as entrevistas para veículos impressos são, além de mais extensas e produtivas, mais descontraídas. Se o ator quiser, pode ser ele mesmo. Muitos bebem, comem e fumam durante a entrevista, o que sempre dá uma aura mais mundana. Carregar um gravador ainda é melhor do que levar para cima e para baixo o operador de câmera, que parece estar sempre reclamando.

Muitas das celebridades selecionadas, incluindo Leonardo DiCaprio – que curiosamente tem filme passando neste vôo –, entrevistei várias vezes. Rever a fofa da Renée Zellweger ou o elétrico cineasta Martin Scorsese não é nenhum sacrifício. A vida só complica quando a gente precisa encarar novamente os mais temperamentais. Como Demi Moore e Meg Ryan, especialistas em deixar o repórter com a sensação de pisar em ovos.

Essas entrevistas ou são agendadas durante os principais festivais internacionais de cinema, como Cannes, Veneza ou Berlim, ou realizadas nas chamadas *junkets*, eventos de imprensa que marcam os lançamentos de filmes em hotéis nos EUA e na Europa.

Não é qualquer hotel que abriga uma *junket*. Geralmente são aqueles imponentes e luxuosos cinco-estrelas que deixam qualquer um zonzo no *lobby*, sem saber direito para que lado seguir.

Prefiro os festivais. Não só porque a glamourosa Cannes e a eletrizante Berlim figuram entre as cidades-sede. O diferencial está na atmosfera, mais agradável e propícia para arrancar declarações dos astros. Por alguma razão, eles parecem sempre mais felizes longe de casa. Principalmente se a festa, na noite anterior, foi boa. E, por mais que os filmes exibidos em festival também estejam procurando uma vitrine, o aspecto comercial é menos evidente. É só lembrar que os títulos que entram na seleção de um grande festival são, em sua maioria, de arte. Alguns nem distribuidor têm. Já as *junkets* são realizadas impreterivelmente pelos estúdios *majors*. São deliberadas ações de *marketing*, dentro da escala industrial de Hollywood. Tudo é tão planejado que um simples pedido de foto com um entrevistado, feito na hora, pode atrasar o cronograma e tirar o assessor do sério. Faço isso raramente, apenas com os atores que mais admiro.

Se soubesse que um dia escreveria este livro, certamente teria abusado mais da paciência dos entrevistados.

Quem viu os filmes *Os Queridinhos da América* e *Um Lugar Chamado Notting Hill* já tem uma idéia de como funcionam as *junkets*. Vale tudo para dar o que falar. Seja organizar o evento em cenários mais atraentes, como o Havaí, entupir os jornalistas de lagosta e camarão ou encher as malas dos mesmos de brindes. Às vezes, com presentes caros, como *palmtops*. A regra não falha: quanto pior o filme, melhor o presente. O puxa-saquismo existe, claro. Mas *a junket* muitas vezes representa a única maneira de estar frente a frente com os tipos arredios do cinema *mainstream*. Não fosse pela cláusula no contrato com os estúdios, que obriga os atores a divulgarem o filme, Harrison Ford, que foge da imprensa como um vampiro da cruz, jamais daria entrevista.

O cenário da maioria das *junkets* é Los Angeles, onde espero desembarcar pela manhã. Isso se as condições climáticas deixarem. Essa turbulência não dá sossego... Cada nova estadia só reforça que LA é mesmo a metrópole com o maior número de celebridades por metro quadrado.

Meu destino é, mais uma vez, o Hotel Four Seasons, de Beverly Hills, onde a diária não sai por menos de US$ 300 e os gigantescos arranjos de flores coloridas já enchem os olhos do hóspede no *lobby*. Recentemente o pessoal do hotel descobriu que eu prefiro pêra em vez de maçã na fruteira sobre a mesinha ao lado da poltrona. Não pude deixar de agradecer. Essa é uma vantagem de ser *habituée*, para usar uma palavra tão chique quanto o hotel e o povo metido que circula por lá.

É numa suíte luxuosa dessas que os atores recebem os jornalistas. São organizadas tanto entrevistas individuais, que muitas vezes tenho a sorte de conseguir, quanto *round tables*, com as quais os estúdios procuram maximizar o tempo desses semideuses. Como o próprio nome diz, são mesas-redondas com o ator e uns seis ou sete jornalistas, sendo um de cada país – o que garante exclusividade para cada território. A mesa aumenta consideravelmente a pressão, à medida que é preciso sair na frente dos colegas para emplacar o maior número possível de perguntas. Isso quando não aparece um espírito de porco para azedar o entrevistado logo no início do papo, perguntando algo muito constrangedor. Outro dia, mal Jennifer Lopez entrou na suíte e um italiano babão já perguntou como ela se sentia tendo o traseiro mais celebrado do mundo.

Nada contra a pergunta (talvez apenas quanto à formulação). Mas isso é coisa que o repórter mais esperto deixa para o final da entrevista. Mesmo assim, mesa-redonda é melhor que coletiva de imprensa.

Por conta desses compromissos, muitos marcados de última hora, estou sempre voando, como agora, ou com a malinha pronta. Nos períodos de muitos lançamentos, geralmente antes do verão americano e nos últimos meses do ano (quando estréia a maioria das promessas para o Oscar), mal chego de uma viagem e já embarco em outra. Só em setembro de 2004 foram três cidades. Primeiro avancei no fuso, ao desembarcar em Veneza, meu ponto de encontro com Lauren Bacall. De lá, atrasei o relógio cerca de nove horas ao seguir para Los Angeles, onde tinha entrevista marcada com John Travolta e Joaquin Phoenix. E, antes de voltar ao horário de Brasília, estiquei até Nova York para rever Richard Gere e Jennifer Lopez (naquele dia da pergunta do bumbum).

A diferença de fuso e a longa duração da viagem acabam com o humor da gente. Nunca vou entender por que ainda colocam o ar condicionado do avião nas alturas. Já pedi mais uma coberta à comissária, sempre apressada ao passar pelo meu corredor, mas até agora nada.

Só espero que desta vez a minha bagagem me acompanhe. Sim, já tive mala extraviada. Fiquei três dias sem roupa, em Veneza, em pleno festival de cinema em 2004. Como não tinha tempo ou paciência para ir às compras, lavava a blusa de noite e a vestia de novo no dia seguinte. A calça jeans já

de cannes
2002

estava a ponto de ir sozinha ao Palazzo Del Cinema. Nem gosto de lembrar.

Se eu voltasse de vez para Los Angeles, onde vivi entre 2001 e 2002, evitaria esses e outros contratempos de viagem. Das cidades estrangeiras onde morei (incluindo Paris, Londres, Bruxelas e Dublin), LA sempre será a mais promissora para quem escreve sobre cinema. Quase todo dia tem entrevista. É o melhor lugar do mundo para ver os filmes americanos em primeira mão, visitar os estúdios e trombar com celebridades nas ruas. Até mesmo no supermercado, onde encontrei Cher uma vez, usando óculos de sol quase do tamanho do seu rosto. Mas não agüento LA por muito tempo. A cidade é estranha, artificial e nada acolhedora. As mulheres só falam de plástica e *fitness* e os homens, de dinheiro e carros. Não é exagero.

Prefiro as idas e vindas. Não digo isso pensando apenas nas milhas acumuladas de tanto voar, partindo de São Paulo. Já devo ter o suficiente para visitar outros planetas...

Os jornalistas que circulam, mas continuam baseados no país de origem, despertam muito mais curiosidade nos entrevistados. Muitos dos correspondentes estrangeiros em LA já são vistos como americanos, de tão aclimatados. Conheço gente que não pisa há décadas na terra natal. Esses correspondentes fixos ainda são tratados muitas vezes como propriedade pelos estúdios, por fazerem parte da máquina hollywoodiana mais efetivamente. Quando você mora em LA, eles querem ver a sua cara em todas as *junkets*. Até nas mais insignificantes. E acham um absurdo quando você recusa.

Prefiro sempre dizer que estou chegando do Brasil, por mais que às vezes o comentário encoraje o ator mais saliente a lançar um olhar comprido. Como se estivesse me imaginando com um traje indecente em plena Marquês de Sapucaí, no carnaval... O clichê existe. Mas não é só o triângulo carnaval, samba e futebol que passa pela cabeça dos entrevistados quando me apresento como brasileira. Outro dia Ken Loach me perguntou como eu avaliava o governo Lula. Tobey Maguire quis saber como é a vida noturna de São Paulo. William Hurt ainda me perguntou se eu morava perto do Hotel Maksoud Plaza, onde ele se hospedou durante a filmagem de *O Beijo da Mulher-Aranha*.

Este livro reúne um pouco dessas minhas histórias e aventuras pelo mundo, atrás de figuras emblemáticas das telas. De algumas sou fã, não nego. É sempre uma realização entrevistar Meryl Streep, a mulher que mais me fez e faz chorar no cinema. Estava nas nuvens quando saí da entrevista com Woody Allen, o baixinho neurótico que adora ridicularizar a si mesmo. Dá uma sensação surreal estar diante de mitos que povoaram a nossa imaginação na infância e na adolescência. Ao encontrar John Travolta pela primeira vez, fui transportada imediatamente para a entrada do extinto cinema Studio Center, de Santo André, onde assisti a *Grease - Nos Tempos da Brilhantina*. Miudinha e com recém-completados 10 anos (a classificação etária era 12 anos, se não me engano), caprichei na maquiagem e na bota de saltos altos para parecer mais velha. Mesmo assim, fui barrada. Só entrei uma semana depois, quando arrastei a minha mãe, que se responsabilizou por mim. Talvez ela tenha se arrependido depois, diante das minhas insistentes perguntas sobre camisinha...

Muito tempo passou desde aquela divertida matinê dominical, mas a magia que o cinema exerce em minha vida é a mesma. Tive apenas a felicidade de conseguir aproveitar todo esse encanto no meu cotidiano profissional – com a vantagem de não precisar pagar para ver filmes. Não troco a minha carreira por nada. A experiência tem aguçado o meu senso crítico, sem necessariamente diminuir a fascinação. Até hoje pinta um nervosismo antes de cada entrevista, principalmente se respeito quem está na minha frente. O acesso aos estúdios, *sets* de filmagens e astros, fazendo-os descer de seus pedestais, ajuda a desmistificar. Mas não faz o sonho desmoronar totalmente. Quando as luzes do cinema se apagam e o feixe de luz do projetor aponta a tela branca, eu me deixo transportar, como qualquer espectador, para o domínio imaginário. Pouco importa se Tom Cruise é baixinho mesmo, se dá medo encarar Robert De Niro ou se Harrison Ford é o rei do mau-humor. Sentada no escurinho do cinema ou mesmo aqui, assistindo a filminho mutilado na microtela do avião, sempre me deixo iludir. Senão, qual seria a graça?

Elaine Guerini
janeiro de 2005

Capítulo I

Os Sedutores

O Toque Malicioso de Russell Crowe

Não há como escapar do olhar penetrante de Russell Crowe. Você nem precisa achá-lo tão irresistível para, cara a cara com o astro, entender por que ele vira a cabeça das mulheres. É só lembrar que Meg Ryan jogou pela janela um casamento de dez anos com Dennis Quaid por apenas alguns meses na companhia desse tipo rude. Crowe deve ter plena consciência do magnetismo que exerce sobre as mulheres. E tira proveito disso, quando lhe convém. Eu mesma fui vítima, admito. Calma! Não aconteceu nada. Só o suficiente para me deixar sem graça e me fazer perder por alguns segundos a linha de raciocínio diante desse bonitão de cabelos desgrenhados e barba por fazer.

Antes de contar o que ele aprontou, preciso esclarecer que, exceto pelo tradicional aperto de mão, ninguém toca em ninguém durante entrevistas. Isso é fato. Principalmente nos EUA, onde uma mãozinha boba pode render uma ação de assédio sexual. Só que Crowe, rebelde por natureza, não dá a mínima para o protocolo. Do contrário, não teria, do nada, passado a mão no meu cabelo durante entrevista concedida no luxuoso Hotel Adlon, de Berlim, em 2002, quando promovia *Uma Mente Brilhante*. Até o seu assessor, que estava no canto da sala, arregalou os olhos quando viu Crowe quebrando a regrinha do *"não me toque"*.

De uma hora para outra, Crowe simplesmente parou de prestar atenção no que eu dizia. Ele se aproximou e, olhando fixamente para as pontas do meu cabelo, percebeu um fio solto. Impulsivo, como quase todo ariano, não teve dúvidas: tocou delicadamente nas pontas dos meus cabelos, na altura do queixo, puxando o fio. Enquanto puxava aquele fio de cabelo, olhou intensamente nos meus olhos e abriu um sorriso sedutor. Daqueles capazes de iluminar toda a sala. Por partir de um entrevistado, o gesto inesperado me deixou desconcertada. Não consegui dizer nada. Não sabia se agradecia por ele ter se preocupado com o meu penteado ou se me desculpava pelo fio solto na minha cabeleira. E pelo seu sorriso malicioso, ao deixar a sala, era isso mesmo que Crowe queria.

São raros os flertes durante as *junkets*. Como o esquema é industrial, fazendo os atores entrarem e saírem das suítes como numa linha de produção, falando com centenas de jornalistas por dia, o clima não ajuda. Houve uma época em que os repórteres tinham acesso à casa dos atores e podiam segui-los ao longo do dia, o que permitia um entrosamento. Foi durante a promoção de *A*

Princesa e o Plebeu, por exemplo, que Gregory Peck conheceu a segunda mulher, a jornalista francesa Veronique Passani, do *France Soir*. Mas os tempos eram outros. Pelos restritos minutos que tive com Crowe, só posso dizer que ele jogou o seu charme. Esse seu *"je ne sais quoi"* definitivamente mexe com as mulheres, mesmo as que desprezam os tipos toscos, encrenqueiros e conquistadores.

O Incrível Russell

Entrevista publicada na *ELLE* de maio de 2002,
antes do casamento do ator com Danielle Spencer

Rude. Bárbaro. Machista. Insensível. Galinha. Egoísta. Toda mulher sabe que deve fugir de qualquer homem que tenha apenas uma dessas características. Mas a regra vira pó quando surge na nossa frente um bonitão de olhos azuis, 1,81 m e 80 quilos, que atende pelo nome de Russell Ira Crowe. Nascido em 1964, em Wellington, a capital da Nova Zelândia, e criado na Austrália, Crowe é, sim, rude, bárbaro, machista, insensível, galinha, egoísta. Mas ele é também, e acima de tudo, um homem ir-re-sis-tí-vel. De quebra, é um dos atores mais lembrados pela Academia de Artes e Ciências Cinematográficas de Hollywood.

Já foi indicado três vezes ao Oscar de melhor ator, levando a estatueta em 2001, por *Gladiador*.

Tamanho cartaz não se deve a um perfil polido e educado. Pelo contrário: ele não gosta de dar autógrafos, evita posar para fotos e ainda costuma dar chá de cadeira nos jornalistas. Quando finalmente aparece para a entrevista, não pede desculpas pelo atraso e solta a já famosa frase: *"Preferia estar na minha fazenda, lendo um livro ou conversando com as vacas"*. Russell Crowe é assim. Fora das telas, não se esforça para agradar. Não se sabe se o ator faz isso para chamar atenção ou por querer que a imprensa e as fãs o deixem em paz em sua fazenda de 224 hectares no interior da Austrália. Se a intenção for mesmo fugir dos holofotes, a tática precisa ser imediatamente revista. A cara de poucos amigos, o jeito mal-humorado e o comportamento antiastro só fazem dele um alvo perfeito para a mídia – além de deixar o astro de porte atlético ainda mais irresistível aos olhos femininos.

"Não me deixo distrair com o que gravita ao redor da profissão de ator. Prefiro me concentrar no trabalho", diz Crowe, avesso a aparições públicas, *black-tie* e badalações hollywoodianas. Quando comparece a um desses eventos, porém, vai impecavelmente acompanhado de *smokings* Giorgio Armani. Na cerimônia do Oscar de 2002, ele foi simplesmente a última celebridade a pisar no tapete vermelho do Kodak Theatre, passando rapidamente pelo batalhão de fotógrafos que se

aglomerava no local. Durante o festival de cinema de Berlim, onde concedeu entrevista à reportagem da ELLE Brasil, Crowe praticamente não saiu do luxuoso Hotel Adlon. Mesmo assim, as fãs deram plantão na porta do hotel para tentar ver mais de perto o homem que roubou Meg Ryan de Dennis Quaid.

Sua fama no ramo das conquistas não pára por aí. Ele é acusado de ser o pivô de mais dois rompimentos: o de Lara Flynn Boyle-Jack Nicholson e o de Nicole Kidman-Tom Cruise. Também teria freqüentado os lençóis de namoradeiras compulsivas como Winona Ryder, Courtney Love (ex-senhora Kurt Cobain) e Heather Graham, além de estar cotado como o pai (desconhecido) do segundo filho de Jodie Foster. E de tempos em tempos ele reaparece ao lado de Danielle Spencer, atriz-cantora australiana que namorou por alguns anos antes de estourar em Hollywood. Ufa! Todo esse fôlego tem curta duração. O melhor exemplo de que sua capacidade de conquistar belas mulheres é proporcional ao seu grau de insatisfação foi Meg Ryan. Os dois se conheceram em 2000, durante as filmagens de *Prova de Vida* nas selvas do Equador. Apaixonada, a atriz abandonou Quaid, seu marido de quase dez anos, para viver ao lado do neozelandês. Crowe agüentou parcos meses e não pensou muito para dispensá-la. Alegou o motivo de sempre: preferia ficar em sua fazenda na Austrália. *"Só digo que ainda sou a mesma pessoa que era antes de ser reconhecido nas ruas"*, afirma. Ele revela que sua rotina longe dos *sets* de filmagem é *"tediosa"*. *"Crio vacas, galinhas, cavalos e cachorros"*. E farreia muito com os amigos, à base de litros de cerveja, se esqueceu de dizer.

Nem a aclamação da crítica ou o reconhecimento da Academia parecem ter lhe subido à cabeça. *"Ganhar um Oscar não mudou o meu julgamento sobre o meu trabalho. Continuo insatisfeito como ator"*, diz o vencedor da estatueta dourada pela performance como o general romano Maximus, entregue aos leões na arena em *Gladiador*. Foi esse pouco caso de Crowe que provavelmente fez a Academia optar em 2002 por Denzel Washington, premiado como melhor ator pelo desempenho em *Dia de Treinamento*. Não que a atuação de Washington seja indigna do prêmio. Ele está impecável na pele do policial corrupto. Mas vale destacar que a decisão dos membros da Academia foi contraditória, na medida em que *Uma Mente Brilhante*, drama em que Crowe interpreta o matemático esquizofrênico John Forbes Nash Jr., levou o prestigiado troféu de melhor filme. E até o diretor Ron Howard e o produtor Brian Grazer reconheceram que o longa-metragem, calcado inteiramente na performance de Crowe, não teria convencido sem um ator de seu talento encabeçando o elenco. O que levanta suspeitas de que o *bad boy* foi punido por mau comportamento – inclusive por não ter dado a mínima para a indicação.

Crowe garante que não faz filmes de olho nos prêmios. *"Entrei nesse negócio porque sou fascinado por cinema"*, conta, acendendo um cigarro – apesar dos sinais de *"É Proibido Fumar"* espalhados pelo salão do Hotel Adlon. Como seus pais forneciam comida em *sets* de filmes e produções para TV, o ator praticamente cresceu nas locações. Era o que ele mesmo chama de *"garotinho chato do set"*. *"Eu e Ron Howard começamos a atuar com a mesma idade, aos seis anos. Só que Ron era um astro mirim, enquanto eu era apenas um figurante"*, brinca o ator, que fez de tudo um pouco antes de se destacar no papel de tenente no longa australiano *Blood Oath* (1990). Foi garçom, *barman, dj*, animador de bingo e excursionou pela Nova Zelândia e Austrália, fazendo mais de 400 performances em diferentes papéis na peça *The Rocky Horror Show*.

Quem abriu as portas de Hollywood para Crowe foi Sharon Stone, depois que ela se impressionou com a sua atuação como nazista em *Skin-Heads – A Força Branca* (1992). A atriz o convidou para viver o pistoleiro convertido em padre no faroeste *Rápida e Mortal* (1995). O filme foi um fracasso de bilheteria, mas deu visibilidade a Crowe nos EUA. Ao ultrapassar as fronteiras da terra dos cangurus, ele não parou mais de trabalhar. Contracenou com Denzel Washington em *Assassino Virtual* (1995), foi amante de Kim Basinger em *Los Angeles – Cidade Proibida* (1997) e recebeu a sua primeira indicação ao Oscar ao interpretar ex-funcionário da indústria de cigarros em *O Informante* (1999) – engordando 16 quilos e envelhecendo na cadeira do maquiador mais de 20 anos para o papel.

"É o meu trabalho e eu gosto do que faço", resume o ator, admirador confesso de Marlon Brando. Aos 16 anos, ele até escreveu a canção *I Want to Be Like Marlon Brando*. *"Tenho muito respeito por Brando. O ator mais completo de todos os tempos"*, comenta Crowe, que mantém a sua banda de *rock*. Ele é o líder e o guitarrista do grupo de nome peculiar: *30 Odd Foot of Grunts* (na tradução, algo como *30 Pés de Estranhos Grunhidos*). Quem já teve o privilégio de vê-lo cantando e dançando garante que a performance no palco é tão intensa quanto a das telas. *"Sempre fui muito ativo fisicamente"*, justifica. As mulheres que o digam.

O Poder Hipnotizador de Tom Cruise

Costumava me perguntar o que as mulheres tanto vêem em Tom Cruise. Por saber que o astro é baixinho para os padrões de galã, com 1,70 m de altura, achava exagero endeusá-lo. Foi assim até o dia em que me deparei com esse belo par de olhos azuis que ilumina um rosto de traços finos. A minha implicância desapareceu completamente quando o todo-poderoso de Hollywood tirou os óculos escuros e abriu um largo sorriso, mostrando por que tem um dos cachês mais altos do mundo (de US$ 25 milhões, mais participação na bilheteria de seus filmes). Baixinho ele é mesmo – a ponto de muitas vezes vetar o nome de um coadjuvante mais alto capaz de diminuí-lo na cena. Mas e daí? Só esse sorriso arrebatador já explica por que Cruise leva multidões aos cinemas.

Quando o ator dá as caras no *lobby* do Hotel St. Regis, de Los Angeles, não tem para ninguém. Com alto poder de atração, é a própria imagem do sucesso. Caminha firme e decidido, como se fosse dono do lugar. É daqueles que nasceu para dominar a cena. Os gestos são amplos, típicos de quem gosta de se exibir para uma platéia. Esse seu magnetismo natural é explorado com eficiência pelo cinema. É lá que o astro usa e abusa do potencial fotogênico. Como poucos, parece ficar bem de qualquer ângulo que for filmado. Se não fosse ator, Cruise poderia ser político, já que, quando aparece em público, está sempre com o sorrisão amigável estampado no rosto.

O bonitão tem um poder quase hipnotizador. E se aproveita muito bem desse dom para dominar a mídia. É sempre muito amável e atencioso com os jornalistas, como se quisesse tê-los como aliados e não como inimigos. Dos astros do primeiro time, é um dos melhores (talvez o melhor) na arte de enrolar os repórteres, fazendo-os pensar que ele está mesmo disposto a conversar. Normalmente quem o entrevista (e aqui eu me incluo) sai da sala com a impressão de que conseguiu arrancar alguma declaração interessante de Cruise. Só mais tarde, ao ouvir a fita (depois que o efeito Cruise passou), é que a gente percebe que ele não saiu do óbvio. Tem mania de repetir declarações antigas e, sempre que vê uma brecha, fala de Cientologia, a filosofia criada por Ron Hubbard, da qual é adepto.

Quando falamos, na *junket* de *Colateral*, em 2004, foi um festival de frases feitas. Exemplo: perguntei se Cruise já tinha se sentido carregando um filme nas costas, considerando as expectativas do público e principalmente dos estúdios, que contam com seu carisma para garantir bilheterias milionárias. Mas lá veio ele com o discurso de homem esforçado: "A maior pressão vem de mim mesmo". Isso só confirma que, mesmo longe das câmeras, das luzes e da parafernália hollywoodiana, Cruise é sempre um astro. Simpático, mas um astro. É claro que a maioria dos atores continua representando, mesmo depois que a câmera foi desligada. Mas talvez Cruise exagere um pouco. Na frente dos repórteres, mede muito as palavras, saindo sempre pela tangente, e ainda projeta uma imagem superconfiante que funciona como carapaça. Parece que ele quer continuar assim, inatingível.

Enfim, um Mau Sujeito

Entrevista publicada na Ícaro de setembro de 2004

Tom Cruise nunca deu sossego à mãe. Missão "Impossíver" Zero: aos quatro anos, após ver cena de pára-quedismo na televisão, não teve dúvidas... Arrancou o lençol de cama e pulou da janela. *"Nunca parei de fazer loucuras"*, conta o astro que, muitos anos e milhões de dólares depois, mantém o gosto pelo perigo dentro e fora dos *sets* de filmagem. Fanático por esportes radicais, salta de pára-quedas (agora, de verdade), pratica mergulho e pilota aviões. *"Minha recompensa é a adrenalina"*, afirma Cruise, às voltas com mais um desafio. O queridinho de Hollywood finalmente aceitou interromper a galeria de bons moços, enveredando pelo mundo do crime em *Colateral*. Consciente do risco de não convencer a platéia como matador profissional, escondeu o rostinho de galã por trás de barba malfeita, cabelos grisalhos e cara de poucos amigos. Ainda assim, ai que vergonha, a gente torce por ele.

"O presidente Churchill disse certa vez que teve a sorte de não ter conhecido Hitler pessoalmente. Do contrário, poderia ter se deixado seduzir pelo demônio", diz o ator, tentando explicar o misterioso apelo dos vilões logo no início da entrevista, concedida no Hotel St. Regis, de Los Angeles. Até então Cruise havia feito pouco esforço para quebrar a imagem de herói. Abraçou o papel de Lestat de *Entrevista com o Vampiro* (1994) e viveu o guru do sexo que despreza as mulheres em *Magnólia* (1999). Mas nenhum papel exigiu que ele mergulhasse tão profundamente na sordidez quanto Vincent, um assassino contratado para matar as testemunhas capazes de identificar um chefão de cartel do narcotráfico. Para agilizar o serviço, que precisa ser feito no decorrer de uma única noite, o matador seqüestra um taxista de Los Angeles (Jamie Foxx), obrigando-o a levá-lo às casas das vítimas. *"Ironicamente, as pessoas que fazem mal às outras não se sentem culpadas"*, conta o astro, que negou ter conhecido profissional do crime para melhor compor o personagem. *"Isso é bobagem."*

Durante a preparação para *Colateral*, Cruise embarcou em intenso treinamento com armas de fogo sob a orientação de um ex-membro da força militar inglesa. *"Não tinha atirado com munição de verdade antes. Fui obrigado para ganhar confiança"*, comenta. Disfarçado como Vincent, Cruise até circulou pelas zonas barra-pesada de Los Angeles acompanhado da equipe do filme. *"Queria adotar a linguagem corporal de um matador."* O esforço foi recompensado pelas críticas positivas que o *thriller* recebeu nos EUA. Houve até boatos de uma indicação ao Oscar. Cruise foi lembrado três vezes pela Academia: como melhor ator por *Jerry Maguire* (1996) e por *Nascido em 4 de Julho* (1990) e como melhor ator coadjuvante por *Magnólia* (1999). Mas o astro já fica satisfeito se a platéia se perguntar o que há de errado com caras como Vincent. *"O que mexeu comigo ao ler o roteiro foi a dinâmica estabelecida entre o matador e o taxista. Aos poucos, o criminoso se deixa contaminar pela humanidade do motorista."*

O comportamento anti-social do personagem faz Cruise refletir sobre a educação dos filhos: Conor Antony e Isabella Jane. As crianças foram adotadas quando ele ainda era casado com Nicole Kidman, de quem se divorciou em 2001. *"Faço tudo para que eles tenham uma compreensão global do mundo, aprendendo História e entendendo as diferentes culturas."* Das lições que recebeu de sua mãe, o ator espera incutir nos herdeiros a mesma generosidade. *"Mesmo quando nós não tínhamos muito dinheiro, minha mãe alimentava quem não tinha o que comer"*, conta o ator, que raramente fala do pai, um engenheiro elétrico morto em 1984, vítima de câncer. Depois de muitas brigas e constantes mudanças de cidade, seus pais se divorciaram quando ele tinha 11 anos. *"Minha mãe me ensinou a pensar e a descobrir a verdade por mim mesmo. Mais tarde, aprendi na Cientologia que existem ferramentas capazes de melhorar a minha vida"*, afirma Cruise, adepto da filosofia criada por Ron Hubbard desde 1990.

Conhecido por doar uma porcentagem da renda de seus filmes a entidades beneficentes, Cruise sempre que pode dá uma de bom samaritano. É só lembrar que ele resgatou a brasileira Heloísa Vinhas de um acidente em Los Angeles, levando-a ao hospital e pagando a conta. Ainda impediu que um garoto de sete anos se machucasse no empurra-empurra da pré-estréia de *Missão Impossível* (1996) e salvou uma família depois que seu barco pegou fogo próximo da ilha de Capri, na Itália. *"Me dá satisfação poder ajudar os outros"*.

Esse nativo de Syracuse, no Estado de Nova York, gosta de lembrar que a *"vida nunca será perfei-*

ta". Até para quem embolsa US$ 25 milhões por filme. *"Sempre fui duro comigo mesmo"*, comenta o astro, que precisou superar muitas barreiras até conseguir uma ponta no filme *Amor sem Fim* (1981). Inclusive vencer a timidez e até mesmo a dislexia, que o deixava com rendimento escolar inferior aos dos colegas de classe. *"Todas as coisas acontecem por uma razão. Nunca gostei de reclamar"*.

Nem mesmo ter o rosto reconhecido nos quatro cantos do planeta parece incomodá-lo. *"Não me escondo só porque sou famoso. Prefiro encarar a vida de frente."* O maior erro, pensa ele, seria virar uma entidade e falar de si mesmo na terceira pessoa – o que costuma acontecer com os astros que deixam a inteligência sucumbir ao ego. *"Já estou nesse negócio há muito tempo"*, comenta o ator, com quase 30 longas-metragens no currículo. Algumas escolhas de sua carreira foram menos felizes que outras, mas Cruise conseguiu manter intacta a imagem de sucesso. *"Como todo mundo, cometi erros. Mas o importante é que nunca tive medo de fracassar. Isso é o pior que poderia acontecer a um ator"*.

A incessante fome da mídia pelos detalhes de sua vida pessoal é vista com bom humor e não necessariamente como um fardo. *"Os jornalistas invadem, se intrometem e criam coisas sobre a minha intimidade. Mas nunca vão conseguir participar dela"*, brinca. Sozinho de novo, Cruise voltou a ser um dos solteiros mais cobiçados do mundo. Depois de três anos de união com a atriz Mimi Rogers, 11 anos de casamento com Nicole Kidman e três de namoro com Penélope Cruz, não é que o homem termina a entrevista se declarando absolutamente disponível, romântico e casadoiro por natureza?

Uma Tarde com Mel Gibson na Irlanda

Mal piso no *set* de filmagem de *Coração Valente*, na planície verde de Curragh, na Irlanda, e Mel Gibson vem me receber. Olhei para os lados e para trás, suspeitando inicialmente que aquele sorriso escandaloso fosse para outra pessoa. Não, era para mim. Pelo que entendi, o astro é assim mesmo. Um sujeito dado e caloroso, mesmo com aqueles que acaba de conhecer. Antes que eu pudesse abrir a boca, ele já me perguntou o que uma brasileira fazia naquele frio europeu. Na tarde de 16 de setembro de 1994, os termômetros marcavam 3°C negativos. *"Volte para casa"*, brincou ele, pedindo que alguém da produção providenciasse um casaco mais quente para mim. A minha jaquetinha de couro não ia mesmo dar conta do recado. Como estávamos a céu aberto, ventava demais. Antes de retomar as filmagens, Gibson ainda pediu que me servissem chá, ao perceber que eu continuava batendo os dentes, mesmo com aquele blusão de náilon emprestado.

Passei umas três horas ali, só observando a intensa movimentação. Nunca vi um *set* tão descontraído – o que prova que um diretor não precisa ficar de cara amarrada para impor respeito. Mesmo no comando de uma superprodução, com todas as responsabilidades que isso implica, Gibson foi amável com todo mundo, brincando muito com os membros da equipe durante o processo. Nunca se esquecia de dizer *"por favor"* na hora de pedir alguma coisa e era o primeiro a cair na risada quando algo dava errado na filmagem. Principalmente nas cenas que envolviam cavalos. *"São os atores mais indisciplinados que já tive"*, brincou, acariciando os animais.

Foi uma palhaçada atrás da outra. Antes de rodar uma cena de discussão, em que escoceses ameaçavam os inimigos ingleses, vi Gibson cochichando com Alun Armstrong e colocando discretamente algo na mão do ator. Pelo seu sorrisinho malicioso, imaginei que o diretor estivesse aprontando alguma. E não deu outra. Depois que ele gritou *"Ação"*, com ar sério, Armstrong apareceu vestido de soldado, montado no seu cavalo e com uma espada na mão. Mas tinha algo estranho no rosto... Era um nariz de palhaço. A gargalhada foi geral.

Detalhes como esses dão uma idéia da simpatia, da espontaneidade e do bom humor de Gibson. Ele ainda entrou na fila, como qualquer mortal, para o lanche da tarde. A chuva, que insistia em interromper as filmagens, também não o incomodou. Quando a equipe corria para as tendas, fugindo da chuva, Gibson aproveitava o intervalo para contar piadas. Foi num desses *breaks* que ele veio conversar comigo sobre *Coração Valen-*

te. Depois de pedir mais um chá para mim, soltou um *"I am all yours"* (*sou todo seu*), com aquele sorriso certeiro. Ri, é claro. Que mais eu podia fazer?

Vestido com o tradicional *kilt* escocês, que devia congelar as suas pernas naquele frio, esse galanteador de primeiríssima linha ainda me fez uma surpresa. Arriscou uns passos de samba em minha homenagem. Disse que sabia dançar como os brasileiros, enquanto fazia uns movimentos de sapateador maluco e murmurava algo parecido com *Aquarela do Brasil*. Faltou ginga, mas acabei aplaudindo o esforço desse bonitão de olhos muito azuis. De novo, que mais eu podia fazer?

Mel Gibson Dirige Épico de US$ 70 milhões

Entrevista publicada na Ilustrada, na Folha de S. Paulo, no dia 1° de novembro de 1994

Mel Gibson ganhou uma cabeleira postiça, um guarda-roupa repleto de *kilts* e sessões de maquiagem que cobrem o seu rosto parcialmente com tinta azul – velha tática de guerra para assustar o inimigo. Os artifícios são necessários para transformá-lo no herói escocês *sir* William Wallace, protagonista de *Coração Valente*, um épico de US$ 70 milhões. Ao mesmo tempo em que encarna o guerreiro que enfrentou as forças inglesas lutando pela independência da Escócia (entre os séculos 13 e 14), Gibson grita: *"Ação"* no *set* filmagem. Depois de rodar as cenas iniciais nas paisagens escocesas, o diretor/ ator seguiu para a Irlanda, onde filmou na planície verde de Curragh (a 40 quilômetros de Dublin) uma das principais seqüências da superprodução. Foi lá que Gibson recriou com 1.500 homens e 150 cavalos a Batalha de Stirling (1227), combate em que os homens de Wallace conseguem, mesmo dispondo de poucos recursos, derrotar o exército inglês. A seguir, os principais trechos da entrevista exclusiva que o cineasta concedeu à Folha, na Irlanda.

O que leva um ator de sucesso a trabalhar atrás das câmeras?
Foi um passo natural e lógico nesse momento da minha carreira. Em essência, não vejo diferença entre o trabalho do ator e o do diretor. O que se tenta fazer, nos dois casos, é contar uma história.

O diretor tem muito mais liberdade...
Sim. Mas não posso reclamar. Sempre tive total liberdade para compor os meus personagens nos filmes dos outros. Sem essa colaboração dos atores nenhum diretor teria tanto prazer em filmar. A área de atuação do diretor é maior, mas ele não trabalha sozinho. Recrutei uma excelente equipe,

que contribui artisticamente o tempo todo. Nosso ponto forte é a comunicação.

Comparado com O Homem sem Face *(1993), sua estréia na cadeira de diretor,* Coração Valente *é uma superprodução. É ainda mais cansativo atuar nos dois lados da câmera em filme desse porte?* Acumular funções em filme tão trabalhoso, com muito mais elementos envolvidos na produção, poderia ser estressante. Só não está sendo exaustivo porque eu procuro fazer uma coisa por vez. Não tenho pressa. O único inconveniente é que talvez eu demore muito mais para entregar o filme. Mas, depois de passar tanto tempo nesse negócio, não há nada de complicado para mim. Aprendi como as coisas funcionam. Faço sem me cansar tanto.

Por que William Wallace? Acredita que um filme sobre um herói escocês do século 13 terá o mesmo potencial comercial que seus trabalhos anteriores? Espero que sim. A história é boa, recheada de ação, romance e com personagens fortes. *Coração Valente* trata de assuntos que dizem respeito a todos nós, virtudes como coragem, lealdade e generosidade. William Wallace não é um nome conhecido mundialmente, mas pouco importa quem ele foi, de onde veio e a época em que viveu. Wallace é simplesmente um herói que reaparece de vez em quando na história de todos os países. Tenho certeza que vocês do Brasil têm alguém assim. Deve existir por lá a estátua de um revolucionário, de alguém que trabalhou em benefício de seu povo, de um sonhador que lutou por um país melhor.

Até que ponto é fiel à história de Wallace?
Se eu resolvesse levar às telas a história como ela realmente aconteceu, correria o risco de fazer um filme chato. Então decidi ser fiel à história apenas em sua essência. Como existem muitas lacunas, ainda fui obrigado a tomar certas liberdades, preenchendo os espaços. O filme abrange 17 anos de história e, infelizmente, faltam informações. O mais importante é o potencial dramático da vida de Wallace. É o que faz a sua trajetória funcionar como filme.

Por que trocou a Escócia, onde Coração Valente *começou a ser rodado, pela Irlanda? Alguma relação com as suas raízes (a mãe de Gibson é irlandesa)?*
Não. O que me atraiu foram as vantagens. Em Curragh, por exemplo, nós temos muito campo para as cenas de batalha com cavalos e a região não fica tão longe do centro da cidade. Isso nós não encontramos na Escócia. O governo irlandês ainda facilitou a nossa vida. Pudemos contar com a participação do exército local nas cenas de luta, fomos autorizados a filmar em castelos e outros locais históricos e ainda vamos pagar 10% menos de impostos.

A franquia Máquina Mortífera *é um dos seus maiores sucessos. Tem planos de rodar mais uma seqüência?*
Não tenho vontade de filmar mais continuações. Uma série de três filmes está de bom tamanho. O quarto *Máquina Mortífera* provavelmente ficaria chato. Mas, se um dia eu resolver encarar a quarta aventura, você poderá dizer para todo mundo que eu sou um grande mentiroso. (Em 1998, Gibson rodou *Máquina Mortífera 4*, novamente sob a direção de Richard Donner).

Almoço com Richard Gere em Veneza

Antes de dar a primeira garfada no apetitoso *fettuccine* de espinafre com cogumelos, Richard Gere me observa com aqueles olhos cintilantes e pergunta: "*Você tem filhos?*". Respondo que não. Assim que o garçom serve o vinho tinto e se afasta da nossa mesa, no simpático restaurante Quattro Fontane, em Veneza, ele ainda quer saber se o meu ginecologista é homem ou mulher. Jogadas assim, fora de contexto, as informações podem sugerir segundas intenções por parte do bonitão. Mas as curiosidades a meu respeito surgiram naturalmente enquanto conversávamos sobre *Dr. T e as Mulheres*, título que o ator promovia na cidade dos canais.

Lembram do filme estrelado pelo ginecologista mais requisitado do planeta? Aquele que involuntariamente despertava a libido nas pacientes? Em carne e osso, Gere é tão charmoso quanto esse e outros conquistadores da sua galeria. Enquanto o corpo expressa uma forte energia sexual, os olhos pequenos passam uma doçura capaz de desarmar a mais dura das mulheres.

Sem a máscara de um personagem, Gere é apenas mais tímido, gentil e reservado. E não deve ser tão vaidoso. Prova disso foi vê-lo com os cabelos ao natural em três ocasiões – em Veneza, em 2000, na divulgação de *Dr. T*, em Berlim, em 2003, quando ele promovia *Chicago*, e em Nova York, em 2004, na *junket* de *Dança Comigo?* Com "cabelos ao natural", quero dizer, brancos. Branquinhos mesmo, como um Walmor Chagas. Com os fios brancos predominando, o ator parece mais velho do que é. E dá a impressão de não se incomodar com isso. Antes de filmar é que Gere deve se sentar na cadeira do cabeleireiro para dar aquele irresistível tom grisalho aos fios deliberadamente desalinhados. Talvez isso seja uma exigência dos estúdios, que devem fazer questão de filmá-lo com aparência sempre impecável.

Não bastasse esse charme maduro, Gere ainda é todo romântico. Fala das mulheres com uma aparente devoção. *"O que seria de nós, sem elas?"* A aura zen, típica de quem encontrou a paz de espírito no budismo, dá ao ator um semblante iluminado. Nada parece incomodá-lo durante a entrevista. Nem mesmo a eterna pergunta sobre como é exercer tamanho magnetismo sobre o sexo oposto. *"As mulheres querem alguém que saiba ouvi-las."* Extremamente profissional, Gere não se esquiva de perguntas pessoais, mas se dá o direito de não abrir demais. *"Sou muito bem casado"*, resume.

Durante o almoço no balneário italiano, Gere estava radiante com a chegada do primeiro filho, o que acentuou ainda mais o teor ginecológico da nossa conversa. *"Assisti ao nascimento de Homer.*

O momento ficará para sempre na minha memória. Ter um filho é uma das experiências mais extraordinárias e gratificantes que a vida pode nos dar", disse, enquanto embebia o pão no molho do *fettuccine*. A massa foi tudo o que o ator comeu, já que o assessor italiano que o acompanhava em Veneza cometeu a infelicidade de pedir rosbife como segundo prato para a nossa mesa. Esqueceu que, há décadas, o ator é vegetariano.

Um Cobiçado Pé-de-valsa

Entrevista publicada na *Contigo* de 25 de novembro de 2004

Maduro e sereno, Richard Gere já não lembra mais aquele galã atrevido e desnudo que despontou nos anos 80, com *O Gigolô Americano*, graças aos atributos físicos. Pouco sobrou daquele sujeito impulsivo que se casou com a modelo Cindy Crawford em 1991 em Las Vegas ou que vivia em pé de guerra com a imprensa, fazendo gestos obscenos – certa vez, ele abaixou as calças diante de uma repórter. Dono de um *sex appeal* quase involuntário, mas arrebatador, o astro budista, amigo do Dalai Lama e defensor de causas humanitárias (como a libertação do Tibete da ocupação chinesa e a luta contra a Aids na Índia) está totalmente satisfeito com o papel de pacato pai de família. Tanto nas telas quanto fora delas. Por mais que a platéia feminina ainda o considere um símbolo sexual, vendo nele o eterno bonitão de *A Força do Destino* (1982) ou de *Uma Linda Mulher* (1990), Gere ri quando o seu nome aparece nas listas dos homens mais bonitos do mundo. *"Estou mais preocupado em manter a minha luz interna acesa"*, despista.

Casado com a atriz Carey Lowell, com quem vive desde 1995 e tem um filho, Homer, o cativante ator de estatura mediana (1,79 m) diz não ter sofrido a crise dos 50 anos. *"Todos nós enfrentamos crises existenciais de vez em quando. Mas não adiantaria comprar um carro esporte ou trocar de mulher"*, diz, rindo. Justamente por discordar de perspectiva estreita da vida, de que os bens materiais ou o sexo resolvem todos os problemas, é que o ator aceitou protagonizar *Dança Comigo?* Nessa comédia romântica, seu personagem é um executivo bem-sucedido e bem-casado que redescobre a alegria de viver nas aulas de dança de salão. Como inicialmente o principal atrativo é a beleza da professora interpretada por Jennifer Lopez, ele esconde o novo *hobby* da mulher (Susan Sarandon), com quem vive relação morna. *"Aos poucos, ele descobre que a sua busca é por satisfação individual. Só a pessoa feliz consigo mesma consegue se realizar no casamento."*

O que faz para manter a paixão acesa no seu casamento?
Aprendi que, a cada dia, preciso encontrar tempo para dizer como a minha mulher é especial para

mim. E vice-versa. Digo como adoro dividir a minha vida com Carey e como o fato de estarmos juntos representa uma parte importante da minha vida. Tudo conta: olhares, gestos, toques e mensagens. Eu costumo deixar recados na secretária eletrônica.

Dança Comigo? *lança a idéia de que buscamos no marido/mulher uma testemunha sobre os acontecimentos de nossas vidas. Carey é a sua?*
Entre outras pessoas, sim. Como nós somos muito subjetivos quando olhamos para a nossa vida, precisamos de alguém que nos ajude a colocar as coisas em perspectiva. Mas precisa ser alguém que nos ame e queira o melhor para nós. Minha pri-

meira testemunha foi minha irmã mais velha, que hoje é psicóloga. Somos cinco irmãos e eu fui o segundo a nascer. Essa irmã foi a principal testemunha da minha infância por passar o tempo todo comigo.

Seu personagem é um homem que tem tudo, mas sente que ainda falta algo em sua vida. E você?
Eu já me senti culpado por querer mais, mesmo quando aparentemente tinha tudo. Mas não há nada de errado nisso. É nosso direito querer mais alegria, mais amor. Há sempre mais. Só precisamos entender que os responsáveis por isso somos nós mesmos. Não está no outro. Se eu não tiver amor no meu coração, não encontrarei no

outro. Felizmente o meu personagem de *Dança Comigo?* descobre que precisa aprender a dançar sozinho primeiro para depois dançar com a mulher.

Busca o que falta na espiritualidade?
Sim. É por isso que faço meditação todos os dias. A idéia é tornar todos os meus atos significativos de alguma maneira. Só assim a vida se torna gratificante.

Procuro sempre olhar para o que não se vê a olho nu, fugindo do óbvio. Instintivamente todos nós sabemos que existe um mundo muito maior sob a superfície. Depende de cada um procurar entendê-lo.

Sendo budista, como lida com o salário milionário de Hollywood (seu cachê é de US$ 15 milhões, em média)?
Se você não fizer com que o dinheiro beneficie outras pessoas, ele não servirá para nada. Dinheiro é bom para garantir a faculdade dos filhos e fazer doações. Quanto mais ganho, mais divido.

Os motivos por trás das suas escolhas cinematográficas de hoje são os mesmos de quando começou a carreira?
Não. Minhas escolhas atualmente são muito menos egocêntricas. Antes eu sentia a necessidade de mostrar algo. Isso porque estava tentando des-

cobrir quem eu era. Agora já sei. Mas, por outro lado, não tenho a pretensão de dar lição de vida através dos meus personagens. Respeito demais o público para isso. Tenho uma preferência por papéis capazes de discutir a condição humana, mesmo quando o filme trata de temática delicada como a traição, como ocorreu em *Infidelidade*.

Considera uma forma de infidelidade o fato de seu personagem se matricular em curso de dança por causa de uma mulher?

Não. Ninguém morre só porque se casou. Mesmo casado, eu ainda posso me sentir atraído por outras mulheres. Posso até me perguntar como seria a minha vida se optasse por outro caminho. O principal é saber exatamente aonde eu quero chegar. É preciso entender o mecanismo. Eu posso perfeitamente apreciar uma bela flor a distância. Não preciso apanhá-la ou comê-la. Tenho de me contentar apenas em apreciar o momento e deixar a vida continuar. Não é o consumo de algo que vai me fazer feliz, o que também se aplica ao sexo. O ser humano infelizmente exagera nas qualidades no início da relação e depois exagera nos defeitos. A vida não é assim. Por isso, o ideal é escolher alguém com quem temos afinidades. Só assim podemos olhar para a mesma direção. Diferentemente do que se pensa, a vida de um casal caminha paralelamente uma da outra. Elas não se cruzam.

O personagem esconde da mulher as suas aulas de dança. Você tem segredos também?
Não conto tudo a Carey. Mas, por outro lado, não guardo nenhum segredo tão significativo capaz de deixá-la insegura.

Talvez não estivesse casado há tanto tempo, se não tivesse os seus segredos...
Não vejo motivo para contar tudo o que penso e sinto. Eu não quero saber tudo o que Carey pensa e sente. Quero que ela se sinta à vontade para dividir comigo o que achar mais apropriado. Não gosto de obrigação. É justamente quando as pessoas se sentem presas umas às outras que a união acaba.

As Molecagens do Irresistível George Clooney

George Clooney pisa na suíte do Hotel Essex House, em Nova York, rindo muito. Pergunto qual foi a piada. Como um menino que acabou de pregar uma peça no amiguinho da escola, ele descreve em detalhes a última travessura. *"Como Sam* (o ator Sam Rockwell) *não quis sair para beber ontem à noite, pendurei na porta do seu quarto no hotel um pedido caprichado de café da manhã"*. O astro simplesmente encomendou quase tudo que tinha no cardápio e pediu que fosse entregue às 6 horas da manhã em ponto no quarto do amigo. *"Ainda coloquei uma observação: por favor, não desista, mesmo que eu demore para acordar"*, contou o ator, que havia cruzado no corredor com o coitado do Rockwell. *"Sam está querendo me matar"*, completou Clooney, todo orgulhoso.

Horas depois, os dois já estavam juntos de novo, tomando um drinque no bar do hotel. Não dá mesmo para fechar a cara para Clooney por muito tempo. Apesar das suas brincadeiras de gosto duvidoso, o ator é querido por todos. Talvez seja essa qualidade de moleque levado que o distancie de outros sedutores de plantão em Hollywood. O bonitão não é adorado apenas pelas mulheres por conta de seus predicados físicos. Carismático, sorridente e brincalhão, tem também os homens a seus pés. Outro dia, um amigo jornalista (que não é *gay*) comentou comigo que entendia a popularidade do astro, mesmo entre os marmanjos. *"Clooney é tão simpático que nem dá para ficar com raiva do sujeito por ele conseguir a mulher que quiser."* É isso. Não importa a preferência sexual. Ninguém consegue ficar imune ao charme, à simpatia e ao bom humor de Clooney.

Por ter conhecido o sucesso aos 33 anos, depois de trabalhar 15 anos arduamente na televisão, principalmente em programas falidos, o ator parece saber apreciar o sucesso. Não faz a linha *blasé*, como se não desse a mínima para a fama. É atencioso com todos os jornalistas, dá o melhor de si e parece sincero nas respostas – o que é raro, considerando que a maioria dá resposta padrão, sem se importar muito se é aquilo mesmo que o repórter quer saber. Seu aperto de mão é forte e ele ainda responde olhando diretamente no olho da gente – o que dificulta a concentração das mulheres que o entrevistam, admito.

Ainda fala sem rodeios e não vem com aquela desculpa de que não responde a perguntas pessoais. Na *junket* de *Confissões de uma Mente Perigosa*, em Nova York, em 2002, não resisti e perguntei se ele é mesmo tão mulherengo como dizem. Clooney riu e devolveu com uma pergunta: *"Que culpa eu tenho de continuar solteiro?"* Depois emendou: *"Ser solteiro em Hollywood automaticamente faz de mim um mulherengo. Mas não saí com metade das mulheres com quem a mídia me associou nos últimos anos. Não teria fôlego para tantas. Preciso dormir um pouco."* Diz a lenda que, para o desespero das mulheres que se apaixonam por ele, seu coração é tão espaçoso quanto a sua mansão de oito quartos em Hollywood Hills. Se é verdade, não sei. Só posso dizer que a fama de conquistador não parece deixá-lo com rugas de preocupação na testa. Se quisesse, ele até poderia sair por aí com aquela cara de *"Eu sou mesmo o máximo!"* Mas não. Sabe que, ao bancar o desentendido, fica ainda mais irresistível.

Tête-à-tête com esse homem alto, viril e sensual, dá para entender por que ele faz os hormônios das mulheres borbulharem. A simpatia e modéstia vêm com uma embalagem de tirar o fôlego. Clooney, que reencontrei em Berlim, em 2003, na divulgação de *Solaris*, é um belo espécime do sexo masculino.

Tem cara de homem (e não de *top model*, como Brad Pitt). Em outras palavras, é bonito sem ser bonito demais. Ainda sabe seduzir com o olhar e tem um corpão, com os músculos na medida certa, sem exageros. Quando ele passa, mulher ne-

nhuma consegue resistir em acompanhá-lo com o olhar, dando uma checada no seu comentado traseiro. Principalmente depois que ele mostrou o bumbum perfeito em *Solaris*. O filme ter fracassado nas bilheterias não o impede de ter se tornado um *cult* para o público feminino, ainda que pelas razões erradas...

George Clooney Reclama de sua Imagem Sexy

Entrevista distribuída pela *Agência Estado* e pelo *Portal do Estadão* em 31 de março de 2003

Quando filmou *Solaris*, em 1972, o diretor russo Andrei Tarkovski não podia imaginar que, mais de 30 anos depois, o drama filosófico ainda levantaria polêmica. Muito menos que o motivo do estardalhaço seria o traseiro de George Clooney. Eleito várias vezes pela revista *People* como o homem mais *sexy* do *show biz*, o astro rodou nu duas cenas nessa refilmagem de *Solaris*. *"Nunca pensei que a minha bunda pudesse dar tanto o que falar"*, brincou. Apesar do tom sombrio do *remake*, calcado no aspecto emocional da perda de pessoas queridas, a mídia americana só faltou vender a produção como erótica durante o seu lançamento nos EUA.

"Eles banalizaram o trabalho sério que fizemos, confirmando como é difícil lançar um filme de arte em solo norte-americano", afirmou Clooney, encarregado de interpretar o dr. Chris Klein, um psicólogo enviado à estação espacial onde ocorrem fatos inexplicáveis. Lá, ele reencontra a mulher (Natascha McElhone), morta alguns anos antes por *overdose*. Freqüentemente requisitado para os papéis de tipos sedutores e determinados, Clooney agarrou a chance de encarnar um homem soturno e melancólico. *"Estava cansado dos personagens muito se-*

guros de si. Alguns deles estupidamente autoconfiantes", disse o ator, que volta a ser dirigido por Steven Soderbergh (depois de *Irresistível Paixão*, de 1998, e *Onze Homens e um Segredo*, de 2001). Desde que chamou a atenção de Hollywood no papel do dr. Ross do seriado *Plantão Médico*, ator soma mais de 20 longas-metragens no currículo. "Com tantas ofertas, eu me sinto como um garoto diante de caixa de brinquedos."

Depois de Solaris, *arriscaria tirar a roupa de novo em cena?*
Sim. Não posso me deixar intimidar pela marcação da mídia. Faz parte do negócio. Como lutei para chegar aqui, conquistando finalmente o meu espaço, não posso reclamar agora. Fico muito frustrado com o apetite da mídia, que passa por cima da arte e faz sensacionalismo na ânsia de conquistar mais leitores e espectadores. Mas não posso fazer nada. Se é o preço a pagar, eu pago.

Encararia a fama de outra forma, caso tivesse conhecido o sucesso aos 20 anos, por exemplo?
Eu me sinto privilegiado por ter alcançado a popularidade só aos 33 anos. Por já ser um homem maduro, nunca deixei o sucesso subir à cabeça e não perdi a noção de quem sou. Até porque aprendi na minha família que a fama é passageira. Minha tia (Rosemary Clooney, cantora de jazz nos anos 50) deixou de ser famosa de um dia para o

outro, sem que tivesse perdido o talento. Você simplesmente é deixado de lado. Um dia certamente acontecerá comigo.

Na sua opinião, o que o fez cair nas graças de Hollywood?
Não saberia dizer o que a indústria ou o público vê em mim. A percepção deles é certamente diferente da minha. Cheguei até aqui por perseverança, um pouquinho de talento e muita sorte. Em outro momento, o seriado *Plantão Médico* talvez não tivesse emplacado no horário nobre às quintas-feiras na rede NBC. Sem essa visibilidade, provavelmente eu ainda estaria disputando papéis secundários na TV e no cinema. Quem sabe mais um daquela franquia de terror... *A Volta dos Tomates Assassinos* (risos).

Como lida com a fama e o assédio, sendo um dos solteiros mais cobiçados de Hollywood?
Eu bebo (risos). Isso sempre ajuda a lidar com as pressões de ser famoso e solteiro e a não se importar com as bobagens que escrevem sobre você. Mas não reclamo. Estou vivendo o melhor momento da minha vida, tanto pessoal quanto profissionalmente.

Incomoda a imagem de mulherengo que a mídia vende de você?
Não acredite nas histórias que você ouve. Sou superestimado pela mídia. Quando fui ao casamen-

to de Julia (Julia Roberts), por exemplo, estava tão cansado que acabei dormindo em *trailer* da Warner Bros. Isso foi o suficiente para ouvir boatos de que eu teria sumido com algum rabo-de-saia da festa. Tudo mentira.

Seu personagem em Solaris *quer, a todo custo, uma segunda chance com a mulher para corrigir os erros. Por algum motivo, já quis voltar no tempo para refazer alguma coisa?*
Para começar, queria refazer *Batman e Robin* (risos). Não, é brincadeira. Acho que não faria nada diferente. Às vezes penso que não estaria aqui, se não tivesse cometido os erros que fiz no passado. Então prefiro não me atormentar com essa idéia. Nem olho para trás.

Solaris *marca a sua terceira colaboração com Steven Soderbergh. Ele ainda vai dirigi-lo em* Doze Homens e Outro Segredo, *além de ser seu sócio na produtora Section Eight. O que mais os aproximou? Têm a mesma visão de cinema?*
Sim. Temos a mesma sensibilidade cinematográfica. Procuramos fugir do *mainstream* tradicional, contando histórias que Hollywood não quer financiar. A nossa produtora também é responsável por *Insônia, Longe do Paraíso* e *Welcome to Collinwood*. Ainda devo confessar que roubei algumas coisas de Steven na minha estréia na direção (em *Confissões de uma Mente Perigosa*).

Como a experiência na cadeira de diretor mudou a sua percepção do trabalho como ator?
Atores geralmente só se preocupam com o próprio umbigo. Ou seja, com o seu personagem. Como o diretor quer que a cena funcione no conjunto, passei a ter uma visão mais geral do processo. Deixei de ser tão egocêntrico como ator (risos).

Como recebeu o fracasso de Solaris *nas bilheterias americanas?*
Desde o início do projeto, sabíamos que o filme polarizaria as opiniões. Isso porque nós ultrapassamos alguns limites deliberadamente. Mas a crítica gostou. Espero que um dia os espectadores reconsiderem, percebendo que a produção tem personalidade. Há ainda uma esperança de que o filme seja bem-sucedido no mercado internacional, onde esperamos que o meu traseiro não ofusque a história de novo.

Você reclamou da atenção exagerada que o seu traseiro ganhou em Solaris. *No entanto, fez o mesmo com o ator Sam Rockwell, que você dirigiu em uma cena de nudez em* Confissões?
Foi idéia dele (risos). De tão sensibilizado com o meu drama, Sam se ofereceu para abaixar as calças sob a minha direção.

Só que ele não conseguiu a mesma visibilidade...
A bunda de Sam é melhor. Só que a minha é mais famosa (risos).

Capítulo II

Os Mal-humorados

À Mercê da Rabugice de Harrison Ford

Diante de Harrison Ford, sinto uma incômoda obrigação de escolher as palavras com cuidado. Principalmente depois de ter tido provas, ao vivo, do lendário mau-humor do ator. Não é folclore, não. Qualquer coisinha pode irritá-lo, criando um clima desagradável. Durante nosso primeiro encontro, no Festival de Veneza, em 2000, quando ele promovia o thriller *Revelação*, um dos piores de seu currículo, caí na besteira de chamá-lo de "astro" logo no início da conversa. Visivelmente ofendido, como se eu tivesse dito um palavrão, Ford bufou e me corrigiu imediatamente: *"Não sou um* movie star. *Sou um ator"*. A gente bem sabe que ele é, sim, um astro. Mas achei melhor não contrariar.

Do momento em que Ford pisou na suíte do Hotel Excelsior, um dos cinco-estrelas do balneário italiano, até o assessor avisar que a entrevista acabou, 30 minutos depois, Ford manteve a cara de poucos amigos. Respondeu às perguntas sem entusiasmo. Falava como se a profissão que escolheu fosse a mais maçante do mundo. Dava a impressão de que, no fundo, queria mesmo parecer desinteressante. E conseguiu. Na hora de escrever, tive de fazer uma bela edição para disfarçar tamanha má vontade.

O homem que me recebeu está longe de lembrar o carismático aventureiro Indiana Jones ou o guerreiro estelar Han Solo. *"Carisma"*, aliás, é outra palavra que Ford não suporta. Quando soltei um *"carisma"*, pedindo que ele tentasse explicar por que é tão requisitado para os papéis de heróis em Hollywood, levei outro corretivo. Ainda pior que o primeiro. *"Carisma? Se você quer falar de carisma, procure Rick Martin."* A frase enterrou de vez a minha esperança de arrancar um sorrisinho do ator que me fez, ainda garota, voltar várias vezes aos cinemas para assistir ao filme *Os Caçadores da Arca Perdida.*

Ford riu uma única vez durante a entrevista – depois de uma brincadeira que ele mesmo fez. Quando o assunto era o comportamento afetado de celebridades de Hollywood, ele garantiu que nunca *"deixou a inteligência sucumbir ao ego"* (mais tarde soube que ele sempre fala isso). *"Minha conduta é uma benção. Já imaginou se você tivesse de agüentar o meu CD de Natal?"*, brincou, antes de fechar a cara de novo.

A indisposição prevaleceu também no nosso segundo encontro, em Los Angeles, em 2003, durante o lançamento da comédia *Divisão de Homicídios* – outra escolha infeliz de Ford. Às vezes me pergunto se o resultado teria sido diferente se tivesse entrevistado o ator por filmes dos quais ele se orgulha. *Revelação* e *Divisão de Homicídios* certamente não figuram nessa lista. Diz a lenda, porém, que Ford é sempre chato. Até os seus colegas de cena não negam. Quando perguntei à sueca Lena Olin, seu par romântico em *Divisão*, como Ford se comporta no *set*, ela admitiu que o ator é *"ranzinza"*.

Talvez a única surpresa agradável tenha sido conferir pessoalmente os atributos físicos desse herói rabugento. Olhando bem para esse homem de porte atlético, quase sempre visto vestindo camisa e calça jeans, não acreditei estar diante de um sessentão. Ford não tem nada de vovô. Nem barriga ele tem. Nem muito alto, nem muito baixo, o ator definitivamente mantém o charme, a sensualidade e a virilidade que fizeram dele um astro – por mais que ele não goste dessa palavra.

Harrison Ford Tenta Fazer Rir

Entrevista distribuída pela *Agência Estado* e pelo *Portal do Estadão* em 30 de janeiro de 2004

Embora o aventureiro Indiana Jones tenha sido concebido com doses de humor, o *timing* para comédia de Harrison Ford foi praticamente desperdiçado ao longo dos seus 30 anos de carreira.

Quando Hollywood finalmente o deixou fazer graça nas telas, em *Divisão de Homicídios*, o ator de imagem séria e compenetrada não mediu esforços para arrancar risadas da platéia. Chegou a ridicularizar a si mesmo e os tipos heróicos que o consagraram nas telas. *"Pela primeira vez, tive a oportunidade de avançar em território humorístico"*, disse o ator, encarregado de interpretar nessa comédia um policial muito estressado que investiga a morte de *rappers* em Los Angeles. Na pele do personagem à beira de um colapso nervoso, Ford perdeu a tradicional sisudez e ainda protagonizou espirituosas cenas de cama com a atriz sueca Lena Olin. Detalhe: o astro faz pose *sexy* sem camisa, de óculos escuros e com um donut na boca (aquele sonho de padaria, marca registrada dos policiais nos EUA). Leia, a seguir, os principais trechos da entrevista concedida em Los Angeles, onde o ator ficou de cara amarrada o tempo todo. Parecia que o bom humor tinha se esgotado durante as filmagens.

Por que teve o senso de humor desprezado por tanto tempo por Hollywood?
Mesmo sem querer, eu me tornei um *leading man* (ator que encabeça o elenco). Ao atingir esse *status*, fiquei preso à imagem que Hollywood sempre fez de mim. Por muito tempo, por mais que eu brigasse, ninguém me oferecia um papel engraçado. Os diretores e produtores achavam que o espectador

não ficaria convencido. Acabaria pensando: *"Veja Harrison Ford tentando representar!"*

Mesmo sendo uma comédia, Divisão de Homicídios *traz várias seqüências de ação. Por que insiste em protagonizá-las, dispensando muitas vezes os dublês?*
Quem disse que eu insisto? Eu simplesmente faço coisas como correr, saltar, cair e outras manobras físicas pouco arriscadas no *set*.

Nunca colocou a sua vida em perigo em set *de filmagem?*
Talvez entrar no carro com Josh Hartnett na direção tenha sido a coisa mais perigosa que já fiz na vida. (Ford teve machucados leves ao sofrer acidente durante a filmagem, quando Hartnett dirigia o carro numa perseguição automobilística.)

Vê algum paralelo entre o início de sua carreira e a trajetória de Hartnett?
Não. Eu comecei a ganhar dinheiro nesse negócio quando já tinha 35 anos. Com Josh é diferente. Aos 25 anos, ele já fez cinco ou seis filmes e conhece o sucesso.

Você é difícil de dirigir, como dizem?
Acho que não. Eu arriscaria dizer que gosto de ser dirigido. A única coisa da qual não abro mão é trabalhar apenas com diretores que respeito. Só

aceito ser dirigido por profissional que será útil para a minha carreira. Não tenho o hábito de me impor e tento fazer parte do processo. O ator precisa entender que ele simplesmente ajuda a contar uma história de acordo com o comportamento de seu personagem. É apenas uma ferramenta nas mãos do diretor.

Qual a principal ferramenta de um ator?
A empatia. Você precisa entender como o personagem se sente. Precisa reconhecer o que o motiva e o que o pressiona para criar o comportamento apropriado. Preciso saber como eu me sentiria naquelas circunstâncias e articular isso.

O acúmulo de experiência deixa o trabalho do ator mais fácil ou mais difícil, por já não se sentir tão desafiado quanto no início da carreira?
Mais fácil. Eu me sinto mais habilitado como ator. Não me coloco em condições insatisfatórias tanto quanto na época em que comecei. Hoje é muito mais divertido.
Se não fosse, não sairia da minha casa para trabalhar.

O que o motiva a continuar?
Atuar é o que eu sei fazer. Passei todos esses anos tentando aprender como fazer bem esse trabalho. Dá uma sensação boa colocar toda a experiência adquirida para funcionar e sentir que sou útil no

processo. Também gosto muito da colaboração nos *sets* de filmagem. Procuro me envolver intensamente com o projeto, ajudando a resolver os problemas e até mesmo solucionando questões mais mecânicas no *set*.

Das coisas que já disseram e publicaram a seu respeito, qual foi a mais equivocada?
(Pensativo). Não sei exatamente o que dizem a meu respeito nem me interesso por isso.

Dizem que você é mal-humorado, odeia dar entrevista e é obcecado por privacidade...
Bom, não posso negar tudo. Só não diria que odeio dar entrevista. Entendo que faz parte do processo de lançamento do filme. Faço da maneira mais profissional possível. Mas não há como negar que o assédio, principalmente dos *paparazzi*, só traz incômodos e aborrecimentos.

Para onde vai quando quer escapar do assédio?
Só me sinto realmente à vontade quando estou voando (Ford é dono de vários helicópteros). Prefiro usar um codinome qualquer, como November 62, do que ser Harrison Ford. Até porque gosto mais de ser tratado como um anônimo do que como um ator. Gosto de Nova York, por exemplo, porque as pessoas costumam me deixar em paz nas ruas. Em Wyoming, onde tenho um rancho, já é mais difícil despistar.

A habilidade como piloto de helicóptero é uma influência dos personagens heróicos que viveu no cinema?
Não. Vôo porque gosto. Não estou em busca de aventura ou ação. Meu maior interesse está em colocar em prática a habilidade e a disciplina necessárias para voar.

Não se sentiu como Indiana Jones quando salvou aquela mulher em 2000?
Não. Aquilo foi uma bobagem. Simplesmente usei o meu helicóptero para resgatar uma pessoa ferida no alto de uma montanha. Não houve heroísmo. Nas horas vagas, trabalho como voluntário ajudando a encontrar pessoas desaparecidas.

Você costuma assistir aos seus filmes?
Não. Há muito tempo lembro de ter visto *A Testemunha*. Isso porque, quando entrei na sala, percebi que os meus filhos estavam assistindo ao vídeo. Fiquei, já que não tinha mais nada para fazer.

Como explica o fato de ser um chamariz de bilheteria, um ator pelo qual o público paga um ingresso, independentemente do gênero do filme?
Talvez eu tenha tido sorte, a ponto de trabalhar com bons contadores de história. Sempre coloco a qualidade do filme em primeiro lugar. A produção deve ser capaz de despertar o interesse dos espectadores por si só. Quando a história é ruim, o

público não quer me ver. Prefiro explicar assim. Do contrário, estaria me vendo como uma pessoa mais importante do que sou.

Atribuindo o sucesso aos filmes, não estaria menosprezando talvez as qualidades que fizerem de você um ator conhecido?
Obviamente quando um ator veterano como eu aparece na tela, o público responde emocionalmente de uma maneira específica. Isso porque já estabeleceu uma relação comigo. O fato de a minha imagem ecoar na mente da platéia, no entanto, não pode ser supervalorizada. Sou um assistente no processo de contar uma história. Não me sinto menosprezado com essa afirmação. Prefiro isso a deixar a minha inteligência sucumbir ao meu ego.

Trocando Farpas com Julia Roberts

Espelho, espelho meu... Existe alguma estrela de Hollywood mais chata do que eu? Se a pergunta partisse de Julia Roberts, a resposta provavelmente seria um sonoro *"Não!"* Nunca me deparei com um ego tão inflamado quanto o de Julia, que não é nenhuma deusa pessoalmente. Ao chegar para conceder entrevista, essa morena comum, incapaz de parar o trânsito com a sua beleza, não dá bom dia ou boa tarde. Aperto de mão, nem pensar. Arrogante até o último fio de cabelo castanho e liso, age como se fosse a dona do mundo, torcendo o nariz empinado para tudo. Ainda fala com a gente com a superioridade e condescendência de quem se dignou a olhar para os simples mortais abaixo dela.

Antes mesmo que Julia pisasse na suíte do Hotel Four Seasons, de Beverly Hills, onde nos encontramos em dezembro de 2003, já estava instaurada a tensão. Parecia que a rainha da Inglaterra estava a caminho. O corredor do hotel no andar em que ela daria entrevista estava tomado de gente estressada – em sua maioria, profissionais do estúdio encarregados da organização da *junket*. Havia tipos com *walkie talkie* nas mãos que monitoravam todos os passos da estrela. Foram eles que anunciaram, nervosos, a sua chegada. *"She's coming, she's coming"*, diziam, enquanto empurravam os jornalistas para dentro das suítes. Pela afobação no corredor, dava para perceber que a entrevistada não seria nada fácil. E não foi mesmo.

Por trás das câmeras, a *"queridinha da América"* dá um show de antipatia. Ninguém vê aquele sorrisão, de orelha a orelha, que a tornou célebre no cinema. A não ser que a atriz esteja diante de equipe de televisão. Pelo que eu sei, ela se esforça para parecer simpática enquanto a câmera está ligada. Mas fecha a cara, assim que a luz é apagada. Estranhamente, Julia age com a imprensa como se estivesse prestes a ser atacada, recebendo mal até os elogios. Ela nem soube (ou não quis) explicar por que arrasta multidões aos cinemas. Também reclamou por despertar tamanha empatia, a ponto de deixar a platéia com a sensação de que a conhece.

Parece que nada que o repórter disser conseguirá descontrair o ambiente. Julia ainda aproveita brechas para humilhar os jornalistas. Foi o que ela fez com uma japonesa que falava mal inglês. A repórter só queria a sua definição de "feminismo", já que *O Sorriso de Monalisa* retratava o ambiente estudantil feminino na década de 50. Ao ver que a moça não sabia se expressar, a estrela devolveu a pergunta, com ar desafiador. Diante do silêncio da repórter, perguntou o que a japonesa fazia lá, chamando-a de incompetente.

Uma jornalista dinamarquesa levou outra lambada. Perguntou se algum homem já tinha mentido para Julia e ouviu o que não queria: *"Essa é a pergunta mais estúpida que já ouvi em toda a minha vida"*.

Eu também não saí da sala sem antes levar algumas pauladas da rainha do mau-humor. Ela quase me mordeu quando, a pedido do editor da *Chiques*, perguntei como havia sido trabalhar em *O Sorriso de Monalisa* tendo o marido no *set*, o *cameraman* Danny Moder (que Julia trouxe ao projeto, obviamente). Como o diretor Mike Newell tinha dito pouco antes que ela e o marido não se desgrudavam durante as filmagens, pensei que a atriz pudesse dizer algo espirituoso. Que nada. Ela me olhou ultrajada, como se eu quisesse saber a posição sexual favorita do casal. Para se safar, me chamou de mal-educada por eu ainda não ter feito nenhuma pergunta à atriz Ginnifer Goodwin, que a acompanhava na entrevista. A tática do acompanhante é usada justamente por aqueles que têm um péssimo relacionamento com a imprensa – como se trazer alguém a tiracolo pudesse diminuir o mal-estar.

Furiosa mesmo a atriz ficou quando eu lhe perguntei por que ela intimida tanto as pessoas. *"Não me vejo intimidando ninguém. Por que não pergunta isso a quem trabalhou comigo?"*, disse, com voz alterada e uma veia saltada na testa. Sem me estressar, eu disse apenas que isso não seria necessário, pois a sua negação já respondia à pergunta. Nem preciso dizer que a mulher me fuzilou com os olhos. E, depois disso, não olhou mais na minha cara. Quando falava comigo, olhava para o teto e para a porta, à espera da assessora, outra mal-humorada, que chegou minutos depois para encerrar a entrevista. Foi um alívio ver Julia sair por aquela porta. Sem se despedir, é claro.

Julia Roberts – A Mulher de US$ 25 milhões

Entrevista publicada na Chiques, de dezembro de 2003, quando a atriz ainda planejava a gravidez dos gêmeos

Julia Roberts não sabe nem quer saber o que as pessoas tanto vêem nela. *"Será sempre um mistério para mim"*, afirmou a atriz, dona do sorriso mais celebrado de Hollywood. Na mira dos tablóides desde que caiu nas graças do público com *Uma Linda Mulher* (1990), a estrela disse não perder noites de sono pensando na imagem que projeta. *"Não posso controlar a percepção alheia. Alguns dizem que sou amável, outros que sou cruel. Alguns produtores me chamam por apostarem no meu potencial. Outros vêem em mim apenas a oportunidade de fazer dinheiro"*.

A primeira mulher a conquistar o cachê de US$ 20 milhões na indústria (em 2000, com *Erin Brockovich*), Julia bate agora o próprio recorde. Para viver a professora de história da arte de *O Sorriso de Monalisa*, a toda-poderosa embolsou US$ 25 milhões. Falar de números, no entanto, incomoda a atriz, responsável pela renda mundial de mais de US$ 2,5 bilhões (somatória da bilheteria de seus filmes). *"A felicidade toma formas diferentes conforme nós amadurecemos. Ficamos mais sábios, reconhecemos melhor quem são os nossos amigos e aprofundamos as nossas relações pessoais. É isso que importa."*

Casada desde julho de 2002 com o *cameraman* Danny Moder, a estrela garante que a busca pela cara metade finalmente acabou. Seu primeiro marido foi o cantor Lyle Lovett, além dos relacionamentos com os atores Benjamin Bratt, Jason Patric, Kiefer Sutherland e Matthew Perry. Julia e Moder se conheceram no *set* de *A Mexicana*, quando ele ainda era casado com a maquiadora Vera Moder – que relutou em lhe conceder o divórcio após quatro anos de união. *"Adoro trabalhar com Danny"*, contou Julia, que trouxe o marido à equipe de *O Sorriso de Monalisa*, na função de diretor de fotografia da segunda unidade de produção. *"É um luxo poder dividir o* set *com a pessoa que amamos"*, disse, depois de relutar um pouco em falar do marido na entrevista.

A professora Katherine é o seu primeiro grande papel desde Erin Brockovich. *A intenção foi se afastar um pouco dos sets de filmagens e se dedicar*

mais à vida pessoal nos últimos anos?
Não necessariamente. As últimas personagens que interpretei foram as únicas que me interessaram. Algumas exigiram mais tempo no *set*, outras foram apenas participações (como em *Onze Homens e um Segredo, Full Frontal* e *Confissões de uma Mente Perigosa*). Mas nada foi calculado no sentido de aparecer mais ou menos nas telas.

O Sorriso de Monalisa *discute a situação das universitárias dos anos 50, mulheres que eram mais preparadas para o casamento em sala de aula do que para a vida profissional. Acha que as mulheres de hoje ainda sofrem desse dilema, tendo de priorizar um ou outro setor?*
Dependendo da situação, do ponto em que ela está na vida profissional, talvez a mulher precise escolher um ou outro. Mas nem todas podem se dar ao luxo de parar de trabalhar na hora em que resolvem se dedicar à família ou concretizar outros sonhos pessoais.

Se resolver ter um filho, você tirará folga das telas?
Tiro folga constantemente. Trabalho uma ou duas vezes por ano. Mas é difícil prever como vou me comportar. Ainda não sou mãe para saber como é. O máximo que fiz foi acompanhar a trajetória de amigas que tiveram filhos. Talvez eu fique em casa pelo resto da vida, talvez por um mês apenas.

Por trás das câmeras, você também atuou como professora para as atrizes mais jovens que viveram suas alunas na trama (como Kirsten Dunst, Julia Stiles, Maggie Gyllenhaal e Ginnifer Goodwin)?
Não gosto dessa posição. É perigoso olhar para alguém e pensar que essa pessoa sabe tudo. O bom professor é aquele que tenta descobrir com você. Meus professores costumavam dizer que eu era boa aluna, apesar das notas ruins que tirava em ortografia.

Sua postura intimida as pessoas. Faz algo para evitar isso no set, *principalmente quando contracena com atores mais jovens?*
Não me vejo intimidando ninguém. Por que não pergunta isso a quem trabalhou comigo?

Contracenar com jovens atrizes a faz lembrar da época em que começou no show biz*?*
Quando iniciei a carreira, era menos madura, confiante e sofisticada que as garotas de hoje. Foram os felizes acidentes que me ajudaram no percurso entre a loja de sapatos onde trabalhei até chegar aqui.

O motivo que a leva a filmar hoje é o mesmo de dez anos atrás?
Sim. Preciso gostar da personagem e querer explorar o território que ela habita por pelo menos três meses. Ao fazer a escolha, no entanto, procu-

ro me eximir da responsabilidade de como as pessoas vão entender o filme. Isso não me importa.

Quando olha para trás, está satisfeita com a filmografia que construiu?

Por que não estaria? Obviamente há filmes que eu preferia que tivessem alcançado outro resultado. Mas isso faz parte da minha história. Como tudo está intricado, não daria para eliminar esse ou aquele detalhe. O que importa é o conjunto. E estou 100% satisfeita. Eu ainda faço filmes, enquanto muita gente que fazia teste comigo lá atrás saiu completamente de cena.

Qual a sua percepção sobre o sorriso de Monalisa?

Sinceramente não entendo por que tanto barulho a respeito. É hilário ver as pessoas buscando interpretações e significados profundos para o sorriso dessa mulher. Estive em uma classe onde o professor discutiu por mais de duas horas o quadro. Para mim, a pintura serve de espelho para quem olha. Se você está feliz, acha que Monalisa também estava. Se está se sentindo miserável, fatalmente verá um quê de tristeza. A escolha é sua.

A Falta de Classe de Brad Pitt

Brad Pitt é um homem irresistível, por quem qualquer mulher arrastaria um caminhão, certo? Errado. Sua beleza é um mito, que desmorona facilmente diante dos olhos de quem o vê de pertinho. Ao vivo, seu rosto traz marcas de acne, seus dentes são amarelados e o hábito de coçar a cabeça e o nariz toda hora lhe deixam com um aspecto sujo. A falta de classe também não ajuda. Pitt é do tipo que fala de boca cheia, se espalha pelo sofá e põe os pés sobre a mesa. Para piorar, é mal-humorado nas entrevistas, fazendo pouco caso dos jornalistas. Antes mesmo de ouvir a primeira pergunta, ele já boceja, com ar de contrariado. Ainda não pára de olhar para o relógio, deixando transparecer que está apenas cumprindo uma agenda de entrevistas imposta por contrato pelo estúdio.

Longe dos tipos encantadores que já viveu no cinema, Pitt é seco. Responde às perguntas muitas vezes monossilabicamente – a ponto de ser quase impossível redigir as entrevistas que ele concede em pingue-pongue (com perguntas e respostas). Nada contra Pitt fugir da imagem de astro, sempre simpático e sorridente, predominante em Hollywood. O que incomoda é a sua indisposição para falar, o que quer se seja. Quando o entrevistei, em 2004, na época do lançamento de *Tróia*, nada parecia interessá-lo. Ele não queria falar do arquétipo de

Aquiles, o guerreiro rebelde e sedento de glória. Tópicos como mitologia, política e cinema também não o entusiasmaram. O que ele queria mesmo era me ver pelas costas. E o mais rápido possível.

Mas repórter é quase tudo igual. Mesmo quando a entrevista vai mal, a gente sempre acha que, a qualquer momento, vai ganhar o entrevistado, fazendo uma observação inteligente. Com Pitt, por mais que eu tentasse, isso não aconteceu. E eu nem toquei no nome de Jennifer Aniston (sua mulher, na época), imaginando que isso o aborreceria ainda mais. Se Pitt não suporta falar com a imprensa, deveria convencer os estúdios a poupá-lo e não dar mais entrevistas. Principalmente para jornalistas estrangeiros que, como eu, precisam viajar milhas e milhas e voltam para casa praticamente de mãos vazias.

Não bastasse o nariz em pé de Pitt, a *junket* de *Tróia* para veículos mensais ainda impôs um formato catastrófico, obrigando os jornalistas a entrevistarem os quatro atores principais do filme juntos. Quando entrei na suíte do Regent Beverly Wilshire, dei de cara com Pitt, Eric Bana, Diane Kruger e uma tal de Rose Byrne, de quem nunca tinha ouvido falar. O formato é sempre injusto com os coadjuvantes, que, por serem menos conhecidos, obviamente só fazem figuração para o protagonista.

E foi o que aconteceu. Pitt era o todo-poderoso da sala, com uma platéia de amiguinhos para vêlo bancar o galã *blasé* na minha frente. E os coitados ainda tinham de rir de suas piadinhas de mau-gosto, como quando ele me avisou que evitaria a "diarréia verbal" no início da entrevista.
Sem se esconder por trás um personagem, geralmente tipos sedutores, e sem uma equipe de maquiagem, disposta a esconder algumas de suas imperfeições, Pitt não é tudo aquilo. A beleza e a empatia das telas não sobrevivem no cara a cara. Talvez um pouco de sutileza, tato e humildade pudessem deixá-lo tão irresistível quanto ele pensa ser. Ao final do nosso encontro, só me lembro de ter ficado com pena do diretor Alan J. Pakula, de *Inimigo Íntimo*. Já imaginou ter de lidar diariamente com Harrison Ford e Brad Pitt? E o que é pior: juntos no *set*?

Aquiles Esconde o Calcanhar

Entrevista publicada na *Ícaro* de abril de 2004

Cruzo a porta da suíte do Hotel Regent Beverly Wilshire, em Los Angeles, na esperança de encontrar o Brad Pitt das telas. Aquele homem bonitão, charmoso e irresistível... Só que no lugar do mito, eleito várias vezes como o mais *sexy* do planeta, dou de cara com um sujeito indiferente, estirado no sofá e com os pés sobre a mesinha de centro, falando com a boca cheia de tirinhas de cenoura. Não pára de coçar a cabeça e se mostra distante mesmo quando fala do grandioso personagem: ninguém menos que Aquiles, o maior dos guerreiros gregos no cerco de Tróia, contado e cantado na *Ilíada*, do poeta Homero. *"Nas entrevistas, procuro evitar a diarréia verbal"*, avisa, irônico. Os músculos pronunciados sob a camiseta branca comprovam que, fisicamente, o galã de 1m83 está mesmo à altura do protagonista fortão do épico *Tróia*. *"Rodei as lutas mais intensas da minha vida"*, garante Pitt, aparentando menos que os seus 40 anos completados em dezembro de 2003. Deve estar falando sério porque, ironicamente, até o tendão-de-aquiles do ator saiu machucado depois de tanto guerrear na pele do herói quase imortal – não fosse pelo seu ponto fraco, o proverbial calcanhar de Aquiles. Foi pelo calcanhar que a mãe do herói, Tétis, o segurou na hora de mergulhá-lo nas águas do Estige, um rio do inferno, para torná-lo invencível, segundo a lenda. *"Forcei o tendão de tanto lutar na areia. Mas não encarei como uma maldição."* Pergunto qual é, na vida real, o seu ponto vulnerável, mas o guerreiro volta a vestir a couraça. *"Prometi a mim mesmo que nunca revelaria"*.

O astro escolhido para encabeçar o elenco dessa superprodução de cerca de US$ 180 milhões também torce o nariz na hora de comentar as semelhanças entre a Guerra de Tróia e o cenário político atual. *"Não quero pisar nesse território. Só posso dizer que não concordo com a idéia de um povo se achar melhor que o outro."* Ter rodado *Tróia* na ilha de Malta, em pleno Mediterrâneo, durante a guerra dos EUA contra o Iraque não o preocupou. Por conta do conflito, porém, a equipe de produção decidiu seguir de Malta para o México, cancelando as filmagens no Marrocos, onde parte do longa-metragem deveria ter sido realizado. *"Não me senti em perigo em Malta."* Na ilha, locação escolhida pelos estúdios Warner para representar a Grécia antiga nas telas, foi construído um dos maiores *sets* já vistos na Europa. Maior que o de *Gladiador*, outro épico filmado parcialmente em Malta. *"Foram dez semanas de muito calor"*, lembra o ator, destacando que a locação foi fundamental para colocar o elenco no espírito do épico.

Não foi o aspecto mitológico que motivou Pitt a encarnar o herói de vida e pavios curtos. Muito menos o fato de a Grécia estar em alta, por sediar as Olimpíadas de 2004 em Atenas. Aquiles, o primeiro grande papel do ator desde *Onze Homens e um Segredo* (2001), o atraiu pelos extremos, *"seja na violência, no amor ou no ódio"*. Pitt, que vestiu a tradicional saia curta grega para encarnar o mito, tenta compreendê-lo: *"Aquiles é inegavelmente um cara perturbado. Foi moldado de acordo com as experiências que teve na vida e a forma como reagiu diante do que aconteceu. Ainda que imperdoáveis, suas ações não são frutos de crenças"*.

Dá para perceber que algo está mudando Pitt também. Talvez ele esteja revendo a maneira de enxergar o mundo, a arte e as pessoas. Procuro pensar que esse jeito calado e lacônico não é comigo ou com a minha revista. Indicado ao Oscar de melhor coadjuvante na pele do psicótico de *Os Doze Macacos* (1995), Pitt foi visto nos últimos anos apenas em pequenas participações. Apareceu em *Confissões de uma Mente Perigosa* e *Full Frontal* (2002), e dublou o personagem-título do longa de animação *Simbad – A Lenda dos Sete Mares* (2003). *"Não foi um afastamento intencional, ainda que, às vezes, eu me sinta superexposto. Isso não tem nada a ver com o rumo que dou à carreira."* Ele pode não admitir, mas parece que Pitt ficou mais arredio depois do casamento, em 2000, com Jennifer Aniston, atriz superpopular nos EUA por estrelar o seriado de TV *Friends*. A dupla, cujo casório foi estimado em US$ 1 milhão, em mansão de Malibu, é dona da empresa Plan B Productions para *"viabilizar projetos de pessoas com poucos recursos e grandes idéias"*.

De começos difíceis, ele entende. Nascido em Shawnee, em Oklahoma, e criado em Springfield, em Missouri, Pitt abandonou a faculdade de jornalismo no último ano para correr atrás do sonho de conquistar Hollywood. Desembarcou em Los Angeles com apenas US$ 325 no bolso e sobreviveu fazendo vários bicos, como passar o dia fantasiado de galinha na rede americana de *fast-food El Pollo Loco*. Fez pequenos papéis em seriados e filmes e de uma bem-sucedida campanha publicitária para a Levi's ficou o hábito de usar jeans, muitas vezes esfarrapados. O estrelato só bateu à porta depois que ele seduziu Geena Davis em *Telma&Louise* (1991). A aparição durou pouco mais de dez minutos, mas foi suficiente para impressionar as mulheres mundo afora e os diretores em Hollywood.

Só que agora, mastigando cenoura na suíte do hotel, até com a beleza ele parece incomodado. Melhor nem mencionar o boato de que Pitt teria recorrido a um dublê de pernas mais grossas para rodar algumas cenas de batalha. O astro garante que o bom de envelhecer é que a beleza passa a ser cada vez menos importante. Para os homens é sempre mais fácil enfrentar as rugas em Hollywood, não? *"Sim. Não há como negar. Mas todos teremos de lidar com isso um dia, não importando o quanto demore para chegar"*, comenta.

Para se manter motivado na indústria, sem cair na tentação de trabalhar de olho apenas no polpudo cachê, Pitt usa um termômetro curioso antes de abraçar ou não um novo personagem. *"Sempre me pergunto se gostaria de passar pelos menos seis meses dentro desse cara. Se a resposta for não, dinheiro nenhum me fará mudar de idéia"*, diz Pitt, que embolsou US$ 17,5 milhões para filmar *Tróia*. Locação também não costuma influenciá-lo na hora de se decidir por um filme, ainda que ele tenha visitado alguns países por conta da profissão. Como a Argentina, único país da América do Sul onde pisou, durante as filmagens de *Sete Anos no Tibete* (1997). Então ele nunca esteve no Brasil? Não. O nosso país ele só conhece mesmo por fotografia.

Capítulo III

As Grandes Damas

Aprendendo a Cozinhar com Meryl Streep

Minutos antes de entrevistar Meryl Streep pela primeira vez, procuro me preparar psicologicamente para encontrar uma diva. E no pior sentido da palavra. Afinal, de tanto ser chamada de *"the greatest actress of our time"*, Meryl deve ter um ego gigante, pensei. Se fosse o caso, quem poderia condená-la? Não dá para ter a crítica mundial a seus pés, ser a mulher recordista de indicações ao Oscar (com 13 no currículo), ostentar duas estatuetas douradas na estante e manter o pé no chão, dá? Meryl prova que sim. Desprovida de estrelismos, surpreende pela gentileza, humildade e generosidade nas entrevistas. Tem um jeito de mãezona que cativa a gente desde o primeiro minuto. É a tia que todo mundo gostaria de ter. Até dividiu comigo uma receita de costela de porco que aprendeu com a avó. Pode?

Inicialmente parece piada ouvi-la dizer que, apesar dos quase 30 anos de carreira, ainda se sente insegura a cada novo papel e não sabe por que os diretores a convidam para fazer filmes. Por que diria isso? Duvido que seja em busca de elogios. De tanto ouvir, deve estar mesmo farta deles. *"Adjetivos são inúteis. Pelo menos se eu pudesse descontá-los no banco..."*, disse, rindo. Meryl só me convenceu dessa tal vulnerabilidade ao lembrar que *"todo ator é neurótico por natureza". "Se conhecer um ator totalmente seguro de si me apresente"*, brincou. Talvez ela seja apenas tão dramática quanto a maioria das mulheres que interpreta nas telas. Não importa. Sua conduta modesta e antiestrela só faz aumentar a minha admiração. Principalmente por já ter entrevistado atrizes cujo talento é inversamente proporcional à afetação.

Apesar do rosto que lembra as madonas dos pintores italianos, Meryl é despretensiosa. Ser uma autoridade no assunto poderia fazê-la falar de interpretação como se fosse a oitava maravilha do mundo. Mas não. Nos dois encontros que tivemos, em 2002, em Los Angeles, na *junket* de *Adaptação*, e em 2004, em Veneza, na divulgação de *Sob o Domínio do Mal*, ela tentou desmistificar o trabalho. Comentou o seu processo de criação dos personagens com a mesma simplicidade que fala de culinária. Ah! Antes que eu me esqueça, segue a especialidade suína de Meryl. A costela de porco deve ser temperada com coentro, alecrim e alho. O cozimento leva cerca de 12 horas. *"Para garantir que a carne se solte do osso"*, explicou ela. Após cortar a carne em pedacinhos, os mesmos devem ser embrulhados com folhas de alface. O próximo passo é acrescentar salsa mexicana e *voilà*!

É por ser tão boa de garfo que Meryl está sempre brigando com a balança. *"Minha vida é tentar perder peso"*, dramatizou a atriz. Percebendo o exagero, eu disse que ela me parecia muito bem. Não foi puxa-saquismo. A atriz estava mesmo elegante, em Los Angeles, onde vestia um alinhado terninho azul-escuro. *"O mérito é do estilista"*, afirmou ela. Quando perguntei quem era o costureiro, Meryl se levantou, ficou de costas para mim e apontou para a etiqueta na nuca. *"Não me lembro. Olhe você"*, pediu. Lá fui eu xeretar no pescoço dela. Era um Armani. *"Deve ter sido mais uma cortesia da sua* maison*"*, contou, rindo.

Todo o Brilho da Modéstia

Entrevista publicada na *Ícaro* de novembro de 2004

Quando quer convencer a filha caçula, Louisa, de 13 anos, a arrumar o quarto bagunçado, Meryl Streep ameaça: *"Olha que eu não te levo na próxima festa do Oscar"*. A mulher recordista de indicações ao prêmio da Academia de Hollywood, lembrada 13 vezes, jura que só se aproveita do *status* de *"maior atriz do nosso tempo"* no âmbito doméstico. *"Ainda bem que isso serve para alguma coisa"*, brinca a estrela, que deixou para trás Katharine Hepburn, indicada 12 vezes. A entrevista, concedida no Hotel Excelsior, em Veneza, mal começa e a gente logo vê que está diante de uma mulher que adora rir de si mesma e que é sincera ao falar de suas incuráveis crises de segurança profissional.

Até hoje nada parece tê-la convencido de que é mesmo insuperável quando o papel exige uma atriz de densidade dramática, capaz de expressar com naturalidade todos os tons e semitons das emoções humanas. Nem mesmo os dois Oscars que recebeu: de melhor atriz por *A Escolha de Sofia* (1982) e de coadjuvante por *Kramer vs. Kramer* (1979). *"Só o meu marido sabe o quanto eu sou vulnerável. Coitado... Ele já deve estar cansado de me ver chegar em casa dizendo que não vou conseguir fazer tal filme."* Mas o escultor Don Gummer pelo jeito não se cansou. Estão casados desde 1978 e têm quatro filhos (Henry, Mary Willa, Grace Jane e a caçula do quarto bagunçado, Louisa). Meryl acha que o medo faz parte: *"Talvez eu precise me desconstruir, voltando à estaca zero, antes de abraçar um novo papel"*.

O diretor Jonathan Demme levou tempo para convencer Meryl a personificar a senadora Eleanor, no *thriller Sob o Domínio do Mal*. *"Eu sempre tento desistir antes do início das filmagens, achando que sou a atriz errada. Peço que o meu agente me ajude a cair fora do projeto."* Ela só decidiu encarnar a nova personagem ao se dar conta de como seria instigante e provocativo interpretar uma mulher poderosa, manipuladora e disposta a tudo para eleger o filho (vivido por Liev Schreiber) vice-presidente dos EUA. Até mesmo submeter o herdeiro à lavagem cerebral, no sentido literal da palavra. *"O mundo ainda não está preparado para o poder feminino. Um país como os EUA jamais elegeria uma mulher como presidente da República porque não saberiam como tratar o seu marido. O coitado seria visto como um homem fraco. E, se ela fosse solteira, seria pior ainda. Perguntariam: o que há de errado com ela?"*

Mesmo depois de provar seu inesgotável talento em mais de 40 longas-metragens, a grande dama do cinema americano garante que não pára de aprender com os atores com quem contracena. Principalmente os mais jovens. *"Tenho saudade da época em que eu também estava começando e era desconhecida. O sucesso não facilita a vida de ninguém. Só faz aumentar as expectativas e te coloca diante de um precipício. Se você cair, já famoso, a queda é muito maior."*

Nascida em New Jersey, onde chegou a trabalhar como garçonete em hotel, Meryl queria inicialmente ser cantora. Chegou a estudar quatro anos com Estelle Liebling, renomada cantora de ópera, antes de ingressar no Vasser College, uma tradicional faculdade para moças, onde participou das primeiras peças de teatro da carreira. Em seguida, freqüentou a Yale University, onde se formou em dramaturgia tendo Sigourney Weaver como colega de classe. *"No momento em que percebi como o ator consegue fazer o espectador se conectar com a vida, nos seus aspectos mais difíceis e contraditórios, nunca mais tive dúvida do que queria ser."*

Exigente, ainda que os papéis femininos para as cinqüentonas estejam cada vez mais escassos em Hollywood, Meryl se mostra orgulhosa não só dos papéis que fez. Mas principalmente dos que deixou de fazer. *"Já recebi ofertas indecentes. A função do meu agente é filtrar os roteiros, não deixando a minha caixa do correio entupir com porcarias"*, conta a atriz, que prefere não rever os seus filmes. *"Não consigo ter o distanciamento necessário para me deixar envolver. Outro dia estava revendo* Entre Dois Amores *(1985) com o meu filho e não conseguia acompanhar a narrativa. Minha cabeça voava e eu acabei me transportando para a África. Foi como uma revisita."* Nem mesmo os dois Oscars que ganhou têm espaço privilegiado na sua casa. Foram colocados na prateleira mais alta de uma estante. *"Era o único lugar que os meus filhos, ainda crianças, não conseguiam alcançar"*, lembra. Hoje eles não dão mais a mínima para as estatuetas douradas. Nem a caçula, que insiste em ser a acompanhante da mãe nas cerimônias de entrega do Oscar, Globo de Ouro ou Emmy, na esperança de ver de perto os seus astros preferidos. *"Quando digo* 'olhe para mim' *e faço uma pose de estrela, Louisa cai na gargalhada."*

Como convive com o rótulo de "the greatest actress of our time"?
Procuro não pensar nisso. A carreira de ator não pode ser comparada à de um esportista, onde realmente existe um vencedor. Eu me sinto mal pelos outros atores, já que, a cada ano, surgem tantas performances maravilhosas que me inspiram, trabalhos que eu não teria sido capaz de fazer.

Diria que a sua insegurança como atriz é o segredo do seu sucesso?
Não saberia dizer. Só sei que preciso, por mais doloroso que seja esse processo, me despir dos conceitos e dos mecanismos antigos a cada novo filme. Do contrário, não me sentiria motivada a continuar.

Há alguma coisa que possa fazer para não intimidar os atores jovens com quem contracena? Ainda que você seja simpática, eles devem tremer na sua frente...
Talvez no primeiro dia de filmagem eu sinta uma tremedeira em atores com quem nunca contracenei. Depois passa. Até porque o ator precisa do outro para atuar. E, no momento que isso acontece, é como mágica. Tudo o que está ao nosso redor desaparece.
Mede forças quando contracena com algum ícone masculino, como Al Pacino, seu colega na minissérie Angels in America? (Ambos foram premiados com o Emmy pelas atuações.)

Não. Quando contraceno com Al Pacino é ele quem está no comando (risos).

Não está sendo modesta demais?
Não sei. Depende do personagem. Em *Angels in America* Pacino é o sol, ao redor do qual todos gravitam. Mas reconheço que quem lidera no filme *Sob o Domínio do Mal* sou eu. Os outros personagens (vividos por Denzel Washington e Liev Schreiber) precisam reagir ao meu.

Buscou inspiração em alguma mulher da política para compor o papel da senadora?
Nos EUA, dizem que estou parecida com Hillary Clinton. Na Inglaterra, comentam a semelhança com Margaret Thatcher. Mas confesso que me baseei nos homens da política. Sobretudo naqueles que dizem qualquer coisa na época da eleição. Ou seja, todos! (risos)

Como vê a fama hoje, na comparação com os anos 70, quando você despontou?
Graças a Deus, há muito mais famosos hoje. Assim é mais fácil para eu tentar passar despercebida num banheiro público (risos).

Toda a Classe de Anjelica Huston

Assim que chega ao Majestic Beach, da ensolarada Cannes, Anjelica Huston congestiona a entrada do restaurante, às margens do Mediterrâneo. Os curiosos e fãs que se acotovelam na porta pedem autógrafos e insistem para tirar fotos com a atriz e diretora que nunca correspondeu ao padrão de beleza em Hollywood. Mas nem por isso é menos assediada. Anjelica é "salva" minutos depois por dois guarda-costas enormes que abrem caminho e a escoltam até o interior do restaurante, onde eu a aguardo para entrevista. A filha do cineasta John Huston é simpática, amável e divertida. Faz piada de si mesma, por não ser, digamos, nenhuma beldade. *"Meu nariz é desproporcional"*, brinca. Talvez por isso ela tenha recorrido a outros de seus atributos para construir uma galeria de mulheres desejáveis nas telas. Magra, alta e de porte aristocrático, é exemplo de charme, elegância e sofisticação. Tem razão o seu irmão, o roteirista Tony Huston, quando diz que ela é *"a moradora de Los Angeles mais parecida com uma rainha"*.

Não é por acaso que os produtores e diretores sempre lembram dessa mulher de rosto exótico quando precisam de uma atriz refinada. *"Isso quando não sou a primeira da lista para os papéis de bruxa ou de madrasta"*, diz, rindo. Ela revela que só tem uma pequena frustração: a de não ter interpretado ao longo da carreira mais *"mulheres comuns, com gostos e hábitos simples"*. Dá para entender essa sua vontade de viver, de repente, uma empregada doméstica. Mas, cara a cara com a atriz classuda, confesso ter dificuldade para visualizá-la com avental e espanador de pó na mão.

Anjelica é chique, mesmo quando se veste com simplicidade. Como nessa entrevista em Cannes, numa manhã de maio de 1999, quando ela usava calças jeans, camisa branca e um *blazer* preto para promover *Agnes Browne*. Os dedos estavam cobertos de anéis de ouro e pedras preciosas. No nosso segundo encontro, no Hotel Beverly Wilshire, de Beverly Hills, em 2001, na *junket Os Excêntricos Tenenbaums*, a atriz vestia calça e blusa de seda pretas. No dedo, um anel cravejado de esmeraldas.

Quase todas as suas personagens também têm classe, mesmo as mais miseráveis. É uma característica da qual não consegue se desvencilhar?, perguntei. Anjelica abriu um sorriso e agradeceu. *"Se não consegui me livrar disso até agora, provavelmente nunca o farei. A feirante de* Agnes Browe *pode ser classuda, mesmo sendo pobre. Não importa de onde você vem. Essa qualidade está embutida na personalidade. Alguns têm, outros não."* Suas palavras parecem sinceras. Até porque a sua nobreza de porte não deve ser confundida com pose. Coisa que Anjelica aparentemente nunca precisou fazer.

O Legado de Anjelica Huston

Entrevista publicada no *Valor Econômico* de 2 de maio de 2002

Por onde passa, Anjelica Huston deixa um toque de classe no ar. A frase é do cineasta Wes Anderson, que a dirigiu em *Os Excêntricos Tenenbaums* (2001), no papel da antropóloga que não dispensa o *tailleur* e o salto alto mesmo quando visita escavações. A elegância, o bom-gosto e a bagagem cultural da atriz são herança de família. Filha do cineasta John Huston (1906-1987) e da bailarina Ricki Soma, a atriz nascida em Los Angeles cresceu em mansão na Irlanda – *"a primeira no país com chão de mármore"*, como ela costuma lembrar. Proibida de ver televisão, desde pequena esteve rodeada de escritores, artistas plásticos, atores e músicos. *"Cresci com o que havia de melhor em cada segmento. As pessoas que freqüentavam a casa de meu pai eram apresentadas como o melhor filósofo francês, como Jean-Paul Sartre, ou o maior dramaturgo americano, como Arthur Miller."*

A precoce convivência com personalidades tão ilustres teve um preço. *"Desde criança, sentia a pressão em ser única em alguma coisa"*, lembra Anjelica, que coincidentemente revive a situação, às avessas, na pele de sua personagem em *Tenenbaums*. A antropóloga Etheline – papel que Anderson escreveu especialmente para a atriz – é uma mãe rigorosa na educação dos filhos, três pequenos gênios. Margot (vivida na fase adulta por Gwyneth Paltrow) é uma dramaturga mirim premiada, Chas (Ben Stiller) nasceu com dom para finanças e Richie (Luke Wilson) é campeão júnior de tênis.

"Etheline comete um erro clássico, não deixando as crianças serem apenas crianças. Eu, por exemplo, não tive muitos amigos na infância. Inventava brincadeiras e até amiguinhos imaginários para poder me divertir", conta. Foi justamente a expectativa em excesso do pai que a afastou dele, sobretudo na adolescência. *"Tivemos momentos desastrosos, principalmente depois que ele se separou de minha mãe. Eu usava maquiagem pesada, bancando a rebelde, e ele costumava me reprovar só com o olhar."*

Mesmo temendo envergonhar Huston, responsável por clássicos como *Relíquia Macabra* (1941), *Uma Aventura na África* (1952) e *Moby Dick* (1956), Anjelica estreou nas telas aos 17 anos, fazendo ponta em produção assinada pelo pai, *O Irresistível Bandoleiro* (1968). Um ano depois, o cineasta a escalou para estrelar *Caminhando com o Amor e a Morte*, fazendo da filha alvo de críticas. Entre outros adjetivos pouco promissores, Anjelica foi chamada de *"sem graça"*. *"Meu pai era a última pessoa com quem queria iniciar a carreira, mas acabei cedendo. Até porque ele costumava sabotar as minhas chances de atuar com outros cineastas"*, comenta Anjelica, lembrando o convite que Franco Zeffirelli lhe fez em 1968 para atuar em *Romeu e Julieta*. Oferta que Huston tomou a liberdade de recusar em seu lugar, escrevendo carta ao diretor italiano.

Não fosse pelo pai, no entanto, Anjelica não pertenceria ao clube de vencedores do Oscar. Sob sua direção, ela ganhou a estatueta de melhor atriz coadjuvante pela performance como a filha de mafioso em *A Honra do Poderoso Prizzi* (1985), fazendo dos Huston uma família com três gerações de premiados pela Academia de Hollywood. Começando pelo avô Walter, melhor ator coadjuvante em *O Tesouro de Sierra Madre* (1948), e John Huston, que levou o Oscar de melhor diretor e de melhor roteiro pelo mesmo longa-metragem. "Prizzi *marcou a nossa reconciliação"*, recorda Anjelica, que também atuou no último filme do pai, *Os Vivos e os Mortos* (1987), rodado na Irlanda, cenário de suas melhores lembranças familiares. *"Meu pai era sempre o homem mais alto, mais inteligente e mais charmoso da sala."*

De tanto observá-lo trabalhando (*"sua percepção e objetividade intelectual eram únicas"*), a atriz adquiriu, mesmo sem perceber, conhecimentos de direção. *"Como sempre me interessei por todos os aspectos na realização de um filme, passar a trabalhar atrás das câmeras foi um passo natural. Ainda costumo, trabalhando como atriz, me entediar com tantas horas que passamos à toa no* trailer*"*, diz Anjelica, que se sentou na cadeira de direção pela primeira vez em *Marcas do Silêncio* (1996), voltando a comandar um *set* de filmagem em *Agnes Browne* (1999).

Anjelica sempre soube que, ao gritar *"Ação!"* em *set* de filmagem, as comparações com o pai seriam inevitáveis. Mas nunca se importou. *"Não estou à altura de meu pai. Só quero colocar em prática o que aprendi com ele"*, diz. Ela até pede em sonhos conselhos técnicos ao pai. *"Pode parecer loucura, mas sinto a sua presença no* set*"*, revela. Diferentemente de Huston, conhecido por aterrorizar seus atores, ela faz questão de estabelecer uma atmosfera mais descontraída. *"Como meu pai era muito rigoroso, foi muito doloroso trabalhar com ele. Por isso, eu me sentiria mal se soubesse que meus atores ficam nervosos e intimidados sob a minha direção."*

Questionada se o pai aprovaria o seu trabalho hoje, em especial atrás das câmeras, Anjelica prefere pensar que sim. *"Ele costumava me recriminar quando eu era preguiçosa. Mas isso eu não sou, principalmente quando dirijo um filme. Sou a primeira a chegar e a última a sair do* set*. E mal consigo dormir à noite"*, diz, rindo.

O Eterno Brilho de Lauren Bacall

Lauren Bacall caminha com dificuldade pelo corredor do 3° andar do Hotel Des Bains, de Veneza. Apoiada na bengala, dá passos curtos. Antes de chegar à suíte, onde eu a espero para a entrevista, ainda pára para apreciar o majestoso lustre de cristal que ilumina o caminho de quem desce as escadarias do hotel – foi lá que o italiano Luchino Visconti rodou o clássico *Morte em Veneza* (1971). Quando me vê parada na porta, Bacall tira os óculos escuros, abre um sorriso e diz *"Já vou, já vou"*. Sua inconfundível voz rouca ecoa pelo ambiente, não deixando dúvidas de que a minha entrevistada é mesmo a mulher que soube tirar partido da aura misteriosa para brilhar no cinema *noir* dos anos 40. De perto, os traços dessa senhora de 80 anos ainda lembram aquela estrela de temperamento forte por quem o durão Humphrey Bogart se derreteu todo. Apesar da pele envelhecida, ela conserva o charme, a elegância e principalmente o brilho nos olhos verdes. A silhueta também impressiona, considerando a sua faixa etária, quando muitas mulheres ficam acima do peso. Bacall está em forma – a ponto de dispensar, na hora de molhar a garganta, o refrigerante diet. Quando peço uma Coca-Cola *diet*, ela adverte o garçom: *"Traga uma Coca de verdade para mim"*.

Só mesmo a bengala e uma leve dificuldade de audição me fazem lembrar da minha avó, também octogenária (Dona Nena, que nunca foi atriz de cinema, mas continua bonitona). Logo nas primeiras perguntas, noto que preciso falar mais alto, evitando assim que Bacall se sinta constrangida por não ter ouvido e peça que eu repita. De resto, a atriz parece muito bem. Envelheceu melhor que Kathleen Turner, por exemplo, que é 30 anos mais nova. Cito Turner por ela sempre ter sido comparada a Bacall, provavelmente pelo ar provocante, a voz rouca e a forte presença em cena. A última vez que vi Turner, em Cannes, em 2004, quando ela foi membro do júri do festival, fiquei impressionada. Inchada, parecia uma *drag queen*, coitada.

Bacall ainda está com a corda toda. Até o jeito insolente da juventude ela conservou. Reclama de não trabalhar com mais freqüência no cinema (o filme que a trouxe a Veneza, em 2004, foi *Reencarnação*). Mas reconhece que tem parcela de culpa, ao recusar várias propostas. Sobretudo se o diretor quiser que ela se sujeite a um teste antes de aprová-la. *"Já fui chamada para conversar e depois descartada. Por considerar isso um insulto, hoje eu me recuso a marcar encontro sem compromisso. Se o diretor não sabe quem sou e do que sou capaz, não perco o meu tempo."* Dito assim, ela bem que tem razão.

O Olhar Mágico de Lauren Bacall

Entrevista publicada no *Valor Econômico* de 28 de janeiro de 2005

Lauren Bacall já teve Hollywood a seus pés. Principalmente na juventude, quando projetava aquela imagem sedutora, confiante e soberba capaz de enfeitiçar os homens e despertar a inveja nas mulheres. Quando entrou pela primeira vez em *set* de filmagem, para rodar *Uma Aventura na Martinica* (1944), a beldade de personalidade forte, tiradas inteligentes, voz rouca e sensual e olhos verdes provocantes parecia muito segura de onde pisava. Ninguém dizia que ela tinha apenas 20 anos. *"Só eu sei o quanto me custava todo aquele fingimento"*, diz Bacall, bem-humorada. Aos 80 anos, o mito apelidado em seus anos gloriosos de *The Look* (*O Olhar*) conta que caminhava firme e orgulhosa para disfarçar a insegurança. *"Como não me achava bonita, criei uma persona para me proteger."* Nem os adjetivos usados para descrevê-la, quando o diretor Howard Hawks a lançou nas telas, foram levados a sério. *"Fui chamada de uma mistura de Greta Garbo, Marlene Dietrich, Bette Davis e Mae West. O tempo mostrou que eu não era nada disso"*, brinca a atriz, que iniciou a carreira como modelo. Diz a lenda que Bacall foi escalada para *Uma Aventura na Martinica* assim que Hawks viu sua foto na capa da revista *Harper's Bazaar*.

O convite marcou não só o nascimento de uma estrela, mas de um dos romances mais memoráveis da história do cinema. Foi no *set* desse longa-metragem, baseado na obra de Ernest Hemingway, que Bacall conheceu Humphrey Bogart. Hawks chegou a avisar Bacall que Bogie, como ele era chamado pelos amigos, poderia estar apenas usando a jovem, 25 anos mais nova, para superar um casamento fracassado. Mas eles nunca mais se desgrudaram – até a morte do ator, em 1957. Da união, saíram dois filhos e alguns clássicos do cinema *noir*, como *À Beira do Abismo* (1946) e *Paixões em Fúria* (1948). *"Felizmente os* paparazzi *ainda não eram tão agressivos. Eu podia ir tranqüilamente ao supermercado com Bogie"*, lembra a atriz, que após a morte do primeiro marido namorou o cantor Frank Sinatra e subiu ao altar pela segunda vez com o ator Jason Robards Jr.

"Não posso reclamar da vida. Se bem que minhas atuações no cinema poderiam ser mais freqüentes", comenta Bacall. Nos últimos cinco anos a companheira de cena de Marilyn Monroe, em *Como Agarrar um Milionário* (1953), e de John Wayne, em *O Último Pistoleiro* (1976), foi vista fazendo apenas duas participações especiais: em *O Limite* (2003) e *Dogville* (2003). Coube à veterana mais um papel secundário em *Reencarnação*, vivendo a mãe de Nicole Kidman (uma mulher apaixonada por garoto que julga ser o espírito reencarnado do amado morto). *"Tenho pouquíssimas falas"*, lamenta.

Olhando para trás, como explica o apelido The Look*?*

Curiosamente nunca fui tão confiante, a ponto de derrotar uma rival com o olhar. Mas sempre consegui esconder a minha insegurança. Por viajar sozinha e ser independente, desenvolvi, talvez inconscientemente, um mecanismo de defesa. Embora estivesse tremendo de medo por dentro, passava uma imagem de alguém que nunca fui. Só que hoje estou velha demais para me dar ao trabalho (risos).

Ainda fica nervosa no primeiro dia de filmagem?
Estou sempre uma pilha. Seja no início de uma filmagem ou na estréia de uma peça. Não importa a minha experiência. Ainda sou aquela jovem que sonhava em ter o nome nas luzes de néon da Broadway ou nos créditos das produções de Hollywood.

Por ter sido um símbolo sexual, sentiu ao longo dos anos uma pressão no sentido de permanecer atraente?
Por exercer uma profissão onde a aparência conta, sempre soube que precisaria me cuidar para continuar trabalhando. Mas, como nunca me julguei uma beldade, não senti que precisaria fazer jus ao passado. Não estou sendo modesta. Sou sincera quando digo que nunca gostei muito do que via no espelho, ainda que o resto do mundo gostasse.
Nem mesmo na juventude?
Não. Nunca.

O que havia de errado?
Não gostava e pronto. Queria outro rosto. Mas jamais me renderia à remodelação. É obsceno o que

as atrizes jovens fazem hoje. Vemos garotas de 14 anos fazendo lipoaspiração e cirurgias de correção desnecessárias. É estranho como as feições do rosto não se movem mais. Será que não percebem como é patético uma atriz sem expressão? Suei para conquistar essas rugas do meu rosto, ainda que hoje elas possam me afastar das telas.

Sente-se desprestigiada em Hollywood?
Totalmente. Se uma atriz de 30 anos já é considerada velha para os padrões da indústria, imagine eu. Felizmente a idade e a experiência dos atores são mais apreciadas na Europa.

Após ter sido dirigida pelo dinamarquês Lars Von Trier (em Dogville *e na inédita continuação,* Manderlay*) e pelo inglês Jonathan Glazer (em* Reencarnação*), com qual diretor europeu mais gostaria de trabalhar?*
Com Pedro Almodóvar. Já pedi um papel ao espanhol, caso ele filme em inglês. Faço qualquer coisa. Até carregar uma bandeja (risos).

Como vê a evolução do papel do ator em Hollywood, considerando que os cachês atuais podem passar de US$ 20 milhões?
Tudo gira em torno do dinheiro e não mais da qualidade. Poucos diretores estão lá pelo amor ao cinema, como Martin Scorsese e Mike Nichols. O

antigo *star system* dos estúdios, em que os atores tinham contratos de exclusividade, era melhor. Nunca concordei com a idéia de que os atores eram substituíveis, como eles queriam que nós acreditássemos na época. Ainda assim, eles sabiam o valor de um astro e queriam fazer bons filmes. O dinheiro era apenas parte da equação. Para que pagar hoje US$ 20 milhões? O cachê máximo que Bogie recebeu foi US$ 200 mil e ele demorou até atingir esse patamar.

Acredita que os cachês milionários deturpam a profissão de ator?
Sim. Enquanto o sistema de estúdio era administrado por mentes criativas, hoje quem dá as cartas são os executivos. A televisão também acentuou o aspecto comercial. Todo mundo que tem uma série de TV agora posa de astro. Não me importaria de ganhar o absurdo de dinheiro que eles recebem (risos). Mas me incomoda a nova concepção de astro, que nada tem a ver com talento.

Como eram os astros na Hollywood dos anos 40 e 50?
Spencer Tracy, Katharine Hepburn, James Stewart, James Cagney e Bogie não tinham uma *entourage* de assistentes e assessores. Eram apenas atores. Se bobear, hoje é mais fácil falar com o Papa que com um queridinho de Hollywood.

Chá das Cinco com Julie Andrews

Julie Andrews pede o tradicional chá com leite antes da entrevista, concedida em suíte do Four Seasons de Beverly Hills. Sim, a britânica mantém o hábito do chá das cinco mesmo tendo adotado há muitos anos os EUA como sua casa. *"Mas nunca abri mão do passaporte inglês. Procuro cultivar o que há de melhor nos dois países. Enquanto os americanos não sabem fazer chá, os ingleses não sabem fazer café"*, diz, rindo. Alinhadíssima em seu *tailleur* branco, acompanhado de jóias discretas, essa autoridade em elegância, classe e discrição tenta, em vão, me convencer de que não é tão refinada assim. *"Você precisa me ver sem maquiagem, de pijama, às sete da manhã"*, brinca.

Ela pode falar o que quiser. Certamente não foi por acaso que a Disney a escalou para encarnar a rainha Clarisse de *O Diário da Princesa*. A fala mansa, a amabilidade, a graciosidade nos movimentos, o porte aristocrático e a já comentada elegância fazem dela uma verdadeira *lady*. Se bem que *My Fair Lady* (no Brasil, chamado de *Minha Querida Dama*) não traga boas lembranças para Julie.

A atriz conta, na entrevista que vem a seguir, que escondeu durante muitos anos o Oscar recebido por *Mary Poppins* no sótão. Isso porque considerava o troféu da Academia um "prêmio de consolação" por ter sido preterida por Audrey Hepburn na adaptação cinematográfica de *My Fair Lady*. Apesar de ter interpretado com sucesso o papel da florista Eliza Doolilttte por mais de três anos nos palcos da Broadway, ao lado de Rex Harrison, a Warner preferiu Audrey para a versão nas telas, por ser mais conhecida. A escalação gerou protestos, sobretudo quando Audrey não cantou (e acabou sendo dublada por Marnie Nixon). *"Eu me senti humilhada"*, lembra Julie.

A estrela já não parece tão sincera quando responde qual o segredo da sua cútis rosada, com rugas suaves para quem beira os 70 anos. *"Nenhum"*, diz, após agradecer o comentário. O aspecto jovial de Julie realmente impressiona. Ela não tem nada da vovó. Nem barriga ela tem. Quando insisto em saber o que a deixa em forma, ela conta: *"Não sou fanática por exercícios. Apenas nado e faço alongamento. Tive sorte, herdando os bons genes de minha mãe"*. E o bom humor, como mantém?, pergunto. *"Passo muito tempo cuidando das minhas rosas e brincando com os meus netos."* Usar o tempo livre para rever os filmes que fez, nem pensar. *"Se estou vendo televisão e, ao trocar de canal, eu me deparo com algum dos meus filmes, assisto só por alguns minutos. Conheço atrizes que passam horas revendo seus trabalhos. Eu não. Seria saudosismo demais para o meu gosto."*

"Não me dei por vencida"

Entrevista publicada pela *BBC Brasil* em 24 de agosto de 2001 - antes de Andrews voltar a cantar nas telas, em O Diário da Princesa 2

Julie Andrews volta a pisar em *set* de filmagem em Hollywood, ainda que esteja impossibilitada de fazer o que mais gosta nas telas: cantar. A inglesa eternizada nos musicais *Mary Poppins* (1964) e *A Noviça Rebelde* (1965) foi vítima de operação malfeita na laringe em 1997 – o que a levou a processar os médicos responsáveis pela cirurgia, recebendo indenização de US$ 20 milhões. Enquanto continua em tratamento, sendo capaz de apenas poucas notas graves quando solta a voz, Andrews empresta o charme e a elegância à rainha Clarisse de *O Diário da Princesa*, com direção de Garry Marshall (de *Uma Linda Mulher*, 1990). Em entrevista concedida em Los Angeles, a atriz falou do novo filme, do problema de voz e do Oscar que escondeu por vários anos no sótão, por não se sentir merecedora da estatueta dourada conquistada por *Mary Poppins*.

Foi divertido posar de rainha no filme, principalmente depois de ter recebido o título de Dama do Império Britânico das mãos da rainha Elizabeth II? (Em maio de 2000, em cerimônia no Palácio de Buckingham)

Foi quase como realizar uma fantasia de infância. Que mulher nunca sonhou em usar milhões de dólares em jóias? Sobre a minha condecoração, fiquei muito nervosa e emocionada. Nunca esperei receber tamanho reconhecimento do meu país, principalmente por ter deixado de morar na Inglaterra há muitos anos.

O Diário da Princesa *é o seu segundo filme para a Disney, depois da sua estréia nas telas com* Mary Poppins. *Como foi voltar a trabalhar para o estúdio tanto tempo depois?*
Nós nunca perdemos o contato. Sempre trocamos favores durante todos esses anos. O mais interessante é que, ao voltar a um *set* do estúdio, fui obrigada a olhar para trás e lembrar daquela jovem insegura. Lembro que durante o teste para *Mary Poppins* a única coisa que me passava pela cabeça era: *"Deus, eu preciso desse emprego"*.

Onde você guarda o Oscar que ganhou com Mary Poppins*?*
Hoje eu guardo a estatueta no meu escritório. Mas houve um tempo em que escondi o Oscar no sótão. Não me achava merecedora. Por muitos anos achei que só ganhei o prêmio por ter sido preterida por Audrey Hepburn na transposição de *Minha Querida Dama* ao cinema. Hoje, fazendo uma retrospectiva da minha carreira, eu já sinto ter conquistado de fato a estatueta.

Como você recebeu na época a notícia de que não estaria no filme?
Fiquei magoada, mas acabei entendendo. Eu não era conhecida o bastante, exceto pelo público da Broadway. E já naquela época os produtores tinham de considerar o fôlego do ator nas bilheterias. Até hoje é assim. A bilheteria continua ditando as regras e os atores, sem exceção, enfrentam altos e baixos. Mas não consegui ficar brava com Hollywood por muito tempo. Poucos meses depois eu fui convidada para fazer *Mary Poppins* e depois veio *A Noviça Rebelde*.

Embora você tenha feito quase 20 filmes, sempre será lembrada por A Noviça Rebelde. *Isso a incomoda, levando em conta outros títulos importantes que vieram depois, como* Vítor ou Vitória *(1982)?*
Não. É normal. Quando você pensa em Clark Gable, pensa automaticamente em *E O Vento Levou...* Simplesmente porque foi o maior sucesso dele. O musical *Vítor ou Vitória* também foi um ponto alto da minha carreira, mas não tem a mesma ressonância nos dias de hoje. *Vítor ou Vitória* me deu prestígio, mas *A Noviça Rebelde* foi um dos filmes mais vistos de todos os tempos. O fato de cada nova geração continuar se divertindo imensamente com *Noviça* é espantoso.

Você viu a cópia nova e remasterizada? (Desde 2000, quando o musical completou seu 35º aniversário, *A Noviça Rebelde* voltou aos cinemas dos EUA e Inglaterra).
Não. Não faz bem a ninguém viver no passado.

O fato de você estar impossibilitada de cantar profissionalmente agrava a situação?
Não necessariamente. Quando recebi a notícia, depois da operação, fiquei arrasada. Mas hoje voltei a ter esperança. Continuo em tratamento, pratico sempre que possível e já sinto melhora. Estou explorando todas as opções para um dia voltar a cantar. Não me dei por vencida.

À Espera de Fanny Ardant

Fanny Ardant chega 40 minutos atrasada à Plage du Festival, tenda sobre as areias de Cannes, um dos principais balneários da famosa costa de águas azuis, a Côte d'Azur. Provavelmente vai se desculpar, imagino. Afinal, ninguém tem tempo a perder durante o maior e mais importante festival de cinema do planeta. Que nada. Como uma autêntica diva, a francesa não se dá ao trabalho. Só comenta que o dia está lindo ao chegar sorridente à praia usando óculos de sol Chanel. Óculos que ela não tira de jeito nenhum. Aproveito então para deixar no rosto o meu Ray-Ban. Fanny prefere regar a entrevista a suco de laranja, em vez de me acompanhar na garrafa de champagne que está na mesa. Oferecida pelo seu assessor, obviamente. Do contrário, isso me custaria os olhos da cara. Ou, como eles dizem por lá, *"les yeux de la tête"*. Quando ela está finalmente pronta para começar a entrevista e falar do novo filme, *L' Odore del Sangue*, um africano que vende bijuterias na areia da praia tenta se aproximar da gente.

O segurança da estrela não o deixa passar, mas Fanny sorri para o homem, acena e diz: *"Bonne journée, monsieur"*.

Pessoalmente a musa de François Truffaut impressiona pela classe, elegância, discrição e suavidade.

Já passou dos 55 anos, mas envelhece muito bem. Continua enxutérrima com seus 50 e poucos quilos, muito bem distribuídos em 1m74 de altura. Veste um *tailleur* salmão clarinho que destaca a sua silhueta esbelta. Como a pele é muito branca, usa pouquíssima maquiagem. Com o rosto anguloso, Fanny não é necessariamente bonita. Não tem a beleza esplendorosa de uma Catherine Deneuve (para citar uma conterrânea). Mas é muito charmosa e sensual, conservando um pouco ao vivo o ar frio, distante e misterioso de suas personagens das telas.

Apesar do estrelismo inicial, ao chegar desavergonhadamente atrasada, Fanny é muito simpática e bem-humorada. Fala um pouco com as mãos, como os italianos. Ela agradece por poder falar em francês comigo, dizendo que é cedo demais para o seu *"cérebro funcionar em inglês"* (era quase meio-dia). Eu me arrisco a perguntar o que ela faz para se manter tão em forma. *"Nada"*, responde, com ar cínico. Diz que sempre foi magrinha e lembra como isso era um drama na infância. *"Eu me achava feia, mas minha mãe dizia que eu ia gostar de ser magra na vida adulta. E não é que ela tinha razão?"*

Aproveito que Fanny está rindo para perguntar sobre Gérard Depardieu, que a imprensa francesa tinha acabado de anunciar como seu novo parceiro –

seu assessor tinha avisado que ela não falaria da vida pessoal. *"Os jornalistas não passam de mentirosos. Mas eu os entendo. Sou uma grande mentirosa também"*, diz, soltando uma gargalhada.

O Gosto Amargo da Obsessão

Entrevista publicada no Valor Econômico de 21 de maio de 2004

Mulher de 50 e poucos anos acorda no meio da noite com um barulho vindo da sala. Enquanto o marido continua deitado na cama, ela sai do quarto, deixa a porta entreaberta e vai ao encontro do amante, com idade para ser seu filho. Quando a

mulher abre o zíper da calça do jovem, o marido acorda e a vê, ajoelhada, fazendo sexo oral no desconhecido. Talvez a cena tivesse passado despercebida na 57ª edição do Festival de Cinema de Cannes, se a atriz em questão não fosse Fanny Ardant. Musa de cineastas como François Truffaut e Ettore Scola, a estrela francesa continua hipnotizando os espectadores com seu charme, sensualidade e ousadia nas telas. *"Rodar cenas de nudez ou de sexo nunca me incomodou. Principalmente quando há verdade no roteiro."*

Fanny circulou muito elegante e sorridente pela Croisette, o calçadão à beira-mar, com palmeiras de um lado e hotéis luxuosos do outro. A atriz veio à Riviera Francesa para promover o longa-metragem *L' Odore del Sangue*, co-produção entre Itália e França selecionada pela Quinzena dos Realizadores. Sua personagem no drama, inspirado no livro homônimo do escritor Goffredo Parise (1929-1986), é uma mulher que conta ao marido os detalhes íntimos de sua relação extraconjugal com jovem rude e violento. *"Como o marido também tem um caso, ela prefere colocar a vida em perigo a fazer o papel de vítima, de esposa abandonada"*, contou a atriz.

Enquanto divulga o título dirigido pelo italiano Mario Martone (de *Amor Molesto*, 1995), Fanny se prepara para estrelar em Paris a peça *A Fera na*

Selva, adaptada do livro de Henry James por Marguerite Duras. *"Somos só nós dois no palco"*, disse a atriz, referindo-se ao ator Gérard Depardieu, com quem ela estaria namorando (segundo a revista francesa *Paris Match*). *"Somos apenas amigos. Dizem isso desde que Gérard interpretou o meu marido no filme* Nathalie" (2003), comentou a diva, que também costumava negar o romance com Truffaut, pai de sua filha, Joséphine.

Foi sua a idéia de levar às telas o romance L' Odore del Sangue*?*
Foi a primeira vez na minha vida em que, enquanto lia um romance, tive vontade de adaptá-lo. Procurei imediatamente a viúva de Parise, Giosetta Fioroni, que já havia recebido outras propostas, mas recusado todas. Falei do meu interesse em interpretar Silvia, caso ela resolvesse seguir adiante com a idéia da adaptação, e parti para outras aventuras. Nenhuma de nós sabia naquele momento que Martone escrevia um roteiro inspirado no livro. Foi o único que Giosetta aprovou anos depois. Isso porque a transposição manteve a honestidade do romance, considerado um escândalo nos anos 70, por tratar o sexo como algo bestial e carnal.

Foi o caráter ousado e obsessivo da obra que a atraiu?
Eu me senti atraída pelo retrato nada glamouroso do sexo. A maioria dos filmes retrata a intimidade

de um casal, mesmo uma simples conversa, de forma abstrata. Aqui não. Gosto das confissões sexuais, nuas e cruas, que a minha personagem faz ao marido, gerando ciúme e estabelecendo uma relação doentia. Quanto mais ela conta, mais ele quer saber. O marido acaba obcecado, a ponto de pedir que a mulher faça um desenho do pênis do amante. Pena que o desenho não apareceu no filme. Eu fiz direitinho (risos).

Você já rodou filmes falados em italiano antes, como A Família *(1987) e* O Jantar *(1998), de Ettore Scola. Mas é a primeira vez em que não é dublada.*
Foi uma das primeiras coisas que Martone me garantiu. Disse que queria manter a minha voz e o meu sotaque. Só pediu que eu falasse rápido, sem me importar com a perfeição. Silvia é uma francesa que vive em Roma há 20 anos. Foi um alívio, considerando que até hoje eu só tinha feito papel de italiana em filmes ambientados no país, o que obrigava os diretores a me dublarem. Para um ator, isso é muito difícil de aceitar.

O fato de você ser uma mulher atraente ajuda o espectador a acreditar na obsessão do marido de Silvia e na atração que a personagem desperta em jovem. Incomoda ter a imagem usada como ícone de beleza nos filmes?
Não. Mas não é o caso aqui. A beleza de Silvia é clássica, o que não a transforma em símbolo sexual.

Pela descrição que ela faz do relacionamento com o amante, que nunca aparece claramente no filme, dá para perceber que não se trata de um caso de amor. É mais um caso de humilhação. Como Silvia é uma mulher rica, educada e sofisticada, o jovem sente prazer em rebaixá-la. Ele não imagina que ela só se deixa manipular por não ver outra saída. É a única maneira de ainda se sentir viva e, ao mesmo tempo, de planejar a própria morte.

Sente-se particularmente atraída pelas personagens trágicas?
Sim. Não que eu me identifique com isso na minha vida pessoal. Jamais me deixaria humilhar, como Silvia faz. Uma atriz nunca é a personagem. Se fosse, não teria graça. Às vezes encontro algumas qualidades próximas de mim nas mulheres que interpreto. Só que isso não facilita ou dificulta o trabalho. Para fazer um papel, eu preciso sentir, aceitar e gostar da personagem. Pouco importa se o público vai gostar dela. Mas eu preciso. E, com o passar dos anos, reconheço ter preferido as mulheres que optaram pela estrada mais dolorosa e perigosa.

Truffaut (com quem rodou A Mulher do Lado*, de 1981, e* De Repente num Domingo*, 1983), sempre será seu cineasta favorito?*
Prefiro dizer que só revelarei o meu diretor favorito no meu leito de morte (risos). O que mais me

atrai, no entanto, é o entusiasmo e a energia de um cineasta no *set*. Até um diretor ruim pode me agradar, desde que consiga me envolver no seu universo.

Na comparação com Hollywood, é mais fácil envelhecer nas telas na Europa, onde atrizes veteranas ainda são chamadas para papéis menos óbvios?

Sim. Isso porque na Europa o cinema ainda pertence ao autor. Não é apenas um negócio. Cada filme é envolvido por uma atmosfera particular, que em nada lembra um produto saído de linha de produção. Não fazemos filmes pensando em atingir um alvo específico e visando ao sucesso comercial. Simplesmente contamos uma história, mergulhando o mais profundamente possível na mente de um autor. Cada filme representa a loucura de um diretor. Nos EUA, predominam os clichês, onde a mulher de 50 anos é a esposa boa ou ruim. Não haveria lugar para uma personagem como Silvia em Hollywood.

Embora os diretores tenham mais liberdade na Europa, os espectadores ainda se chocam com cenas mais ousadas. Acredita ser uma tendência do público mundial, a de retroceder nesse sentido?

Talvez sim. O último filme que realmente me chocou foi *O Último Tango em Paris* (1972). Depois disso, pensei ter visto tudo e que nada mais seria tabu no cinema. Mas estranhamente as pessoas voltaram a se preocupar com a conduta sexual. Quando há sexo envolvido, há sempre um julgamento diferenciado.

O mesmo se aplica ao tabu dos romances que envolvem mulheres mais velhas e homens mais jovens.
Isso nunca vai mudar, apesar dos esforços feministas. Há algo muito enraizado no nosso subconsciente que nos faz ver a mulher mais velha sempre como a mãe. E ninguém quer confundir a imagem da mãe com a da amante. Uma pena para os homens mais jovens... (risos). Hoje eu concordo plenamente com a minha mãe, quando a ouvia dizer que as mulheres são como vinhos. Quanto mais velhas, melhores.

Como lidou recentemente com a divulgação de um suposto romance seu com Gérard Depardieu?
Como nunca leio os jornais, só soube do assunto quando a minha irmã me telefonou, dizendo que eu não deveria sair de casa naquele dia. Aquela história caiu como uma bomba. A vida pessoal de um ator na mídia é um jogo que nunca me agrada. Se eu aceitasse falar, acabaria sendo acusada de vender a minha alma aos jornais. Então, a melhor maneira de jogar é ignorando o assunto. Por isso, não nego, não explico e não me justifico.

Seria ainda mais complicado lidar com a mídia caso você e Depardieu formassem um casal de celebridades?
Não. Como só tenho uma vida, não teria medo do que pudessem fazer ou deixar de fazer. Até porque nunca me importei com a minha reputação. Não se choque com o que eu vou dizer agora... Mas eu me sinto como se já estivesse morta. Hoje vejo a vida como um presente. Como já tive tudo o que queria, não quero ou espero mais nada dela.

Capítulo IV

Os Queridinhos

A Simplicidade de Tom Hanks

Tom Hanks é aquilo mesmo que a gente vê na tela. Nem mais, nem menos. Nas duas entrevistas que me deu, ambas no luxuoso Hotel Excelsior de Veneza, confirmou que a modéstia, a simplicidade e uma certa timidez fazem dele a encarnação perfeita do *Mr. Nice Guy* no cinema. O tipo físico comum também ajuda, permitindo que um espectador desprovido da beleza de um Tom Cruise ou da sensualidade de um George Clooney se reconheça nas telas. Hanks sabe que não é nenhum galã e não tenta ser. Parece feliz com o que Deus lhe deu: um rosto simpático que inspira confiança. E o ator tira proveito disso, claro. Representa o ideal americano de honestidade, coragem e força – antes personificado por James Stewart nos anos de ouro de Hollywood.

Quando não está na pele de um personagem, geralmente homens comuns em situações extraordinárias, Hanks tem um uniforme favorito: camisa, calça jeans e tênis. Quando nós conversamos pela última vez, em setembro de 2004, durante a promoção de *Terminal* no balneário italiano, o ator usava um relógio Casio, pelo qual não deve ter desembolsado mais de US$ 50. *"É só para mostrar as horas"*, afirmou. No mesmo pulso, havia um cordãozinho velho e desbotado *"para dar sorte"*. *"Foi presente da minha sogra. Não posso tirar do braço"*, contou, com ar sério. Do jeito que fala, até parece que ele precisa mesmo de mais sorte...

Olhando para Hanks, ninguém diz que o cara fica US$ 20 milhões mais rico a cada novo contrato. Ele fala com todo mundo de igual para igual e não aparenta ser muito exigente ou sofisticado. Passa a imagem de um pai de família que gosta de ficar quieto no seu canto, longe das badalações e das superficialidades de Hollywood. É fácil imaginá-lo fazendo churrasco no quintal da casa aos domingos, como qualquer americano. O olhar é meigo e límpido e o sorriso, amplo e amigável. Há ainda uma aparente pureza e tranqüilidade na sua expressão. É curioso como o ator não envelhece. Pessoalmente, o rosto ainda é daquele jovem cuca fresca de *Quero Ser Grande*.

Nada em Hanks soa forçado. Nem mesmo a modéstia. Quando lhe pedi para explicar tamanha popularidade no cinema, na divulgação de *Estrada para Perdição*, em 2002, ele foi logo dizendo que *"graças ao poder e à magia do cinema, qualquer um cresce nas telas"*. É verdade. Ainda assim, não dá para desconsiderar o carisma do ator. Seu magnetismo pessoal é forte – o que, aliado à postura de *"gente como a gente"*, só faz dele uma pessoa ainda mais querida aos olhos do público. Para completar, Hanks diz com a maior naturalidade do mundo, que é grato por ter um emprego capaz de sustentar a sua família. *"Fazer filme é um trabalho como qualquer outro."* A gente sabe que não é. Mas para que contrariar um sujeito tão simpático?

Um Talentoso Homem Comum

Entrevista publicada na *Contigo* de 9 de setembro de 2004

Ele não é nenhum Tom Cruise. Nem precisa. Não ter os atributos físicos de muitos colegas de Hollywood nunca impediu Tom Hanks de ser um dos atores mais queridos da indústria. Sem muito esforço, ele consegue levar milhões aos cinemas para vê-lo encarnar tipos simples, com quem qualquer mortal pode se identificar. Tanto que Steven Spielberg o escalou para interpretar um imigrante que é impedido de entrar nos EUA em *Terminal*. Enquanto outros astros com cachê na casa dos US$ 20 milhões poderiam ter dificuldade para convencer na pele de sujeito sem eira nem beira, Hanks ganha imediatamente a simpatia da platéia – não ter pinta de galã, obviamente, ajuda.

Figurar entre os atores mais respeitados de Hollywood inevitavelmente aumenta a sua responsabilidade, mas não o intimida. *"Não me sinto na obrigação de assinar um sucesso atrás do outro"*, conta o ator, o primeiro a receber dois Oscars consecutivamente desde Spencer Tracy, nos anos 30. Ele foi premiado pela Academia ao denunciar o preconceito sofrido pelos aidéticos em *Filadélfia* (1993) e pelo papel do sujeito com Q.I. abaixo da média que presencia importantes capítulos da história americana em *Forrest Gump – O Contador de Histórias* (1994). *"O que me distancia das pessoas comuns é que eu tive muita sorte. Do contrário, poderia estar engraxando sapatos"*, comenta, com modéstia que poderia soar falsa para um milionário do cinema. Mas, vinda de Hanks, é crível.

O fato de você não se expor como uma celebridade o ajuda a convencer como um homem comum?

Gosto de pensar que isso se deve ao fato de eu ser um grande ator (risos). Reconheço, porém, que todo ator traz um pouco de si para os personagens. Embora eu não possa mais andar de ônibus, prefiro pensar que, por conta do meu estilo e da minha atitude, eu passaria despercebido entre os usuários, pessoas que estão simplesmente indo ou vindo do trabalho.

Seu personagem em Terminal *passa a morar no aeroporto, tendo de fazer bicos para sobreviver. O que você faria na mesma situação?*
Faria performances e imitações. Seria um daqueles caras que fazem mímicas seguindo as pessoas nas ruas.

Antes de ser famoso, passou por alguma situação desagradável em aeroportos?
Nada tão dramático. Lembro de uma viagem de Chicago para Nova York. O vôo demorou tanto para sair que teria sido mais fácil se os passageiros tivessem empurrado o avião.

Você conheceu pessoalmente o velhinho que inspirou a trama de Terminal? *(Alfred Merhan, um iraniano que vive no aeroporto Charles de Gaulle, em Paris.)*
Não. Mas prometo que, na próxima vez que visitar Paris, sairei procurando por ele. O que fiz como preparação foi visitar aeroportos para ver o que acontece com os visitantes que são retidos pela imigração. A cena é triste. Principalmente por sabermos que eles estão simplesmente atrás de uma vida melhor. Todos nós somos iguais. Queremos comer decentemente e ter um lugar para dormir.

Incomoda o fato de Hollywood gastar tanto dinheiro, incluindo com os cachês milionários dos atores?
É o jeito como o mundo funciona. Os executivos dos estúdios ganham muito mais que os atores. Só posso dizer que a maioria dos atores que conheço faria filmes de graça. Inclusive eu. Sou grato pelo salário que recebo por não ter de me preocupar com o sustento e o futuro da minha família.

Como consegue se distanciar dos números, sendo um dos atores tops *da indústria?*
Se eu me deixasse levar pelo aspecto financeiro da profissão, provavelmente estaria promovendo *Forrest Gump 4*. Ofertas dos estúdios não faltaram.

Qual a maior tentação para um ator que atingiu a sua posição?
Tenho de tomar o cuidado para não perseguir algo que só interessa a mim mesmo. Por exemplo, já trabalhei em dois projetos ligados à fascinação que sinto por programas espaciais, o filme *Apollo 13* e a minissérie *Da Terra à Lua*. Foi o interesse pela Segunda Guerra que me levou a atuar no longa *O Resgate do Soldado Ryan* e a produzir a minissérie *Band of Brothers*. Ainda considero esses temas interessantes, mas prometo me controlar no futuro para não cansar o público.

Como lida com as expectativas, sabendo do peso de seu nome em Hollywood?
Sempre que um ator aceita participar de um filme, principalmente de uma produção de orçamento alto, haverá expectativas e responsabilidades. Mas prefiro acreditar que, do momento em que a câmera começa a rodar, o que importa é a qualidade do filme e não o *status* dos atores envolvidos. Se cedesse às pressões, achando que teria de

estar à altura das expectativas que depositam em mim, eu não teria o instinto necessário para reconhecer um bom o papel.

Como concilia a carreira de astro com o cotidiano de pai de família?
Nunca mergulhei na carreira de diretor porque isso me distanciaria ainda mais dos meus filhos e eu nunca quis ser um pai ausente. Principalmente quando meus filhos eram menores e precisavam de mais atenção. Não gostaria de perder um evento familiar importante porque precisei virar a noite na mesa de edição. (Hanks é pai de Colin e Elizabeth, do seu primeiro casamento, com Samantha Lewes, e de Chester e Truman, da segunda união, com a produtora Rita Wilson.)

Qual o segredo de um casamento tão duradouro, coisa rara em Hollywood? (Hanks e Rita Wilson estão juntos desde 1988).
Escolher a mulher certa (risos).

59. mostra internazionale d'arte cinematografica
BNL
WELLA
RAI SAT

Um Boa-vida Chamado John Travolta

Lembram da mala extraviada, em setembro de 2004, quando desembarquei em Veneza? Enquanto esperava na fila do guichê de reclamação de bagagem para preencher a papelada, uma mulher na minha frente disse à funcionária que sua mala (também perdida) trazia um artigo muito importante. Era o traje que John Travolta usaria na sessão de gala de *A Love Song for Bobby Long*, no Palazzo Del Cinema. Como desgraça gosta de companhia, puxei papo com a moça, descobrindo que ela é a *personal stylist* do ator – profissional que cuida da imagem de celebridade em suas aparições públicas, escolhendo suas roupas. A mala com o *smoking* dele (um Giorgio Armani, se não me engano) foi encontrada no dia seguinte. Já a minha, desprovida de qualquer artigo capaz de impressionar a funcionária do guichê, só chegou três dias depois.

O assunto veio à tona, claro, na minha entrevista com Travolta, durante o festival. Bem-humorado, ele riu da minha história e aproveitou para dizer que não sabe o que seria de seu guarda-roupa sem o bom-gosto da tal *personal stylist* – isso é uma mania em Hollywood, todo mundo tem o seu. *"Ela sabe melhor que eu o que cai bem em mim"*, disse, acrescentando que não repara nas grifes que a moça escolhe. Será mesmo?

Talvez seja um pouco de exagero dizer que a marca pouco lhe importa. Por outro lado, Travolta nunca me pareceu um cara soberbo, apesar das roupas sofisticadas que veste e da fortuna pessoal – sua residência na Flórida abriga um imponente Boeing 707. Boa pinta, mesmo sem ser bonito, o ator tinha tudo para ser um *playboy* chato. Mas é um cara tranqüilo. Bacana mesmo.

Fala dos seus aviões com a naturalidade de quem possui um carro popular na garagem. Mesmo sem precisar de dinheiro (seu cachê em Hollywood é de US$ 20 milhões) faz alguns vôos comerciais, levando passageiros *("Dá um imenso prazer saber que eu os conduzi a seus destinos com segurança")*. São apenas alguns detalhes que dão idéia do jeito desafetado de Travolta. Talvez o único traço de deslumbrado seja a *entourage*, que invariavelmente o acompanha nas *junkets* e nos festivais. Ele vive rodeado de pessoas, incluindo o assessor de imprensa, o assistente, o guarda-costas, o motorista e a maquiadora. Diz a lenda que ele ainda tem um *chef* de cozinha particular, que o segue em todas as viagens, garantindo a qualidade das suas cinco refeições por dia.

Com a imprensa, Travolta é sempre muito gentil e atencioso. Digo isso com base nos nossos três encontros: em julho de 2003, em Los Angeles, no lançamento de *O Justiceiro*, em setembro de 2004, quando nos vimos em Veneza e, no mesmo mês, em Los Angeles, na *junket* de *Brigada 49*. Com fala mansa, dá impressão de ser sincero nas respostas. Já me disse, sem rodeios, que o que segura o seu casamento com a atriz Kelly Preston são os dois filhos. *"Como levamos a felicidade das crianças muito a sério, sempre estivemos dispostos a tudo para manter o equilíbrio em suas vidas."* Também lembrou numa boa a fase em que ficou na pior profissionalmente, acumulando filmes medíocres no currículo. Aparentemente nem ficou amargurado com todos aqueles que lhe viraram as costas, enquanto ele ficou na geladeira de Hollywood. *"Só depois dos tropeços é que eu consegui reconhecer o que há de mais valioso na vida"*, afirmou, com ar de quem aprendeu a não deixar mais o sucesso subir à cabeça.

John Travolta: *"Sou fascinado pela arte de voar"*

Entrevista publicada no *Caderno 2*,
do *Estado de S. Paulo* de 28 de janeiro de 2005

John Travolta é louco por aviões. A paixão nasceu na infância, quando ele morava nas redondezas do aeroporto nova-iorquino de La Guardia e passava horas no quintal da casa admirando o balé das aeronaves nos céus. *"Sou fascinado pela arte de voar, o* design *do avião, a sua velocidade e a noção romântica de estar no ar e ver o planeta das alturas"*, diz Travolta, com cachê na casa dos US$ 20 milhões – o que explica *hobby* tão dispendioso. Piloto comercial habilitado, é proprietário de cinco aviões. São três *jets* Gulfstream, um Learjet e um Boeing 707, que ocupa o gigantesco jardim de sua mansão na Flórida, onde só a pista de pouso e aterrissagem tem 3 mil metros.

"Já dei a volta ao mundo com a minha família", conta o ator, casado com a atriz Kelly Preston, com quem tem dois filhos, Jett (em inglês, avião a jato) e Ella Bleu. Acostumado às situações de emergência no comando de aviões, incluindo um pouso forçado no Washington National em 1993, depois de pane elétrica no jatinho Gulfstream, o astro de filmes de ação como *A Reconquista* (2000), *A Outra Face* (1997), *A Última Ameaça* (1996), entre outros, admite que adora sentir a adrenalina subir também nos *sets* de filmagem.

As habilidades físicas do ator, em forma para os seus 50 anos, podem ser conferidas no longa-metragem *Brigada 49*. Travolta interpreta o chefe de unidade de bombeiros em Baltimore nessa produção dirigida por Jay Russell – concebida para homenagear a profissão que ficou ainda mais popular nos EUA depois da tragédia de 11 de setembro. O papel não só exigiu que Travolta carregasse todos os dias um peso extra de 50 quilos, entre uniforme e equipamento, como enfrentasse incêndios de verdade, experimentando um calor de centenas de graus e a cegueira provocada pela fumaça. *"Adoro ser obrigado a usar os meus instintos de sobrevivência"*, diz.

E não foi só nos *sets* de filmagem que Travolta se mostrou duro na queda. Como ninguém, soube contornar os altos e baixos em Hollywood ao longo de 30 anos de carreira. Conheceu o estrelato com *hits* como *Os Embalos de Sábado à Noite* (1977), que lhe valeu a primeira indicação ao Oscar de melhor ator, e *Grease - Nos Tempos da Brilhantina* (1978). Mas amargou 16 anos de vacas magras na indústria – até reconquistar a popularidade com *Pulp Fiction - Tempo de Violência* (1994), a convite de Quentin Tarantino. O filme recuperou o prestígio do ator aos olhos dos executivos da indústria como lhe garantiu a segunda indicação ao prêmio da Academia. *"Tarantino foi o meu anjo da guarda"*, brinca.

Suas habilidades como piloto o deixam mais à vontade para rodar cenas de ação e perigo nos sets?
Talvez. Por saber como controlar o medo, encaro os riscos com naturalidade, como um limite a ser superado. Para manter o espírito, ainda freqüento, pelo menos três vezes por ano, escolas de aviação. Ultimamente o instrutor só me coloca em situações de emergência para ver como me saio.

O que o mais o atrai na arte de pilotar aviões? A aventura ou a sensação de isolamento pelo fato de ser uma celebridade?
Os dois. Manobrar um avião exige um gosto pela aventura. Também adoro a sensação de ver o mundo sob outra perspectiva. A distância que os aviões percorrem é outro aspecto fascinante. Por ser piloto comercial, também faço trechos com passageiros de vez em quando.

Sua mulher não se preocupa quando pilota aviões?
Não. Do contrário, eu poderia reclamar quando Kelly salta de pára-quedas. Somos uma família de doidos (risos). Ela se preocupa comigo por eu acreditar demais nas pessoas. Como já tentaram me enganar e tirar vantagem da minha confiança, ela é extremamente protetora.

Qual a coisa mais corajosa que já fez?
Não foram aventuras, mas sim a coragem ao aceitar a morte de pessoas queridas, sejam parentes, amigos ou namoradas. É a pior coisa do mundo. (Quando Travolta tinha 23 anos, perdeu a namorada Diana Hyland, que conheceu no *set* de *O Rapaz na Bolha de Plástico*, de 1976, vítima de câncer. Três anos depois, a mãe do ator, uma professora de arte dramática, morreu vítima da mesma doença.)

Como compara ser uma celebridade hoje e nos anos 70, quando você despontou?

Para começar, havia muito menos celebridades. Hoje há tantas que eu mal consigo acompanhar quem é famoso e quem não é mais. Confesso não entender como certas pessoas ficam populares de repente, sem razão particular. Como é o caso dos participantes de *reality shows* na TV.

Ao longo da carreira, você conseguiu transitar convincentemente pelos heróis e vilões – enquanto muitos atores acabaram se especializando numa categoria.

Sempre levei a sério a arte de representar, o que significa colocar a minha personalidade de lado. Ser verdadeiro ao encarnar outra pessoa é o que dá longevidade à carreira. Assim que os estúdios percebem que você consegue se esconder por trás dos personagens, abrem o leque de opções na sua vida profissional.

Houve algum filme em que você sentiu que simplesmente não convenceria a platéia de sua atuação?

Depois de *Grease*, eu rodei *A Cada Momento* (1978). Como a platéia esperava mais uma comédia, rejeitou totalmente o meu personagem nesse melodrama. Foi um grande erro da minha parte ter aceitado aquele papel. Até porque o que eu admirava na diretora, Jane Wagner, era o seu *timing* para comédia.

Até que ponto você foi responsável pelo ostracismo que experimentou em Hollywood? Não soube escolher os papéis, embarcando em produções inexpressivas como Um Tiro na Noite *(1981) e* Os Embalos de Sábado Continuam *(1983)?*
Infelizmente o ator não consegue calcular todos os movimentos na sua carreira. Tantos os momentos inesquecíveis quanto os de fracasso são imprevisíveis. Sempre procurei usar como termômetro a minha empolgação por um determinado papel. Preciso sentir que estou me arriscando a cada novo personagem. Do contrário, não me sinto o homem certo para o trabalho. Às vezes, deu certo. Outras vezes, não. Mas fiz questão de equilibrar a minha carreira com papéis de protagonista, que carregam nos ombros a responsabilidade de fazer o filme avançar, com os papéis de composição, que costumam ser mais complexos.

Você se considera uma inspiração para os jovens atores, principalmente por ter enfrentado esses altos e baixos?
Talvez. Fiz uma descoberta agradável no *set* de *Brigada 49*. Sabe que eu sou o único ator para o qual Joaquin Phoenix (com quem contracena no filme) pediu um autógrafo? Como Joaquin tinha apenas 9 anos, sua mãe, que trabalhava nos estúdios da NBC, pediu o autógrafo para o filho. Joaquin diz guardar até hoje aquele pedaço de papel, agora amarelado.

Você parece um cara tranqüilo, com os pés no chão. Sempre foi assim?
O que me levou a Hollywood foi a possibilidade de criação. Não fui atraído pelo dinheiro ou pelo poder. Infelizmente há muitos tipos egocêntricos no *show biz*. Só que eu não vejo nada de positivo em ser assim. Pelo contrário, essas pessoas são as mais fracas. Gosto da idéia de que o homem que realmente tem poder não precisa exercê-lo. Ele não busca o controle pelo simples fato de que já o tem.
Nunca usa o seu status *para conseguir o que quer?*
Confesso que não reluto quando, ao chegar a um restaurante, eles me dão uma mesa imediatamente. Mas eu não faço nada para que isso aconteça. Só fico na porta esperando (risos).

O Jeitão Despachado de Denzel Washington

Ninguém precisa avisar que Denzel Washington está a caminho. Dá para ouvir o seu vozeirão assim que ele sai do elevador e vem ao meu encontro em suíte do 6° andar do Hotel Essex House, em frente ao Central Park de Nova York. O ator já entra no quarto falando pelos cotovelos. E alto. A conversa envolve a Itália. Mais precisamente um restaurante, que ele considera o melhor do mundo. Como seu entusiasmo é contagiante, começo a entrevista perguntando justamente do tal restaurante. "Puni, *em Portofino, tem o melhor* pappardelle *que já comi na vida. Me dá água na boca só de pensar"*, contou. Mas isso não o impede de comer no McDonalds de vez em quando. *"Prometi nunca mais pisar lá depois de ver o documentário* Super Size Me, *mas, de vez em quando, dá vontade de comer um cheeseburguer engordurado. O que posso fazer?"*, disse, soltando uma gargalhada escandalosa.

Esse seu jeitão despachado sempre me deixa à vontade. Denzel é muito gente boa. Com ele, não tem frescura. Seu aperto de mão é firme e o modo de falar, direto. Esse homem alto e de compleição musculosa ainda gosta de olhar diretamente nos olhos do interlocutor. É um dos poucos que presta atenção no jornalista, a ponto de reconhecê-lo em próximas entrevistas. Nos meses de agosto e setembro de 2004, nós nos vimos três vezes – em Nova York, para o lançamento de *Sob o Domínio do Mal*, e em Los Angeles e Veneza por conta de *Man on Fire. "Você viaja, hein?"*, disse, brincando comigo. Bem-humorado, também costuma fazer piadinhas de si mesmo. *"Deveriam me proibir de interpretar novos personagens verídicos nas telas"*, afirmou o ator, que já viveu Malcolm X e Rubin "Hurricane" Carter, entre tantos outros.

Religioso, Denzel fala de Deus com naturalidade, sem se importar se o comentário soará piegas – dependendo de como o jornalista inserir isso no texto. Sempre dá um jeito de dizer nas entrevistas o quanto é agradecido por tudo que Deus lhe deu. Diz que lê a Bíblia freqüentemente – mas nem por isso consegue entendê-la. *"Também tenho as minhas dúvidas. Como é que pode o mesmo livro ensinar dar a outra face quando somos atingidos e, em outro momento, dizer que é olho por olho, dente por dente?"* Denzel foi um dos primeiros a quem Mel Gibson mostrou uma cópia não-finalizada de *Paixão de Cristo*. *"Eu o alertei que seria preciso mudar a cor dos olhos de Jim Caviezel. Com os olhos azuis, ficaria parecido com um surfista, com aqueles cabelos compridos."*

Apesar da piada, Denzel parece ter uma fé inabalável. Diz conhecer tão bem os seus defeitos quanto as suas qualidades. Mas prefere se concentrar no lado bom. Tem orgulho, por exemplo, de ter crescido com a convicção de que *"o sol nasceu para todos"*. Talvez por isso ele desconfie tanto quando os políticos dizem *"Deus, abençoe a América"* em seus discursos. *"Não me incomodo desde que inclua todos e não signifique* 'Deus, lance sua benção mais sobre mim e menos sobre os outros'. *Tenho medo e, ao mesmo tempo, pena daquele que pensa que Deus está apenas do seu lado."*

Black Power

Entrevista publicada na *ELLE* de novembro de 2004

A chegada dos 50 anos não preocupa Denzel Washington. Nem poderia. O bonitão de 1,83 m de altura, corpo musculoso e sorriso sedutor mantém a jovialidade, o bom-humor e o *sex appeal* de mais de 20 anos atrás, quando foi descoberto por Hollywood. *"Se a gravidade age durante a noite, eu malho durante o dia"*, brinca. Um dos atores mais respeitados da indústria, Denzel acredita não ter tempo para envelhecer por estar *"sempre em movimento"*. Sua extensa filmografia, com mais de 40 títulos, não o deixa mentir. Recentemente foi visto no policial *Chamas da Vingança* e no *thriller Sob o Domínio do Mal*. *"Os cabelos brancos não vão conseguir me segurar"*, diz o ator, um dos negros mais poderosos do cinema, com cachê de US$ 12 milhões.

Desde que ganhou o primeiro papel de destaque nas telas, em *A História de um Soldado* (1984), Denzel está acostumado a hipnotizar o espectador. Principalmente as mulheres. *"Faço tudo para me sentir bem nos planos físico, mental e espiritual. Sou o único responsável pela minha saúde e minha felicidade"*, afirma o astro, eleito várias vezes pela revista *People* como uma das 50 pessoas mais bonitas do planeta. *"Se quiser continuar a figurar nessas listas, preciso parar de comer fajitas* (prato mexicano) *engorduradas"*, brinca Denzel, que recebeu a reportagem da ELLE em suíte do Hotel Essex House, de Nova York, vestindo calça jeans, camisa branca e blazer preto. *"O que eu gosto mesmo de usar é camiseta velha. Não estou nem aí para o que está na moda."*

Sem disposição para posar de galã nas telas, o ator reflete em suas escolhas uma preocupação com as questões raciais, sociais e políticas. *"Não vejo graça em bancar o príncipe encantado em comédia romântica"*, diz Denzel, vencedor de dois Oscars: como melhor ator por *Dia de Treinamento* (2001), que denuncia a corrupção na polícia de Los Angeles, e como coadjuvante por *Tempo de Glória* (1989), a história do primeiro regimento negro que lutou na Guerra Civil americana. Ao longo da carreira, ele ainda foi indicado à estatueta da Academia por *Hurricane – O Furacão* (1999), pelo papel do boxeador condenado por crime que não cometeu nos anos

60, por *Malcolm X* (1992), cinebiografia de um dos mais importantes ativistas negros nos EUA, e por *Um Grito de Liberdade* (1987), pelo desempenho como o ativista político sul-africano que luta contra o *apartheid* e morre torturado na prisão.

Nos últimos tempos, interpretou um guarda-costas que tenta evitar o seqüestro de uma criança americana no México em *Chamas da Vingança*. *"O filme serve de alerta para um problema crescente no México, Guatemala e Brasil, onde o seqüestro virou um negócio lucrativo"*, diz o ator, que contracena com a menina Dakota Fanning na produção dirigida por Tony Scott. Em *Sob o Domínio do Mal*, em que o cineasta Jonathan Demme refilma o título rodado por John Frankenheimer em 1962, Denzel viveu um oficial militar que tem pesadelos sobre sua última missão, na Guerra do Kuwait. Principalmente depois que um de seus soldados, apontado como herói ao voltar para casa, se candidata à vice-presidência dos EUA. *"Fiquei intrigado pelo roteiro, que aborda o controle da mente, abuso de poder político e conspiração."* O ator reprisa aqui o papel que foi de Frank Sinatra, incumbido na época de viver um oficial que retornava da Guerra na Coréia. *"Por respeitar demais o trabalho de Sinatra, preferi não assistir ao original para não me deixar influenciar."*

Nascido em Mount Vernon, no Estado de Nova York, e filho de uma manicure e de um pastor pentecostal, Denzel diz que precisou de muita sorte, além de talento, para chegar lá. Até debutar no cinema, em *A Cara do Pai* (1981), amargou anos e anos fazendo peças off-Broadway e seriados de televisão descartáveis. *"Sorte é o encontro da oportunidade com a preparação. Eu estava pronto para agarrar com unhas e dentes as chances que tive"*, conta o ator, que fez sua estréia como diretor em *Voltando a Viver - Antwone Fisher* (2002). Não ter se deixado afetar pelo sucesso o ajudou a construir uma sólida reputação em Hollywood. *"Sidney Poiter me deu um conselho que jamais esqueci. Disse que, quando o público vê o ator a semana inteira dando entrevista para televisão, jornais ou revistas, ele não compra o ingresso para vê-lo nas telas no final de semana. Para que pagar por uma coisa que você pode ter gratuitamente?"* Denzel lamenta que os atores mais jovens caiam tão facilmente nessa armadilha. *"Aparecer na capa de uma revista não faz de você um ator e sim uma celebridade, coisa que nunca me interessou."*

Indiferente à fama e ao *glamour* de Hollywood, o astro prefere levar uma vida tranqüila, longe dos holofotes. Faz tudo para preservar a mulher, Pauletta, uma pianista clássica e ex-cantora da Broadway, com quem está casado há 22 anos, e os quatro filhos – John David, Kátia e os gêmeos Olivia e Malcolm. *"Não gosto de festas barulhentas. Só compareço às pré-estréias de meus filmes para hon-*

rar o meu compromisso profissional." Apesar da vida boa que o cinema lhe proporciona (como a maioria dos astros, ele vive em mansão em Los Angeles e dirige carros luxuosos), o ator diz apreciar as coisas simples da vida. *"Se aprendi alguma coisa na minha trajetória foi que não preciso de muita coisa para viver bem. O que conta não é o que você tem, mas sim o que faz com o que tem"*, diz Denzel, que não abre mão de freqüentar a missa da Igreja Pentecostal aos domingos.

Um homem que coloca Deus e a família acima de tudo, Denzel garante nunca ter se esquecido das suas raízes. *"Quando olhamos demais para uma meta, a tendência é esquecermos do que está ao nosso redor. Tive a felicidade de ter sempre ao meu lado uma mulher forte como Pauletta. Ela me ajuda a manter a cabeça no lugar e não permite que eu me comporte como dono do mundo."* Se existe um segredo por trás desse casamento duradouro, Denzel acredita ter sido a opção de nunca negligenciar a família em nome do trabalho. *"Conheço muitos atores que destruíram suas vidas pessoais ao apostarem tudo nas carreiras. Não poderia me olhar no espelho se, de alguma forma, prejudicasse a minha mulher ou os meus filhos por trabalhar demais. Eles sabem que sempre podem contar comigo."* A declaração só ajuda a entender por que Denzel é tão convincente no cinema no papel de cara legal. *"Mas não sou nenhum santo"*, diz, encerrando a entrevista.

Toda a Simpatia de Renée Zellweger

Colin Firth jura que Renée Zellweger carregou, sob os seus protestos, uma de suas malas pelo aeroporto de Los Angeles. Não duvido. Renée é mesmo uma gracinha de pessoa. Não tem nada de estrela. Durante as *junkets* nos hotéis cinco-estrelas é a única que pára para bater papo com jornalista no corredor do hotel – mesmo depois de já ter cumprido uma estafante agenda de entrevistas organizada pelo estúdio. Sempre fala animadamente com a gente, rindo muito. Durante o evento prefere se misturar com os jornalistas, em vez de bancar a superior – como a maioria das estrelas que se isola na suíte do hotel, recebendo apenas os paparicos dos organizadores da *junket*. Ela é sempre muito doce, sossegada e ainda demonstra uma enorme paciência com os jornalistas asiáticos, que mal falam inglês e estão sempre convidando os atores para algum festival em seu país. A cada nova entrevista, Renée dá a impressão de ser uma velha amiga. Alguém que dá gosto reencontrar.

Talvez a atriz seja apenas uma versão mais refinada de Bridget Jones, a personagem que deu o empurrãozinho que faltava em sua carreira. Ou será que alguma outra estrela teria confessado diante das câmeras que estava no banheiro quando foi chamada para receber o Globo de Ouro?

Lembra do episódio, quando ela foi premiada pelo desempenho na comédia *A Enfermeira Betty* em 2001? Essa contagiante simpatia até explica a sua invejável assiduidade no Globo, prêmio concedido pela associação de correspondentes estrangeiros de Los Angeles. Desde a tal festa de 2001, Zellweger esteve simplesmente em todos os Globos, levando três troféus para casa. Além da estatueta por *A Enfermeira Betty*, venceu por *Chicago*, em 2003, e por *Cold Mountain*, em 2004. E ainda concorreu com *O Diário de Bridget Jones*, em 2002, e com *Bridget Jones: No Limite da Razão*, em 2005. Não questiono o talento de Renée ou mesmo os critérios do Globo. Mas, ao mesmo tempo, não soa um pouco exagerado tanto reconhecimento em curto espaço de tempo? Talvez o fato de Renée ser mesmo muito fofa ajude...

Para deixá-la ainda mais acessível, a moça não exibe uma beleza extraordinária. É do tipo engraçadinha e não necessariamente linda. Ainda adora fazer piadinhas sobre si mesma, destacando justamente a sua dificuldade para posar de estrela. *"Foi uma tortura dançar de saltos altos em* Chicago. *Até então minha única e desastrada tentativa tinha ocorrido no meu baile de formatura"*, contou, quando nos encontramos em Nova York, em 2002, na *junket* do musical. *"Como eu poderia reclamar da vida depois de ter passado quatro dias sentada no colo de Richard Gere?"*, disse, ao se lembrar do número musical *Both Reached for the Gun*, em que Gere imita um ventríloquo e Renée encarna a sua boneca. Ela me recebeu com a mesma amabilidade nas entrevistas em Berlim, em 2003, sobre *Cold Mountain*, e em Los Angeles, em 2004, na *junket* de *Bridget Jones: No Limite da Razão*. Quando perguntei como a atriz mantém os pés fincados no chão, apesar da ascensão meteórica em Hollywood, ela respondeu: *"Sei lá. Talvez eu tenha herdado isso dos texanos. Há uma pureza e uma simplicidade naquele povo. Não tem esse papo de ego, não"*.

A Volta de Bridget Jones

Entrevista publicada na *UMA* de dezembro de 2004

Renée Zellweger não tem medo de se expor ao ridículo nos *sets* de filmagem. *Bridget Jones: No Limite da Razão* só confirma a vocação da texana para desglamourizar a sua imagem – uma raridade entre as estrelas de sua geração em Hollywood. Quem mais teria topado engordar de novo aqueles indesejáveis dez quilos para reprisar o papel da balzaquiana solteira, ansiosa e desajeitada? Só mesmo Renée, essa simpatia de pessoa que faz qualquer coisa para arrancar risadas da platéia. *"Não há nada mais maçante que interpretar a garota bonita nas telas"*, diz. Nessa continuação do *hit* de 2001, Bridget cai de pára-quedas no chiqueiro de porcos, aparece em festa de gala com a maquiagem toda borrada e toma vários tombos tentando esquiar, entre outras cenas humilhantes. *"Foi pura diversão"*, garante a atriz, vencedora do Oscar de coadjuvante por *Cold Mountain*.

Como explica essa falta de vaidade em Hollywood, onde a maioria das atrizes faz o possível para aparecer sempre impecável nas telas?
Talvez seja autodefesa. Tenho grande admiração pelas minhas amigas glamourosas, já que isso exige habilidade e disposição. Mas eu não consigo filmar preocupada com o figurino ou o penteado. A minha personagem mais estilosa até hoje foi a de *Abaixo o Amor*. Só topei porque havia uma preocupação com a reconstituição do período. Ainda assim, eu reclamava por ter de colocar cílios postiços todos os dias (risos).

Você deve deixar os maquiadores e cabeleireiros frustrados no set...
Anos atrás, enquanto eu rodava uma cena dramática, pedi que o maquiador parasse de retocar o pó do meu nariz a cada nova tomada. Que mal há em mostrar o meu nariz vermelho? Não é assim que as pessoas ficam quando se sentem desesperadas?

Embora seja uma celebridade, você não se expõe como tal. Se o fizesse, acha que seria menos interessante como atriz?

Talvez. Gosto de me arrumar de vez em quando para as *premières* e festas de premiação. Não há nada de mal nisso, principalmente para quem fica em casa com abrigo de ginástica como eu (risos). Só não quero construir uma carreira baseada em atributos físicos ou em estrelismos. Isso é uma prisão para uma atriz.

Por precisar engordar tudo de novo para reviver Bridget, há algum alimento que se tornou repulsivo, pelo fato de associá-lo ao processo?
Sorvete, chocolate, sonho ou *chantilly* em grandes quantidades deixam qualquer pessoa enjoada com o tempo. Acredite! Há um momento em que a natureza fala mais alto e o seu corpo diz: *Pare de comer, você está cheia*. Também foi difícil parar de correr, já que eu precisava desacelerar o meu organismo. Sentia muita falta da atividade física.

Sentiu-se vingada com o sucesso de Bridget *no Reino Unido, considerando que os ingleses inicialmente duvidaram de que você seria capaz de interpretar uma britânica sem cair na caricatura?*
É natural o público esperar que ingleses interpretem personagens ingleses. Principalmente no caso de Bridget, que já era querida dos britânicos por conta do livro escrito por Helen Fielding. Por eu ganhar a vida fingindo ser outra pessoa, nunca duvidei de que daria o máximo de mim na composição. Fico feliz que, no final das con-

tas, os espectadores e a crítica tenham sido generosos comigo, a ponto de o estúdio pedir uma continuação.

Depois de um processo tão exaustivo para encarnar Bridget pela segunda vez, pretende se afastar temporariamente das telas?
Tão cedo não estarei pronta para encarnar outro personagem. Quero me dedicar mais à vida pessoal. O ator passa muito tempo na pele de outras pessoas, que não têm nada a ver com ele. Nos últimos dez anos, tenho pulado de um projeto para outro. É surreal. Confesso começar a sentir falta de rotina, como a de uma mulher comum.

Bridget é obcecada com a idéia do casamento. Como lida com isso?
A minha geração felizmente tem um leque de opções muito maior. O que me agrada em Bridget é que ela percebe logo que não pode ser qualquer homem. Independentemente do que a mãe fala e do que a sociedade pensa, ela precisa encontrar quem a faça feliz. Do contrário, um anel de noivado no dedo não significa absolutamente nada.

Javier Bardem num Dia de Tradutor

Nunca levei a sério o cursinho de espanhol. Diante de entrevistado da Espanha ou de países hispano-americanos, tento enganar com aquele portunhol mesmo. Mas sempre passo vergonha. Ainda bem. Não fosse pelo meu parco conhecimento do idioma possivelmente teria perdido a chance de contar com tradutor espanhol tão ilustre. Não, não foi Antonio Banderas, que já entrevistei, mas nunca vi dar tamanha demonstração de simpatia ou generosidade. O coitado também está sempre com a mulher por perto, a ciumenta Melanie Griffith. Como o título já adiantou, o meu tradutor foi Javier Bardem, o moreno de traços fortes e marcantes, boca sensual e olhos sempre faiscantes que não precisa se esforçar para balançar o coração das mulheres. Esse homem forte, educado e muito talentoso, que nunca se deixou limitar no cinema pela imagem de *latin lover*, ainda é humilde e prestativo. Senão, como explicar os 15 minutos em que ele voluntariamente serviu de tradutor para mim?

Estávamos em Veneza, no gramado que cerca a piscina do luxuoso Hotel Des Bains, onde Bardem e o diretor Alejandro Amenábar promoviam *Mar Adentro*, um dos candidatos ao Leão de Ouro no festival italiano de 2004. Eu tinha solicitado entrevista com a dupla numa *round table* em inglês. Como a assessora italiana se confundiu, achando que português e espanhol é tudo a mesma coisa, fui colocada na mesa de jornalistas de língua espanhola, a última do dia. Era pegar ou largar. Topei fazer mesmo assim, imaginando que não teria problema. Por sorte, Bardem me entendeu perfeitamente. Tanto que o ator acabou traduzindo as minhas perguntas para Amenábar. Diante da cara de desentendido do diretor, que sempre franzia a testa quando eu falava, Bardem repetia tudo, sem pressa, explicando num bom espanhol o que eu queria saber exatamente. Foi surreal vê-lo me traduzir tão animadamente, como se fosse a coisa mais natural do mundo.

Apaixonado pelo Brasil, Bardem já passou temporada em Búzios, no Rio, no início dos anos 90, entre outras viagens ao país por conta de feriados, como o *réveillon*. Ele até arrisca umas frases em português. Quando o agradeci pela gentileza de me traduzir, ele disse, na nossa língua: *"É sempre um prazer ouvir o português do Brasil. Para que aprender espanhol?"* Mas não foi cantada. O ator só é muito agradável, espontâneo e sincero nas declarações. A mesma simplicidade ele demonstrou nos nossos encontros anteriores – também em Veneza, quando divulgava *Antes do Anoitecer*, em 2000, e *Guerrilha sem Face*, em 2002.

Não duvido quando ele diz que não troca a sua casa em Madri e a sua família de atores por nada no mundo – Bardem chegou a contracenar com a mãe, Pilar, em *As Idades de Lulu, La Madre* e *Carne Trêmula*, e atuou ao lado do irmão Miguel em *Pepita Durango*. O ator não tem cara de quem fala meias-verdades inventadas provavelmente pelos agentes só para conquistar a simpatia do público. Nem muito ambicioso ele é. Se quisesse, já poderia ter explorado a imagem *sexy* à exaustão em Hollywood. Convites não faltaram. Até para *Instinto Selvagem 2* tiveram coragem de chamá-lo. *"Gosto de dinheiro, mas não a ponto de comprometer a minha carreira. Não preciso de muito para me divertir"*, disse o ator, que costuma dar festas no restaurante de sua família, em Madri, o La Bardemcilla. Pensei em pedir o endereço e perguntar quando seria a próxima festinha, mas resisti. Já tinha dado trabalho demais por um dia.

A Morte como Celebração Final da Vida

Entrevista publicada no *Valor Econômico* de 18 de fevereiro de 2005

O cineasta Alejandro Amenábar define Javier Bardem como um monstro da interpretação. Não é exagero. Bardem, o ator espanhol de maior projeção mundial atualmente, não tinha a idade, o sotaque e muito menos o físico apropriados para personificar o tetraplégico Rámon Sampedro de *Mar Adentro*. Mas nada impediu a sua transformação no poeta galego de corpo atrofiado que luta pelo direito de morrer com dignidade aos 55 anos (20 anos a mais que o ator na época da filmagem).

Quase não dá para reconhecer o imponente e sensual Bardem por trás desse homem sofrido, irônico e iluminado, capaz de celebrar a vida ao mesmo tempo em que deseja desesperadamente a morte.

"Fui tomado pela força de Sampedro", diz o ator. Para diminuir a *"distância abismal"* entre o personagem verídico e o intérprete, Bardem passou temporada em cama de hospital, estudou as nuances do jeito de falar na Galícia, costa noroeste da Espanha, e ainda leu e releu *"Cartas desde el infierno"*, livro que Sampedro escreveu com a boca e publicou em 1996. *"Aos poucos, entendi como as circunstâncias o obrigaram a domar o impulso e a potencializar o intelecto, controlando a ansiedade e o medo. Foi assim que ele conseguiu sobreviver 30 anos a um corpo morto."*

Com a imagem cada vez mais distante do compatriota Antonio Banderas, por não vender a alma a Hollywood, Bardem acumula prêmios pela performance em *Mar Adentro*. Levou a estatueta de melhor ator em Veneza, no European Film Awards e no Goya, o Oscar espanhol. Ao todo, foram 14 Goyas para a cinebiografia do homem que esquentou o debate sobre a eutanásia nos anos 90, ganhando ampla cobertura na mídia nacional e internacional. O longa também saiu vitorioso do Globo de Ouro, batendo *Diários de Motocicleta*, de Walter Salles, como melhor filme estrangeiro.

No Oscar ainda disputa o troféu de produção estrangeira e de maquiagem. Faltou uma indicação a Bardem, o primeiro espanhol da história a ser lembrado pela Academia como melhor ator, quando concorreu em 2001, na pele do poeta cubano Reinaldo Arenas de *Antes do Anoitecer*. Por *Mar Adentro*, em que encontrou o melhor papel de sua carreira, o ator merecia ainda mais a indicação.

"Recebo toda a forma de reconhecimento com prudência. Não me deixo pressionar ou motivar demais", conta Bardem, que não gosta de ser tratado como celebridade. Como sua única ambição é *"ser ator"*, quanto mais distante o personagem de si mesmo, melhor. Nem que isso signifique passar mais de cinco horas diariamente na cadeira do maquiador para virar Sampedro, um marinheiro nascido em Xuño, na Coruña, que ficou paralisado do pescoço para baixo aos 25 anos, ao sofrer acidente no mar, batendo a cabeça num lugar raso. Durante a sessão de maquiagem, que muitos atores poderiam considerar horas perdidas, Bardem aproveitava para reforçar a *"sensação de impotência"* do protagonista, que esperou anos pela decisão da Justiça – até ouvir que o pedido de eutanásia havia sido negado. *"Passei por vários estágios emocionais, da raiva e à negação"*, lembra.

Nas mãos competentes de Bardem, a performance não derrapa no sentimentalismo, apesar da poesia e da humanidade que cercam o personagem. Há momentos mágicos e sublimes, como quando o protagonista usa a imaginação para voar até a praia, atravessando a janela (sua única conexão com o mundo exterior), ao som de *Nessun Dorma*, da ópera *Turandot*, de Puccini. *"Foi uma homenagem que Alejandro e eu fizemos a Sampedro. A cena foi filmada de helicóptero refazendo o trajeto exato entre a casa onde o escritor morou e o mar."* Pena que os espectadores perderam o hábito de aplaudir em cena aberta durante uma sessão. É uma passagem de rara beleza e sensibilidade.

Seus últimos personagens, em "Segunda-Feira ao Sol" (2001) e "Mar Adentro", o afastam cada vez mais da imagem sexy, *de* latin lover. *Isso é proposital?*
Sei que as mulheres têm essa impressão a meu respeito. Mas não me preocupo. Não me sinto preso. Estaria mentindo se dissesse que escolho um personagem pensando em quebrar uma imagem ou contrariar as expectativas. Só me interessa abraçar papéis com forte densidade dramática.

Como foi abrir mão da linguagem corporal, sendo obrigado a concentrar toda a interpretação na boca e nos olhos?
Precisei estar atento ao corpo para deixá-lo absolutamente inerte. Para quem costuma compor o personagem a partir da sua atitude física, como

eu, foi como entrar em estágio contemplativo da arte de representar. Mas isso foi benéfico, à medida que me obrigou a mergulhar no mundo interior de Sampedro. Percebi como, muitas vezes, o ator passa por cima dos personagens, colocando os seus desejos e ambições. Aqui foi o contrário. Ele me invadiu com as suas idéias, sensações, cores e sons.

O filme recebeu críticas na Espanha por não ser 100% fiel à história de Sampedro. Concorda com a abordagem mais humana de Amenábar?
Fomos fiéis ao seu espírito. As reclamações vieram de pessoas fanáticas, que não queriam ver qualquer alteração. Elas não entendem que, para dar fluência narrativa, é preciso dispensar personagens ou mesmo condensar vários em um só. O que me importou foi o depoimento dos que conviveram com Sampedro, destacando o homem excepcional e humano que ele era. O escritor fez poesia do seu drama e ainda foi capaz de rir da sua situação.

Como classifica a obra deixada por Sampedro?
Pela perspectiva atrevida e, ao mesmo tempo, delicada que o poeta tinha de assuntos como a morte, a vida, o sexo e a família, eu o coloco à altura filosófica de Dostoievski. Ele não queria convencer ninguém do seu ponto de vista. Apenas mostrava de forma desconcertante uma realidade, que nós preferimos fingir que não existe.

Mar Adentro *mudou a sua opinião sobre a eutanásia?*
Quando ouvimos a história de Sampedro com a consciência e o coração abertos, sem nenhum preconceito, reconhecemos que o que ele quer é apenas o direito de morrer em paz. Se a eutanásia fosse legalizada, as pessoas que têm mais vontade de morrer do que viver poderiam dar esse passo rodeadas de amigos e familiares queridos e sem dor. E não como Sampedro, que foi obrigado a morrer sozinho, como se fosse um criminoso.

Como se preparou para a cena em que o personagem consegue finalmente se matar? (O fato foi registrado em vídeo no dia 12 de janeiro de 1998, quando Sampedro tomou cianureto com a ajuda de amigos, sem que ninguém fosse incriminado.)
Perdi as contas de quantas vezes vi a cena real da sua morte. Na hora de rodar, precisei me apropriar da sua dor para deixar a mensagem. Acredito que seu sofrimento não terá sido em vão se *Mar Adentro* servir de alerta. Muitas pessoas não se dão conta de como foi dolorosa a sua luta.

O que aprendeu com o personagem?
Aprendi a me desprender de meu ego. Numa conversa, nós geralmente não ouvimos. Enquanto o outro fala, já estamos pensamos no que vamos dizer a seguir. Sampredo só queria que nós estivéssemos verdadeiramente abertos à idéia do outro.

Ainda prefere atuar em espanhol?
Como a minha vida é toda em espanhol, eu continuo morando em Madri, há uma relação direta entre a língua e a minha experiência pessoal. As palavras têm milhões de significados. Em inglês, é apenas um idioma que eu continuo tentando aprender. As palavras que saem da minha boca em inglês ainda carecem de emoção e sentimentos..

Recentemente você fez apenas uma ponta em Colateral. *Continua recusando propostas de Hollywood?* (Bardem disse não a *Instinto Selvagem 2* e a Steven Spielberg, quando foi convidado para o papel posteriormente aceito por Colin Farrell em *Minority Report – A Nova Lei)*
Filmes *mainstream*, para os quais sou mais chamado, não me interessam. Nunca vou concordar com a idéia de que o filme só conseguirá entreter se tirar o espectador da realidade por duas horas. Isso me chateia profundamente.

O que mudou na sua carreira desde a indicação ao Oscar de melhor ator?
Recebo mais propostas, o que não significa muito, já que a maioria não vale a pena. Do período pré-Oscar eu me lembro de como era maçante falar de mim o tempo todo. Não há nada mais estúpido do que ficar esperando um resultado, fazendo especulações de quem vai ganhar o prêmio. Obviamente todos nós queremos a estatueta. O que não se deve fazer é parar a vida na esperança de levar

uma para casa. Eu também fiquei incomodado ao perceber que os filmes ficam muitas vezes em segundo para o ator concorrente. Parece que só importa o sucesso que o título pode trazer ao ator. Não desprezo a minha indicação, principalmente por considerá-la uma honra, já que fui escolhido por outros atores. Mas não concordo com o *lobby* de campanha e a fome dos atores por prêmios.

Inicialmente você queria ser pintor. Foi a influência familiar que o fez enveredar pelo cinema?
Como a maioria dos atores que conheço, todos nós queríamos ser outra coisa. Menos atores. O problema é que, por ser muito preguiçoso, parei de estudar pintura e perdi a mão. Até que eu era bom...

(risos). Inicialmente não tinha o menor interesse em fazer cinema. O cachê do filme *Jamón, Jamón* (1992), por exemplo, eu usei para pagar um curso de pintura na Escuela de Artes y Officios de Madri. Mas ter crescido nesse ambiente me influenciou. Talvez inconscientemente. Quando dei por mim, o cinema já tinha tomado conta da minha vida.

Como foi a experiência de morar no Brasil no início dos anos 90?
Tive um bar em Búzios, no Rio, em sociedade com o meu irmão. Como na época estava desempregado, queria fazer algo diferente. Só que foi um desastre. Gastamos todo o dinheiro que ganhamos com bebidas (risos).

Capítulo V

As Beldades

O Brilho Natural de Nicole Kidman

O rosto de Nicole Kidman é mesmo um dos mais belos do cinema. Tudo nela é perfeito. E a pele então... Dá vontade de ficar procurando um defeitinho. Uma marca de espinha que seja. Mas logo desisto. A pele branca contrasta com aqueles olhos azuis brilhantes que hipnotizam a gente. Suas feições delicadas realçam ainda mais sem os cabelos compridos como moldura – os fios, antes ruivos e agora loiros, estão presos num rabo de cavalo. A moça ainda é alta e magra. Talvez um pouco magra demais, já que o seu pulso, de tão fininho, parece de boneca. Com pouco busto e quadris estreitos, Nicole tem porte e corpo longilíneo de modelo (não é à toa que os estilistas adoram vesti-la). Elegante, discreta e serena, é uma das poucas atrizes de Hollywood que carrega naturalmente o brilho de uma estrela. Na comparação, talvez seja uma nova Grace Kelly.

Quando me recebeu na suíte do caríssimo Hotel Dorchester, em frente ao Hyde Park de Londres, no lançamento de *Cold Mountain*, em dezembro de 2003, a atriz estava toda de preto: *top* tomara-que-caia, calças compridas e sandálias de salto alto.

No pescoço, um colar de pedras aparentemente preciosas que ocupava quase todo o colo. A roupa tinha sido comprada no dia anterior numa boutique chamada *The Cross. "Como toda garota, adoro roupa nova. Visto assim que compro."* Seja qual for o modelo ou o estilista escolhido, Nicole é pura sofisticação. Tem sempre muito bom-gosto na hora de se vestir, geralmente privilegiando o clássico. Parece que a mulher já acorda bem-vestida.

Todo o requinte poderia deixá-la com ar de deusa entediada e inatingível. Mas ela posa de loira gélida apenas no cinema, quando a personagem exige. No cara-a-cara, Nicole é muito fofa. Gracinha mesmo. Toda mansa e delicada, passa uma doçura com os olhos. É sensual e, ao mesmo tempo, consegue transmitir um sentimento quase infantil. Principalmente quando fica tímida, lembrando uma colegial, ou solta aqueles risinhos furtivos. Se o assunto for homem, ela até pode corar, acredite.

Quando lhe perguntei sobre Lenny Kravitz (o galã da vez, quando conversamos), Nicole ficou sem graça. Sorriu, olhou pela janela e simplesmente não respondeu. Não duvido da sua capacidade de bancar a devoradora de homens (ela fez isso muito bem em *Um Sonho sem Limites* e *Moulin Rouge*). Mas sua linha é outra. É mais meiga que maliciosa. Dá a impressão de ser suave, romântica e até indefesa – daquelas que sonham com alguém que a abrace fortemente e a proteja do grande lobo mau que está lá fora. Antes de me dizer que o maior sonho de sua vida é dar à luz, Nicole ainda suspira. Não duvido de que ela realmente acredite em príncipe encantado.

Só Falo de Mim nas Telas

Entrevista publicada na *Ícaro* de fevereiro de 2004

Magrinha, com 1,80 m de altura, olhos azuis, traços delicados, pele de porcelana e cabelos loiros ligeiramente cacheados, Nicole Kidman lembra uma criatura celestial na suíte do Hotel Dorchester, em Londres, onde recebe a *Ícaro Brasil*. Não ter caído do céu não impede essa beldade de olhar enigmático e sorriso tímido de hipnotizar todos aqueles ao seu redor. Principalmente quando ela brinca com um cacho de cabelo que, distraído, cai sobre os lábios vermelhos carnudos.

"Não sei o que os diretores vêem em mim", desconversa a estrela, nascida no Havaí e criada na Austrália, hoje em pleno fulgor do sucesso. Desde que saiu da sombra de Tom Cruise, ao assinar os papéis do divórcio em agosto de 2001, Nicole teve finalmente o talento reconhecido. Deixou de ser mera coadjuvante e entrou para a lista das mulheres mais poderosas da meca do cinema. Só sai de casa para embolsar, no mínimo, US$ 15 milhões por filme. Ainda passou a perna no ex, indicado

três vezes ao Oscar, conquistando em 2003 uma sonhada estatueta dourada pelo angustiante retrato de Virginia Woolf em *As Horas*.

"Escolho papéis com o coração e não a cabeça. Por isso, prefiro representar mulheres sofridas. A maneira como elas lidam com as perdas na vida sempre me fascinou", diz a atriz, incumbida pelo diretor Anthony Minghella (de *O Paciente Inglês*) de protagonizar uma história de amor trágica em *Cold Mountain*. Nesse drama ambientando durante a Guerra Civil americana, ela é Ada Monroe, uma fazendeira que perde tudo, restando apenas a esperança de ver o amado (Jude Law) retornar dos campos de batalha.

Desde que debutou nas telas, aos 16 anos, após abandonar os estudos para atuar na produção australiana *Bush Christmas* (1983), Nicole afirma recorrer às dores reais, sejam físicas ou psicológicas, para dar autenticidade ao martírio das mulheres que costuma encarnar no cinema. *"Quando Ada, quase morta de fome, vai trocar o relógio por comida, aproveitei a dor do meu tornozelo torcido para passar a idéia de sofrimento. Só quis me tratar depois de rodar a cena."*

Mais heroínas reforçam a galeria de personagens da atriz, que ganhou em 2003 uma estrela na prestigiadíssima Calçada da Fama, no Hollywood

Boulevard. Seus atributos físicos e sua veia dramática colocaram a moça à frente de *Revelações*, vivendo a empregada de Anthony Hopkins, *Dogville*, na pele de vítima de abusos, *Mulheres Perfeitas*, como jovem esposa deslocada na vizinhança, e *Reencarnação*, no papel de viúva obcecada em ver o marido reencarnado. *"Não trabalhei tanto assim. Os filmes é que estão sendo lançados ao mesmo tempo"*, despista Nicole, também comprometida com *The Interpreter*, um policial dirigido por Sydney Pollack, e *A Feiticeira*, ressuscitando nas telas a personagem Samantha Stephens da célebre série de TV. *"Será revigorante filmar uma comédia e parar de choramingar"*, brinca.

Capaz de chorar por *"qualquer coisinha"*, a atriz conta ter se desmanchado em lágrimas no 40º aniversário de casamento dos pais – o psicólogo Anthony e a enfermeira Janelle – celebrado em Sidney. *"Deve ser maravilhoso ter alguém segurando a sua mão por tanto tempo."* Embora a mídia dê como certo o seu namoro com o cantor pop Lenny Kravitz, Nicole não me responde sequer se está apaixonada. Do ex-marido, com quem dividiu o teto por mais de dez anos (até o astro trocá-la pela espanhola Penélope Cruz), ela se limita a dizer que não será vista contracenando com Cruise tão cedo. *"Em vez de discutirmos coisas mais criativas, provavelmente só falaríamos sobre os nossos filhos no* set*"*, conta, ao se referir às duas crianças que o casal adotou, Conor Antony e Isabella Jane. *"Mas ainda não desisti do sonho de dar à luz"*, revela.

Leia, a seguir, os principais trechos da entrevista. Ela nos recebeu uma semana antes de gravar em Sidney um comercial do perfume Chanel nº 5, do qual é a nova garota-propaganda. Para fazer par romântico com a musa, a grife francesa escolheu o brasileiro Rodrigo Santoro. Nicole se atrapalhou um pouco com os erres do nome no ator, chamando-o de *"o bonitão do filme* Simplesmente Amor". Sob o comando de Baz Luhrmann, o australiano que a dirigiu em *Moulin Rouge*, o comercial traz Nicole com vestido de gala cor-de-rosa, fugindo dos *paparazzi*. Ao se esconder em um prédio, a estrela sobe a escada em forma de espiral e tasca um beijo demorado em Santoro, que encontra lá no topo. Pelos quatro minutos que irão ao ar, Nicole deverá receber 2 milhões de libras – provavelmente o cachê mais alto na história da publicidade.

Quando pensa no Brasil, qual a primeira imagem que lhe vem à cabeça?
Agora só consigo pensar em Rodrigo Santoro (risos).

O que acha dele?
Ele é uma graça! Até pouco tempo, o resto do mundo nunca tinha ouvido falar em Rodrigo, mas agora todos sabem muito bem quem ele é. Ele é legal?

Sim. Bonito, famoso, mas boa gente.
Que bom, pois terei de beijá-lo na boca no comercial. Como sempre rodamos muitas vezes até chegarmos à tomada perfeita, não gostaria de passar um dia inteiro beijando um chato (risos).

Como consegue ser célebre e, ao mesmo tempo, discreta?
Há informação demais sobre os atores. Por isso, não falo da vida pessoal, ainda que ela acabe refletida nas escolhas que faço no cinema. Em vez de eu contar, acho muito mais interessante deixar o público perceber, através da minha personagem, onde eu estava emocionalmente naquele momento da minha vida. Há sempre uma razão sentimental por trás de cada papel que aceito fazer. Se você olhar atentamente, perceberá que falo de mim nas telas.

*Fica irritada quando a mídia lança boatos que você está namorando os atores com quem contracena, como Ewan McGregor (*Moulin Rouge*) e Jude Law (*Cold Mountain*)?*
Não. Já acostumei. Quando as pessoas acreditam na química do casal nas telas, sempre acham que o par está junto também na vida real. Vivian Leigh e Clark Gable certamente enfrentaram a mesma coisa.

Como concilia o glamouroso papel de atriz de Hollywood com as responsabilidades maternas?
É duro. Sempre que posso, levo as crianças comigo

aos *sets*. O problema é que elas não podem se ausentar muito. Além dos compromissos escolares, já se sentem donas dos seus narizes (risos). É assustador como elas crescem rápido, fingindo já ser adultas. Sei que pareço uma mãe antiquada dizendo isso, mas às vezes preciso mandar a minha filha trocar de roupa antes de sair. Costumo dizer: Isso não é maneira de uma mocinha de 11 anos se vestir!

Como elas reagiram ao divórcio?
Bem. A educação das crianças é sempre complicada, principalmente às vésperas da adolescência. Ainda tenho de lidar diariamente com as diferenças entre meninos e meninas. Por sorte, conto com a ajuda de meu pai, que é psicólogo, e da minha irmã, que apresenta um programa de TV na Austrália, ensinando como educar os filhos.

Como é a vida depois do Oscar?
Não muda muito. Inicialmente é um choque, claro. Quando voltei a trabalhar, dois dias depois da premiação, não conseguia sequer lembrar as minhas falas. Fui motivo de piada entre os atores, que me perguntaram: *"Então é isso que acontece com quem ganha um Oscar? Você não consegue mais atuar?"*

Onde guarda a estatueta?
Em Sidney. Está na casa da minha mãe. Para que todos os vizinhos possam ver o Oscar, ela o colocou em local nobre: na prateleira sobre a lareira (risos).

A Beleza Voluptuosa de Catherine Zeta-Jones

Catherine Zeta-Jones é uma das poucas atrizes de Hollywood a quem a palavra mulherão realmente se aplica. Ela tem a beleza voluptuosa e o corpo opulento das divas italianas. Comparada às estrelas miudinhas, que somem quando a gente as vê pessoalmente, Catherine chama a atenção pelas formas arredondadas e femininas. Tem ancas largas e seios fartos, que costuma realçar com decotes vertiginosos. É extremamente sensual, mesmo quando fica grávida e, obviamente, acima do peso. Lembram como ela estava deslumbrante, com barrigão de oito meses, naquele vestido Versace na festa do Oscar, em 2003? A atriz ainda se destaca pela morenice – sobretudo em mercado, como o cinematográfico, que historicamente tem privilegiado as loiras como símbolos sexuais.

Por onde passa, Catherine atrai olhares pela beleza exuberante, a classe britânica e o charme. Está acostumada a roubar a cena, seja dos atores com quem contracena no cinema ou das mulheres de carne e osso que têm a infelicidade de tê-la como rival numa mesma sala. É uma das poucas que eu já vi dar entrevista sem maquiagem, como ocorreu em dois de nossos encontros: em Cannes, em 1999, antes do casamento com Michael Douglas, quando ela divulgava *Armadilha*, e em Nova York, em 2003, quando estava grávida do segundo filho e falava de *Chicago* – comendo *cookies* sem parar. Pelo que eu soube, ela só se sentou na cadeira do maquiador, mais tarde, quando atenderia repórteres de televisão. De cara limpa, fica menos glamourosa, mas continua linda.

Sua presença é forte. A personalidade idem. O jeito como fala, toda segura de si, só reforça o seu carisma. Ela é um exemplo de beleza e inteligência que coexistem em perfeita harmonia. Poderosa, impõe respeito só com o olhar (como quem diz *"não se meta comigo"*). Nas entrevistas é agradável, mas não deixa ninguém tirar vantagem. Quando não gosta da pergunta, não estressa. Mantém o sorriso no rosto e diz apenas *"sem comentários"*. A união com Michael Douglas precisa ser abordada com cautela. Ela não agüenta mais falar da diferença de idade entre o casal, de 25 anos. Os últimos repórteres que insistiram no assunto, simplesmente ficaram falando sozinhos. Quando a vi pela última vez, perguntei se era verdade que Douglas queria vê-la num papel extremamente *sexy*, talvez fazendo uma cruzada de pernas escandalosa como o de Sharon Stone, em *Instinto Selvagem*. *"Pergunte a ele"*, respondeu, seca. Talvez eu pergunte mesmo.

Catherine, a Bela das Telas

Entrevista publicada na *UMA* de novembro de 2003

Catherine Zeta-Jones chega de cara lavada à suíte do Hotel Essex House, em Nova York, onde a reportagem da *Uma* a aguarda para entrevista. Ela se acomoda no sofá, pede uma água e abre um sorriso, mostrando por que pode se dar ao luxo de tamanha displicência com a aparência – coisa rara entre as atrizes de Hollywood. Linda, a morena não precisa mesmo de maquiagem para realçar a boca perfeita ou os expressivos olhos de lince. A galesa de traços mediterrâneos ainda é dona de medidas invejáveis, adquiridas durante muitos anos de balé e sapateado na infância e adolescência. Mesmo que quisesse, a estrela de 1,71 m de altura, 58 quilos, curvas generosas e porte esguio não conseguiria passar despercebida. Muito menos nas telas. Ainda que a beleza de tirar o fôlego faça dela uma das mulheres mais invejadas do *show biz*, Catherine não construiu a carreira apoiada apenas na silhueta. Ela sabe como imprimir sensibilidade e inteligência às personagens que interpreta no cinema. Também não decepciona quando o papel exige *timing* para comédia. *"Recuso encarnar mulheres que insultam o intelecto do espectador"*, diz a atriz, protagonista feminina da comédia *O Amor Custa Caro*. Nessa produção dirigida pelos irmãos Coen (Joel e Ethan), Catherine vive uma caçadora de maridos milionários e recordista de divórcios lucrativos. Seu par romântico é o astro George Clooney, no papel de um advogado mulherengo e bem-sucedido de Los Angeles. *"É uma sátira sobre o circuito hollywoodiano, onde as pessoas casam e descasam num piscar de olhos."*

Fora das telas, a vida vai muito bem, obrigada. Em novembro de 2000, a atriz entrou para a dinastia cinematográfica dos Douglas, ao subir ao altar com o ator e produtor Michael Douglas, 25 anos mais velho. Recentemente o casal engordou a conta bancária em 2,2 milhões de libras ao ganhar na Justiça uma ação contra a revista britânica *Hello*, por ter publicado sem autorização fotos do casamento da dupla. Avesso à badalação de Hollywood, o casal prefere morar em mansão nas Bermudas, arquipélago pelo qual Catherine se apaixonou ao visitar a sogra (Diana Dill, primeira mulher de Kirk Douglas).

"É um lugar muito mais saudável para criar os meus filhos", conta Catherine, mãe de Dylan e de Carys. Batizada de *"amor"* em galês, a menina nasceu em abril de 2003, duas semanas depois de Catherine ter exibido a barriga de oito meses no palco do Kodak Theatre durante a cerimônia do Oscar. Depois de cantar e dançar a música *I Move On*, ao lado de Queen Lattifah, ela ainda saiu carregando uma estatueta de melhor atriz coadjuvante pela

performance no musical *Chicago* (como a dançarina Velma Kelley).

Foi o primeiro prêmio de prestígio desde que a atriz foi descoberta pela meca do cinema. Mais especificamente por Steven Spielberg. O diretor ficou encantado com Catherine, chegando a chamá-la de *"a nova Rita Hayworth"*, ao vê-la na minissérie de televisão *Titanic* (no mesmo papel que caiu nas mãos de Kate Winslet no cinema). Foi o todo-poderoso que indicou o seu nome ao diretor Martin Campbell, que procurava uma atriz para encarnar Elena, a namorada do herói de *A Máscara do Zorro* (1998). *"Quando o filme estourou, pensaram que eu era latina. Em Hollywood, todos falavam espanhol comigo"*, lembra a atriz, que adotou o sobrenome artístico Zeta-Jones para homenagear a avó, carinhosamente chamada de Zeta. Jones foi inspirado no nome do barco do avô. Filha do dono de uma fábrica de doces e natural de um vilarejo de pescadores da região de Swansea, no país de Gales, Catherine demonstrou precocemente a vocação para a arte dramática. Debutou nos palcos aos 11 anos, vivendo uma órfã na peça *Annie*. Aos 13, já estava na West End londrina interpretando Tallullah no musical *Bugsy Malone* e, aos 14, integrou uma turnê de *The Pajama Game*. Ambiciosa, aos 15 anos, ela se mudou para Londres, estrelando no ano seguinte uma montagem de *42nd Street*. *"Sempre tive uma determinação quase masculina. Talvez tenha sido por influência dos meus irmãos, com quem cresci. Nunca fui a garotinha que esperava as coisas acontecerem."*

Graças ao tipo físico, você é freqüentemente lembrada por Hollywood para encarnar mulheres lindas e glamourosas. Até que ponto escolhe as personagens mais próximas de você?
Não acharia graça interpretar mulheres muito parecidas comigo. Não tenho a menor semelhança com Marylin Rexroth (de *O Amor Custa Caro*). Sou do tipo que encoraja as pessoas a se casarem e, de preferência, ficarem juntas para sempre. Mas reconheço que personagens assim, mulheres ambiciosas e sedutoras, criam uma imagem equivocada a meu respeito junto ao público. As pessoas devem pensar que eu ando de roupão de banho o dia todo, segurando um copo de champanhe. Só que eu fui criada no meio de meninos, bebendo cerveja (risos).

Você não parece deixar as responsabilidades maternas a afastarem das telas...
Tenho consciência de que, daqui para frente, não poderei aceitar rodar uma produção em locações distantes e inóspitas. Sei que terei de levar os meus filhos comigo. Ainda terei de me organizar melhor com Michael. Decidimos que, quando eu estiver trabalhando, ele dará atenção integral às crianças. E vice-versa. Obviamente isso dificulta al-

gumas coisas, mas não impossibilita dar continuidade à carreira. Eu gosto muito do que faço e não me imagino longe dos *sets* de filmagem por muito tempo.

Até que ponto a maternidade já influencia as suas escolhas cinematográficas?
A primeira influência foi aceitar dublar a personagem Marina do longa-metragem de animação *Sinbad: A Lenda dos Sete Mares*. Fiz para que meu filho mais velho entendesse como a mãe dele ganha a vida. Dylan reclama quando eu saio para trabalhar. Só quando digo que preciso ganhar dinheiro para lhe comprar mais brinquedos é que ele me deixa sair, o danadinho (risos).

O que muda na educação das crianças filhas de famosos?
Por enquanto, nada. Só vou me preocupar com isso mais para frente, quando os meus filhos tiverem de buscar uma identidade própria, independentemente da carreira do pai, da mãe ou do avô paterno. Obviamente terão de trabalhar mais duro que o normal para fazer um nome na profissão que escolherem. Sem falar que as pessoas normalmente têm preconceito, achando que filho de famoso ganha tudo de mão beijada.

Planeja filmar com Michael Douglas?
Nós dois rodamos *Traffic*, mas participamos de

subtramas diferentes. Temos planos de filmar o drama *Smoke & Mirrors*, uma história sobre o mágico francês Houdin e sua assistente. O problema é que o público geralmente torce o nariz para os filmes em que casais de Hollywood repetem a dobradinha nas telas. Talvez eles pensem: *"Já chega ter de engolir vocês nas capas das revistas"*. Acho que eles só aprovariam se fizéssemos uma comédia como *A Guerra dos Roses* (estrelada por Michael Douglas e Kathleen Turner, em 1989). O que eles querem mesmo é ver um casal em pé de guerra (risos).

Incomoda o tratamento que a mídia dá aos casais célebres?
Muito. E o pior é que o número de veículos que exploram a vida das celebridades não pára de crescer. Em todos os países. É bizarro acompanhar essa fascinação pela intimidade dos famosos e o apetite insaciável por fofocas e mentiras. O que há de tão especial quando eu e meu marido passeamos com os nossos filhos no parque? Tenho consciência de que o problema será ainda maior quando os meus filhos crescerem e eu tiver de explicar por que há 20 fotógrafos nos seguindo pelo zoológico. É insuportável ter sempre um *paparazzo* na sua cola, sempre ansioso para registrar alguma coisa desagradável.

Por isso prefere morar nas Bermudas?
Sim. Além de estarmos próximos de Nova York, levando apenas uma hora e meia de avião, em

Bermudas o meu filho vai normalmente à escola, sem que nenhum de nós seja incomodado. Ainda posso ir ao médico sem me preocupar se terei de desviar de fotógrafos pela estrada, coisa que já me assustou muito no passado. Também é um alívio sair às ruas com roupas confortáveis. Felizmente lá ninguém está muito preocupado com a marca da roupa que você usa (risos).

O Apetite de Passarinho de Michelle Pfeiffer

Michelle Pfeiffer jura que não desperdiça muito tempo diante do espelho. E eu acredito. Linda como é, pode realmente se dar ao luxo de colocar a primeira roupa que vê pela frente. Foi o que ela deve ter feito antes de me encontrar, em 2000, em Veneza, onde promovia *Revelação*. O modelo escolhido foi o mais desglamourizado possível: camiseta de manga comprida, calça larga e tênis de couro pretos. Até da maquiagem ela abriu mão, cobrindo o rosto com óculos de grau de armação preta, que lhe dava um ar de intelectual. A loira tem rosto angelical, olhos azuis luminosos, pele branquinha e aveludada, nariz delicado, sorriso meigo e lábios perfeitos e naturalmente vermelhos.

Sua beleza está mais madura, principalmente com a proximidade dos 50 anos (que ela completará em abril de 2007). Mas nem por isso menos radiante. Todos ao seu redor são fatalmente atraídos pela sua presença magnética e sensual. O andar é manso e faceiro como o de um felino. Nem o tênis no pé conseguiu tirar o seu charme. Com 1,70 m, Michelle não é tão baixinha. Mas é daquelas que enganam. Parece muito mais alta no cinema. Principalmente quando a câmera faz uma tomada de baixo para cima. Bom, aí até Salma Hayek, de apenas 1,57 m, cresce nas telas.

Simpática e espontânea com os jornalistas, Michelle prefere cumprimentar com o tradicional aperto de mão (coisa que a maioria das atrizes dispensa, ficando no sorrisinho mesmo). Ela passa a imagem de mulher segura de si, realizada e muito sossegada. Exibe um perfeito controle e equilíbrio. Quase dá para jurar que Michelle não se sente na obrigação de provar mais nada para ninguém. *"A maturidade nos traz uma paz de espírito inestimável"*, explicou, com ar sincero.

Nada no seu comportamento lembra a afetação característica das grandes estrelas – como o olhar entediado, a falta de interesse e o ar de superioridade. Pelo seu comportamento parece que Michelle prefere ser levada a sério como atriz. Das divas ela provavelmente só cultiva o hábito de comer como um passarinho. Isso quando elas comem... Digo isso porque, antes da nossa entrevista começar, eu a vi pedindo o almoço à assistente – comprovando que uma dieta rigorosa é sempre cúmplice da boa forma. Quando eu saí da suíte, entrou o garçom, trazendo um prato de alfaces com gotas de azeite. E foi só isso que ela comeu, devidamente acompanhado de uma xícara de chá verde.

Michelle Pfeiffer não Quer Saber de Glamour. E Precisa?

Entrevista publicada no *Jornal da Tarde* de 5 de setembro de 2000

Com os cabelos ligeiramente despenteados, cara lavada e roupas confortáveis, Michelle Pfeiffer não parece disposta a corresponder à imagem glamourosa das estrelas de cinema. *"Adoro camisetas, calças largas e sapatos baixos"*, disse, em entrevista ao *JT*, em Veneza. A atriz só não conseguiu escapar de vestido de gala e dos saltos altos na hora de desfilar pela passarela branca do Palazzo del Cinema, antes da projeção oficial de *Revelação*, filme que a trouxe ao Lido – o balneário preferido dos venezianos, onde é tradicionalmente realizado o festival de cinema italiano. Sua passagem pela cidade dos canais e das gôndolas mobilizou os fotógrafos, que deram plantão na ponte em frente ao Hotel Excelsior, onde ela se hospedou. É por baixo dessa ponte que as celebridades chegam e saem a bordo de barcos a motor. *"E o pior é que eu não entendo o que eles falam"*, brincou Michelle, ao falar dos profissionais italianos que gritavam desesperadamente o seu nome na hora do *photo call* oficial – uma parada obrigatória para fotos na entrada do majestoso cinema localizado na avenida da praia, a Lungomare Marconi.

O que a levou a se aventurar num thriller, *topando o papel de mulher atormentada pelo fantasma da amante do marido* (vivido por Harrison Ford)? Só quis variar um pouco dentro do leque de personagens que posso fazer. Claire é uma mulher que experimenta várias situações improváveis. E a maneira como ela reage, preferindo inicialmente negar a traição do marido e a existência do fantasma, me intrigou. A idéia de expressar medo também soou como um desafio, já que nunca tive de fazer cara de assustada antes.

Você se inspirou em alguma vítima dos filmes de terror?
Confesso que me impressionei com o trabalho de Drew Barrymore em *Pânico*. Posso dizer que me inspirei nela e tentei desenvolver a minha personagem a partir da sua criação. Bob (o diretor Robert Zemeckis) sempre cobrou muito no *set*, testando os meus limites. Depois de eu esforçar para fazer cara de apavorada, ele dizia: *"Estava bom. Mas agora é para valer. Aqui você está assustada de verdade, Ok?"*. Eu tinha vontade de bater nele (risos).

Você pode ter se inspirado em Barrymore, mas certamente não imitou os gritos...
Tive um professor de interpretação que me ensinou a pensar primeiro em como eu reagiria numa determinada situação para depois representar. Concordo que as pessoas muitas vezes reagem de maneira estranha. Mas ninguém sai gritando de-

senfreadamente. Procurei o tom mais realista possível. Tentei imaginar qual seria a minha reação se descobrisse que há um fantasma na minha casa. Tentei colocar isso na personagem, buscando lhe dar credibilidade.

Você acredita em fantasmas?
Estou aberta à idéia, ainda que nunca tenha visto um. Para ser sincera, gostaria de acreditar mais nessa história de vida após a morte. Assim teria certeza de que um dia voltaria a ver as pessoas que amo e que já morreram. A idéia de desaparecer para sempre é difícil de aceitar. Considero um grande desperdício.

Qual a idéia mais assustadora para você?
O meu maior temor é que aconteça alguma coisa ruim com os meus filhos (Claudia Rose e John Henry). Isso é um medo real de qualquer mãe.

Como concilia o trabalho em Hollywood com o papel de mãe?
Por não estar em casa todo o tempo, sou mais generosa com os meus filhos. Devo deixar que façam mais bagunça do que as outras mães. Mas sempre que posso eu os levo às filmagens para ter companhia naqueles intervalos intermináveis. Se eles estão na escola e não podem me acompanhar, tento não ficar muito tempo fora.

Por ser casada com pessoa do show biz *(o produtor David E. Kelley, dos seriados* Chicago Hope e Ally McBeal*), fala muito de trabalho em casa?*
Não. Só quando alguma coisa profissional está me incomodando muito. Não temos muito tempo para outros assuntos. Nossos filhos exigem muita atenção.

Você não parece obcecada pela aparência, apesar de ser uma das mulheres mais bonitas do cinema. Como sobrevive à superficialidade de Hollywood?
Eu adoro atuar. A parte mais divertida do meu trabalho é trocar de figurinos e me fazer passar por outra pessoa. Sempre almejei ter essa liberdade criativa. E isso é tudo o que busco no *show biz*. Com o tempo, eu me habituei às superficialidades sem me deixar afetar demais.

Atrizes com mais de 40 anos reclamam que nessa faixa os melhores papéis caem nas mãos dos atores.
Acho que as mulheres estão conquistando mais espaço. Estamos caminhando na direção certa. Obviamente isso só está mudando porque as atrizes também passaram a ser chamarizes de bilheteria. Ainda assim, quanto mais você envelhece, menos ofertas recebe. Como não quero parar de trabalhar, já me acostumei com a idéia de que terei cada vez menos opções. Minha única exigência será a de fazer apenas papéis de mulheres da minha idade. Coisa que, aliás, eu sempre fiz questão. É uma tremenda estupidez tentar parecer mais jovem.

A Sensualidade Explosiva de Charlize Theron

Loira, morena, ruiva... Tanto faz. Com a carinha que Deus lhe deu, Charlize Theron pode pintar os cabelos da cor que quiser. Ela é toda perfeita. Os olhos azuis radiantes, o nariz empinado, a boca carnuda, a pele lisinha e o sorrido irretocável – daqueles de comercial de pasta de dente. Não, não é exagero. Dá para ficar horas admirando a beleza exuberante dessa sul-africana de pele ligeiramente bronzeada. Se ela não fosse tão linda, sua transformação na asquerosa personagem de *Monster*, que lhe valeu um Oscar, certamente não teria impressionado tanto. Charlize é literalmente um mulherão, de 1,75 m de altura. Essa ex-modelo de corpo escultural, favorecido por anos de dedicação ao balé, ainda tem o brilho de uma estrela e uma sensualidade explosiva. Quando quer, sabe lançar o olhar de mulher fatal, como quem diz ao sexo oposto *"vou te fazer sofrer e, ainda assim, você vai querer mais"*. Assim que ela entra no Hotel Ritz de Berlim, monopoliza as atenções no *hall*. Sua presença é capaz de parar as conversas alheias. Usando um vestido de seda dourado e sapatos de salto alto no mesmo tom, ela transpira feminilidade e *glamour*. Quando anda até o elevador, com o vestido colado ao corpo, até parece flutuar – o que é provavelmente uma influência dos anos que passou nas passarelas, desfilando para as grifes mais famosas. Os cabelos (ainda loiros) estrategicamente despenteados só acentuam o *look fashion*. A maquiagem, na medida certa, realça a beleza natural.

Ao abrir a boca, Charlize mostra vivacidade, desembaraço, inteligência e um leve sotaque da África do Sul. É delicada, mas, ao mesmo tempo, não tem nada de menina indefesa. Passa a imagem de mulher forte, independente, mandona e cheia de determinação. Se a conversa migra para o plano pessoal, ela pode fechar a cara na hora, ficando distante. Sobretudo se o jornalista lembrar, mesmo que ligeiramente, o episódio trágico de sua adolescência – quando ela assistiu, aos 15 anos, à morte do pai, baleado pela mãe. Foi assim nos nossos três encontros: em 2002, em Los Angeles, no lançamento de *Encurralada*; em 2003, em Berlim, por conta de *Monster*; e em 2004, em Cannes, onde ela promovia *A Vida e a Morte de Peter Selles*. *"Não sou uma pessoa triste, pessimista ou amarga"*, diz, resumindo esse capítulo de sua vida.

Quando não sente a privacidade invadida, Charlize é capaz de divertir o repórter com suas observações espirituosas. *"Ter fotografado para o catálogo da Gucci não muda o fato de eu acordar com a cara amassada pela manhã."* Qualquer insinuação de que os atributos físicos ofuscam o talento de muitas atrizes pode levá-la a franzir novamente a testa, em sinal de aborrecimento. *"Existem problemas muito piores que a beleza. Não acha?"* Sim, ela tem toda a razão.

Pelo Prazer de Atuar

Entrevista publicada no *Valor Econômico* de 20 de fevereiro de 2004, antes de Charlize conquistar o Oscar

Quando Charlize Theron se debulhava em lágrimas durante a filmagem de *O Advogado do Diabo* (1997), a atriz sul-africana não podia imaginar que a performance como a esposa infeliz renderia, cinco anos depois, um convite que mudaria a sua trajetória em Hollywood. Ao ligar a televisão durante uma madrugada de 2002 e ver a ex-modelo contracenando com Keanu Reeves, a diretora Patty Jenkis percebeu que estava diante da protagonista de *Monster - Desejo Assassino*. *"Até então nenhum cineasta tinha conseguido enxergar além da minha aparência"*, conta Charlize, quase irreconhecível no papel da prostituta Aileen Wuornos, batizada pela mídia de "monstro" por ter sido a primeira mulher a matar em série nos EUA.

A transformação física a que a loira de 1,75 m e olhos azuis foi submetida deu autenticidade ao retrato da *serial killer* executada em outubro de 2002 na Flórida – condenada pelo assassinato de sete clientes. Distante das mulheres lindas e glamourosas que compõem a galeria de personagens da atriz, Aileen exigiu maquiagem pesada, lentes de contato para escurecer os olhos, prótese dentária e cerca de 15 quilos a mais. *"Não poderia ter aceitado o papel se não estivesse disposta a prestar atenção em todos os detalhes, físicos e psicológicos"*, diz Charlize, que conquistou com a performance o Globo de Ouro de melhor atuação dramática e o Urso de Prata do 54° Festival de Berlim (dividido com a atriz colombiana Catalina Sandino Moreno, de *Maria Cheia de Graça*).

"Como não adianta almejar o reconhecimento, sobre o qual não temos controle, o ator precisa tirar toda a satisfação do trabalho em si", afirma a atriz, elogiada por ter abraçado uma personagem que possivelmente a fez recordar de uma tragédia pessoal. Aos 15 anos, em fazenda da África do Sul, Charlize presenciou a morte do pai, baleado pela mãe, que agiu em legítima defesa. Aileen, executada aos 46 anos na penitenciária de Starke, também alegou legítima defesa ao cometer o primeiro assassinato, em 1989. *"Fui obrigada a visitar um lugar obscuro e desconfortável, o que me deixou emocionalmente instável. Mas o processo foi catártico. Melhor que terapia"*, conta a atriz, também responsável pela produção de *Monster*.

Durante os 28 dias de filmagem, entre fevereiro e março de 2003, Charlize foi tomada pela angústia ao encarnar a prostituta de beira de estrada que alegou ter prestado serviços sexuais a cerca de 250 mil homens. *"Tinha pesadelos todas as noites, além de temer que seria substituída a qualquer momento por outra atriz."* Para penetrar na mente da *serial killer*, morta por injeção letal, Charlize teve acesso às cartas que Aileen escreveu durante os 12 anos que passou no corredor da morte, em correspondência com uma amiga de infância de Michigan. *"Ingenuamente achei que encontraria todas as respostas nas cartas. Esqueci que faz parte da condição humana negar as coisas que não aprovamos em nós mesmos."*

Como a trágica história de Aileen Wuornos a afetou pessoal e profissionalmente?
Do ponto de vista profissional, passei a ter mais esperança em Hollywood, onde possivelmente haverá outros cineastas dispostos a me desafiarem. Esperei nove anos até encontrar um diretor que me obrigasse a quebrar barreiras e não se deixasse levar pela falsa idéia de celebridade. Pessoalmente, tirei o ensinamento de que todos nós temos instintos de sobrevivência. Só que, a exemplo dos animais na natureza, algumas pessoas sobrevivem melhor que as outras nas ruas.

Como recebeu a notícia de que Aileen seria executada, enquanto você se preparava para a filmagem de Monster*?*

Foi um choque. Não achava que a execução ocorreria logo. Coincidentemente, ela morreu no dia em que a publicação *Hollywood Reporter* noticiou que eu faria o papel de Aileen no cinema. No início, eu me senti mal ao imaginar que as pessoas pensariam que Patty e eu estávamos apenas explorando mais um caso sensacionalista de *serial killer*. Infelizmente as pessoas ainda vêem com preconceito o interesse de um ator por projeto dessa natureza em Hollywood. Até porque naquele momento ninguém sabia da nossa intenção. A idéia sempre foi despertar as pessoas para uma sociedade capaz de olhar para si mesma e aprender a lidar mais efetivamente com casos como o de Aileen.

É contra a pena de morte?
Sim, por uma simples questão matemática. Ao analisarmos os números, percebemos que a pena de morte não funciona. Nos Estados americanos onde ela existe há uma incidência de crimes ainda maior. A idéia de pagar na mesma moeda, matando quem cometeu um crime, também não me agrada.

Como reage a algumas insinuações de que Monster *justifica as ações criminosas da personagem, glorificando-a?*
Nunca foi a nossa intenção. Patty e eu só resolvemos contar a história por acreditarmos seriamente que a condição humana está sujeita ao

ambiente ao seu redor. Acredito que a motivação foi a mesma que levou o diretor Oliver Hirschbiegel a dirigir o filme alemão *Experimento*. O longa retratou uma experiência realizada com pessoas que eram tiradas das ruas e encarceradas, virando monstros. A mecânica do ser humano é a mesma. Todos somos capazes de fazer atrocidades. Só precisamos ser colocados sob determinadas circunstâncias. Por isso, quando Aileen é apresentada ao público, fizemos questão de retratá-la como uma mulher comum, em situação desesperadora. Só depois de cruzar a linha, matando a primeira pessoa para se defender, ela passa para o outro lado. Mas não podemos esquecer de onde essas pessoas vieram.

Você a vê mais como uma vítima?

Sinceramente acredito que ela foi vítima das circunstâncias. Alguns preferem vê-la como heroína feminista que odiava os homens. Na minha opinião, no entanto, Aileen não era lésbica, apesar de estar envolvida romanticamente com uma mulher (no filme, Christina Ricci) quando começou a matar os clientes. Ela tinha muitos amigos homens. É muito fácil julgar Aileen a distância, mas, quando mergulhamos na podridão de sua vida, saímos chocados. Nunca ouvi história tão miserável quanto a dela. Tudo deu errado para Aileen. Até porque ninguém escolhe ser abandonada pelos pais aos seis meses de idade ou ser estuprada aos 13 anos. Obviamente há o livre arbítrio. E, para piorar, Aileen fez escolhas terríveis. Isso não me impede, porém, de ter pena dela. Assim como eu tenho empatia por todos aqueles que nunca tiveram um alicerce familiar e que cresceram sem um bom exemplo dentro de casa.

Até que ponto o documentário sobre Aileen, The Selling of a Serial Killer, *a ajudou na composição, principalmente no aspecto físico?*
Nick Broomfield me enviou cópia do documentário, antes de eu começar a rodar *Monster*. Como Nick teve um longo contato com Aileen, ele foi praticamente a única pessoa com quem ela se abriu de verdade. O material foi enriquecedor, já que eu precisava observar todas as nuances para poder representá-la tanto emocional quanto fisicamente. Por ser muito desconfiada, Aileen nunca deixava as pessoas se aproximarem de fato. Costumava arregalar os olhos, jogar os cabelos para trás e empinar o peito, como se quisesse parecer durona. Ainda trazia uma tensão no maxilar quando falava, o que provavelmente tinha razão emocional. Era autodefesa, uma maneira de mandar a mensagem *"não se meta comigo"*.

Como se sentiu ao olhar no espelho e ver, pela primeira vez, uma mulher feia?
Não saberia dizer porque curiosamente eu não me via ao olhar no espelho. Sabia que não era eu. Como

também respondi pela produção, não tinha tempo de parar e prestar atenção em mim. Felizmente quase todos os membros da equipe me conheceram com aquele corpo e aquela caracterização. Também não havia amigos ou familiares ao meu redor que pudessem me lembrar de como eu estava diferente. Até mesmo quando o meu namorado (o ator Stuart Townsend) me visitou no *set*, no Dia dos Namorados, eu me senti à vontade. E Stuart não se importou. É bom saber que ele não está comigo apenas pela minha aparência (risos).

Aproveitou a caracterização para sair às ruas sem ser reconhecida?
Não fiz isso propositadamente. Mas, como era difícil falar com a prótese dentária, eu resolvi usá-la todos os dias, antes de começar a rodar. Estive com ela durante boa parte da pesquisa, em que Patty e eu entrevistamos muitos conhecidos de Aileen. Um dia, Patty virou para mim e brincou: *"Está ciente de que todos estão pensando que você tem dentes horríveis?"* (risos).

Abriu mão do cachê de atriz para garantir que o filme saísse do papel?
Sim. Por ser o meu primeiro crédito como produtora (pela companhia Denver & Delilah Films), preferi colocar o meu salário de atriz de volta no filme para garantir a sua finalização. Só agora, depois da premiação do Globo de Ouro e da indicação ao Os-

car, é que *Monster* está dando lucro, por conta do bônus que recebemos. Felizmente tenho uma posição financeiramente confortável para fazer isso.

Por ter sido um projeto tão pessoal, como conseguiu se despir da personagem após a filmagem?
Tive apenas cinco dias de folga e, na seqüência, iniciei os ensaios para filmar *Head in the Clouds*. Antes de rodar *Monster*, cheguei a pensar que tinha cometido um erro ao me comprometer com uma produção atrás da outra. Hoje, em retrospecto, percebo que foi a melhor coisa que fiz. Não sei como teria conseguido me livrar do peso de Aileen, se tivesse ficado em casa, de braços cruzados. Precisei tirá-la imediatamente do meu sistema, colocando a minha energia em outra direção.

Como encara o seu favoritismo no Oscar, principalmente depois de ter levado o Globo de Ouro, considerado uma prévia do prêmio da Academia?
Evito pensar nisso para não ficar nervosa. No dia da entrega do Globo, por exemplo, fiz o trajeto até o Hotel Beverly Hilton praticamente muda no carro. Quando o meu namorado me disse que nunca tinha me visto tão quieta, percebi que estava sendo idiota. Como não havia nada que eu pudesse fazer, de que adiantaria me preocupar? Então resolvi relaxar e aproveitar a noite. Ainda bem, pois no dia seguinte tive a prova concreta de que a vida continua normalmente após as glamourosas premiações

em Hollywood. Assim que acordei, tive de levar o meu cachorro (Denver, da raça cooker) imediatamente ao veterinário, para fazer uma cirurgia no joelho. Coloquei a primeira roupa que vi pela frente e mal penteei os cabelos. Durante os dois dias que passei na clínica, às vezes alguém me perguntava: *"Não foi você que ganhou o Globo?"*. E eu respondia: *"Sim e veja onde estou agora"* (risos).

O Célebre *Derrière* de Jennifer Lopez

Por onde Jennifer Lopez passa, só se vê marmanjo virando o pescoço para conferir o célebre *derrière* da musa latina. Seu bumbum é protuberante, arredondado e empinado, sim. Principalmente se comparado aos traseiros achatados da maioria das mulheres americanas. *"Falem o que quiserem. Eu me sinto muito à vontade com o meu corpo e as minhas medidas"*, diz ela. E JLo tem razão. O estardalhaço por conta de seu traseiro é coisa de americano, que não está acostumado. Se trouxesse o bumbum para passear no Brasil, durante o carnaval, por exemplo, JLo não faria mais sucesso que as nossas mulatas. O que ela tem é uma sensualidade à flor da pele. *"Não há nada mais sexy que uma mulher segura de si"*, diz a descendente de porto-riquenhos (os contornos avantajados do traseiro certamente vêm dessa herança genética). A morena de pele bronzeada sabe muito bem como incendiar a imaginação dos homens. Enquanto seus videoclipes vendem a imagem de mulher que é um vulcão na cama, nas telas a atriz posa de menina-moça, daquelas capazes de arrebatar os corações distraídos com seu sorriso doce e inocente.

São muitas as facetas de JLo. Já a vi bancando a mulher fatal, com um vestido vinho colado ao corpo escultural no lançamento de *Reviravolta*, em 1997, em Los Angeles. Na *junket* de *Nunca mais*, em Miami, em 2002, me deparei com uma mulher de negócios, alinhadíssima em *tailleur* branco. Ao divulgar *Encontro de Amor*, em Nova York, em 2003, JLo abusou do estilo romântico, usando rosa bebê – talvez para combinar com o anel de brilhante cor-de-rosa, presente de Ben Affleck, seu noivo na época. No nosso último encontro, depois de seu casamento com Marc Anthony e antes da estréia de *Dança Comigo?*, em outubro de 2004, em Nova York, ela estava discretíssima, de calça e camisa jeans, e com a cabeleira presa em rabo de cavalo.

Cada aparição é mesmo uma oportunidade para desfilar com novo *look* ou corte de cabelo. Seja qual for o estilo, JLo está sempre impecavelmente vestida, penteada e maquiada ao se encontrar com jornalistas. Não há um fiozinho de cabelo fora de lugar. Tudo nela transpira vaidade. E nos mínimos detalhes. Seja na escolha do batom ou *gloss* cor de boca para valorizar a tez morena, nas jóias que cobrem o pescoço, as orelhas, os dedos e os pulsos ou mesmo nos cílios carregados de rímel – às vezes com o suficiente para maquiar umas dez mulheres.

Embora leve o *glamour* hollywoodiano a sério, JLo tem uma beleza acessível, que a aproxima de nós, mortais. Não é uma deusa esplendorosa, como Charlize Theron. Talvez por isso seja tão querida e imitada pelo público feminino. Ela tem aquela qualidade que os americanos chamam de *"the girl next door"*. Consegue ser a garota que todos os homens gostariam de namorar e que todas as mulheres gostariam de ter como melhor amiga. A seu favor, ainda tem a simpatia. Apesar da reputação de ser uma diva insuportável nos *sets* de filmagem, é risonha e amável com a imprensa. Nunca a vi tendo os ataques que dizem. Chego a desconfiar de que ela quer agradar, sempre posando de amiguinha dos repórteres. Talvez reclame apenas da boca para fora do assédio da mídia (esse é mesmo o passatempo favorito das estrelas). Parece que, no fundo, ela gosta de ser o centro das atenções e de ser admirada. Do contrário, por que atiraria – e bem – para todas as direções?

Vigor Latino

Entrevista publicada na *Contigo* de novembro de 2004

Jennifer Lopez adora reclamar do apetite voraz da mídia e da perseguição dos *paparazzi*. Não consegue mesmo dar uma reboladinha sem estampar os jornais e as revistas. Só que a morena de curvas generosas, responsável por quebrar o padrão de beleza anoréxico nas telas, não pára de chamar a atenção para si mesma. Seja por ter subido ao altar pela terceira vez, agora com o cantor Marc Anthony, por ser a estrela de origem latina mais bem-paga de Hollywood (com cachê de US$ 15 milhões por filme) ou por ter vendido mais de 25 milhões de discos – incluindo 5 milhões de cópias de *This is Me... Then*. Não contente em atuar, produzir, cantar, compor e dançar, essa filha de porto-riquenhos nascida no Bronx de Nova York ainda é dona da *J.Lo*, grife de roupas, lingerie, acessórios e perfumes que faturou US$ 175 milhões em 2003.

"É muita coisa, eu reconheço. Mas o que posso fazer se tenho vontade de contribuir artisticamente em vários setores?", diz a estrela, com patrimônio estimado em US$ 30 milhões. No cinema, foi vista recentemente na comédia romântica *Dança Comigo?*, no papel da mulher que inspira Richard Gere a aprender dança de salão. É apenas uma coadjuvante na história, mas tem tempo suficiente para exibir toda a sua desenvoltura e habilidade nas pistas. *"Dançar me relaxa. É a única coisa que faço instintivamente, sem pensar em nada."* Leia, a seguir, os principais trechos da entrevista concedida em Nova York, no Hotel Essex House, onde o seu assessor avisou que a atriz não daria declarações sobre o rompimento do noivado com Ben Affleck e muito menos da união relâmpago com Marc Anthony – com quem subiu ao altar em segredo em junho de 2004.

Dança Comigo? *sugere que o homem que sabe dançar é muito mais atraente. Concorda?*

Totalmente. Por isso os homens que dançam fazem tanto sucesso com as mulheres. Eu acho muito *sexy* dançar nos braços de um homem. Não há nada melhor que encontrar um cara que sabe como mover o corpo.

Na dança, o homem geralmente conduz. Fora das pistas, gosta de conduzir ou prefere se deixar levar?
No fundo, gosto de ser conduzida. O problema é que eu sou uma líder por natureza (risos). Talvez isso faça parte da minha busca pessoal... Encontrar alguém capaz de me conduzir.

Alguém se atreve, principalmente por você ser tão poderosa?

Independentemente da minha posição, faço questão que as pessoas ao meu redor sejam autênticas e falem a verdade. Elas não podem ter medo de me contrariar, dizendo abertamente quando acham que estou errada. Ainda assim, serei eu a tomar a decisão.

Você é muito teimosa?
Gosto de fazer do meu jeito, mas não sou irracional.

Tem medo de alguma coisa?
Como quase todo mundo, tenho medo de acabar sozinha e de filmes de terror (risos).

No filme, Richard Gere não conta à mulher (Susan Sarandon) que está fazendo aulas de dança com a bela Paulina, sua personagem. Considera isso uma forma de traição?
Não. Seria ingênuo pensar que, quando casamos, deixamos de nos sentir atraídos por outras pessoas. O que importa é a mensagem de *Dança Comigo?* por mostrar que, se você está insatisfeito com a sua vida, talvez o problema não esteja no seu companheiro. Se mudar de parceiro, talvez continue sentindo o mesmo. O melhor a fazer é consertar primeiro o que há de errado com você.

O que é preciso para manter um casamento?
Acredito que estar sempre em evolução, buscando coisas novas, deve ajudar. Só assim você poderá periodicamente trazer algo revigorante à relação.

Como o seu relacionamento com a imprensa mudou nos últimos meses?
Tive de estabelecer limites. Não quero mais falar da minha vida pessoal e pronto. Só porque sou uma artista não dá a ninguém o direito de querer saber da minha intimidade. Nos últimos tempos, a exposição que sofri foi muito exagerada. Quando comecei, os tablóides não eram tão agressivos, mas a coisa vem piorando. Está fugindo ao controle. Não gosto de me esconder, mas não agüento mais os *paparazzi* correndo atrás de mim. Se eles quises-

sem apenas tirar uma foto, eu entenderia. Mas não. O que eles querem realmente é bater a foto mais ultrajante possível. Isso é desumano.

Qual a coisa mais equivocada que já publicaram a seu respeito?
Aquela história que eu teria assegurado o meu corpo em US$ 1 bilhão. Ri muito quando ouvi isso.

Até que ponto incentiva a mídia a acompanhar todos os seus passos? Quando não está em evidência por lançar um filme, lança um álbum ou mesmo um perfume.
Já me chamaram de supermulher, mas só um bom terapeuta pode analisar o meu caso (risos). Por ser uma pessoa criativa, acabo me envolvendo em várias frentes. Sem falar que gosto de desenvolver um projeto do começo ao fim, moldá-lo até ver a minha idéia concretizada. Agora mesmo estou envolvida na finalização de dois álbuns. Um será cantado em inglês e o outro em espanhol. Continuo no meu estilo, que é música *pop* acrescida de R&B e de sabor latino. Não consigo pensar em outra coisa.

Marc Anthony participa de algum dos álbums?
Ele produziu o disco em espanhol.

Nenhum dueto?
Não. Fizemos um dueto (*No Me Ames*) no último álbum dele.

Foi você que escolheu a modelo brasileira Ana Beatriz Barros para representar a JLo?
Sim. Eu a escolhi porque queria uma latina. Procurei alguém que pudesse transmitir o meu conceito de estilo. Gosto da aparência, da atitude e da força de Ana.

Você usa as roupas da sua grife e o seu perfume?
Claro. Eu ajudei a criar o perfume *Glow*, pois queria usar uma fragrância refrescante e sensual.

Quando está fazendo compras, qual a maior tentação? Sapatos, roupas...
Tudo (risos). Sou louca por sapatos, roupas, bolsas, móveis. Como toda garota, adoro gastar. Pena que eu perdi o anonimato necessário para freqüentar shoppings. Quando me atrevo, a situação fica constrangedora, à medida que as pessoas se aglomeram do lado de fora.

Esse é o preço a pagar...
Eu te garanto que o preço é muito mais alto para mim. E digo literalmente (risos). Às vezes os lojistas cobram o triplo do preço só porque estão negociando com Jennifer Lopez. Para piorar, eu ainda perdi a noção dos preços pelo fato de não fazer compras mais tão regularmente. Os meus assistentes é que precisam me alertar quando o vendedor está me enfiando a faca.

Capítulo VI

Os Esquisitos

O Charme do Maltrapilho Johnny Depp

Whoopi Goldberg disse certa vez que pára para cumprimentar todo mendigo que vê pelas ruas de Hollywood, na esperança de encontrar Johnny Depp. Exagero? Nem tanto. Assim que o ator pisou na suíte do Hotel Four Seasons de Beverly Hills, sua aparência desleixada me obrigou a concordar com a comediante. A foto que tirei dele (na próxima página), quando divulgava *Do Inferno*, em 2001, dá uma idéia do pouco caso com o guarda-roupa e mesmo com algumas noções de higiene. Depp usava chapéu furado e blusa de lã velha e rasgada na gola. O estado das botas que ele calçava... Bom, é melhor nem lembrar.

Para desespero do seu assessor (que tentou me impedir de fotografá-lo, mesmo com o consentimento de Depp), o astro adora se vestir como maltrapilho. Quando o encontrei pela segunda vez, em 2003, no Hotel St. Regis de Los Angeles, para falarmos de *Piratas do Caribe*, a camisa estava toda amassada, caída por fora da calça, o jeans era desbotado (até aí, tudo bem) e o par de tênis estava surrado e sujo. Os dentes da frente ainda traziam as capas de ouro (resquícios do personagem Jack

Sparrow) e os dedos estavam cobertos por anéis em forma de caveiras.

"Gosto de roupas e artigos velhos porque eles acabam testemunhando a nossa experiência de vida. Pode me chamar de louco, mas me sinto ligado espiritualmente às peças que uso. Quanto mais velha a roupa, melhor", explicou o ator, que fuma

um cigarro atrás do outro nas entrevistas. Cigarros franceses, que ele mesmo enrola. Talvez por isso seus dentes estejam amarelos – o que fica ainda mais evidente pessoalmente. Esse moreno de expressivos e misteriosos olhos castanhos e traços finos ainda está sempre com os cabelos despenteados (muitas vezes ensebados) e a barba malfeita.

O descaso com a imagem decepciona um pouco, claro. Mas não consegue tirar todo o encanto de Depp. O jeito de *"não estou nem aí"* até contribui para o seu charme. A fama de rebelde, a indisposição para bancar o galã e a preferência por personagens estranhos também ajudam a deixá-lo ainda mais desejável aos olhos femininos. Seu tipo físico pode ser franzino, mas ele tem forte poder de atração. Das inúmeras tatuagens que têm espalhadas pelo corpo, as das mãos são discretas e sensuais. Depp tem um número 3 tatuado entre o indicador e polegar na mão esquerda e mais três pequenos retângulos no indicador da mão direita – os retângulos até aparecem no filme *Do Inferno*.

Diferentemente de outros rebeldes de Hollywood, Depp não banca o entediado nas entrevistas. Com fala macia, aos poucos se revela um homem sensível, tímido e educado. Não se importa de lembrar os anos loucos. *"Hoje acalmo os meus demônios com vinho e pastis. Dos maus hábitos que já tive, fumar é o único que ainda cultivo"*, contou o ator, um dos ex-proprietários da *Viper Room*, boate de Los Angeles onde River Phoenix (amigo de Depp), morreu de overdose em 1993. Depp tem um jeitão sossegado, de quem leva a vida numa boa, sem estresse. Embora já tenha passado dos 40, o que lhe deixa com idade para ser tio de muitos de seus personagens, Depp ainda tem cara de menino. E de menino levado.

Johnny Depp – O Pirata de Hollywood

Entrevista publicada na revista portuguesa *Primeiras Imagens* de setembro de 2003

Johnny Depp nunca escondeu o fascínio pelos personagens excêntricos, marginais e mentalmente perturbados. Em *Piratas do Caribe - A Maldição da Pérola Negra*, o ator mantém a reputação de anti-herói, da qual tanto se orgulha, mesmo figurando no elenco de superprodução dos estúdios Disney. Jack Sparrow, seu personagem, é um pirata insolente e mulherengo que tenta recuperar o navio roubado pelo capitão Barbossa (Geoffrey Rush), vítima da tal maldição mencionada no título. *"Na comparação com o que já aprontei nas telas, estou até bem-comportado. Mas sem exageros"*, brincou o ator, dono de uma galeria de tipos estranhos, como os de *Edward Mãos de Tesoura* (1990), *Ed Wood* (1994), *Medo e Delírio* (1998), *A Lenda do Cavaleiro sem Cabeça* (1999), *Profissão de Risco* (2001) e *Do Inferno* (2001), entre outros. Mas Depp já não é mais aquele rebelde que destruiu suíte de hotel de Nova York, perseguiu *paparazzi* com bastão ou tatuou o nome da namorada (na época, Winona Ryder) no braço. Desde que teve uma filha com a cantora francesa Vanessa Paradis em 1999, assumiu definitivamente o papel de pai de família. *"Desisti do jogo de poluir o meu corpo. Mas nem por isso vou me render aos mocinhos previsíveis no cinema. Eu provavelmente morreria de tédio."*

Ficou surpreso com o convite da Disney, considerando a sua galeria de marginais no cinema?
Inicialmente foi um choque, já que nunca fui o típico mocinho protagonista. Depois percebi que foi justamente por isso que me chamaram. Quem interpreta o herói é o ator Orlando Bloom. O meu personagem é um pirata que até ajuda o mocinho a derrotar os bandidos na aventura, mas ele não deixa de ser um vagabundo inconseqüente.

Como compôs o personagem, tornando-o acessível às crianças, mas sem perder o toque excêntrico?
Eu o criei com várias camadas, permitindo uma leitura mais apimentada para o público adulto, enquanto o personagem continuaria sendo um pirata do bem para a criançada. Isso não estava explícito no roteiro, mas tive a chance de fazer do jeito

que queria. *Piratas* é mesmo mais acessível ao público infanto-juvenil do que um *Medo e Delírio*, por exemplo. É o meu primeiro filme apropriado para menores de idade. Fico feliz porque meus filhos (Lily-Rose e o caçula Jack) poderão vê-lo.

Até que ponto mudou as falas do personagem para deixá-lo com a sua visão?
Felizmente os roteiristas estavam abertos a novas idéias, deixando que eu improvisasse e alterasse os diálogos quando achava necessário. Sempre acreditei que o ator conhece o personagem melhor do que ninguém. Sabe o que ele diria, quando diria e principalmente como diria. Preciso dessa liberdade na composição. Do contrário, sinto

estar comprometendo a integridade do personagem e não consigo trabalhar.

É verdade que você buscou inspiração no músico Keith Richards, dos Rolling Stones?
Como os piratas eram os astros do rock do século 18, eu busquei, sim, inspiração em Keith Richards. Não considero uma imitação, mas uma homenagem. Trouxe alguns elementos do músico, como a sua linguagem visual, autoconfiança, sabedoria e sagacidade. Richards não está mesmo longe de ser um pirata (risos). Também me baseei em personagem de desenho, chamado *Pepe LePew*, que costumava ver na TV quando era pequeno. Ele vivia em um mundo particular, não se importava com o

que estivesse acontecendo ao redor e acreditava apenas no que queria. Também imaginei Jack como um organismo em movimento. Como alguém que consegue se moldar às circunstâncias.

Como criou o andar do personagem, que parece reproduzir o balanço do mar, mesmo estando em terra firme?
Acredito que Jack odeia estar em terra, preferindo o mar. É no *deck* de um navio que ele se sente mais à vontade, onde se acostumou ao ritmo das ondas. É por isso que ele anda como se fosse uma cobra, balançando de um lado para o outro. O fato de Jack ter passado muito tempo no sol também contribui com esse molejo. Seu cérebro foi literalmente cozido (risos).

Houve resistência dos executivos da Disney com relação à caracterização física do seu personagem?
Quando li o roteiro, imaginei Jack com dois dentes de ouro. Então, assim que aceitei o papel, fui ao dentista para encapá-los. Antecipando que os executivos achariam os adereços um pouco exagerados, pedi ao dentista que encapasse quatro dentes da frente em vez de dois. Assim, quando eles pedissem que eu amenizasse o visual, tiraria duas capas, ficando com as duas que eu queria desde o início. E foi exatamente o que aconteceu. Também extrapolei nos pingentes no cabelo e na barba pelo mesmo motivo. Prefiro fazer assim,

dando a impressão de que quero colaborar. Não abriria mão da minha visão do personagem. E eles devem saber disso, se conhecem pelo menos um pouco do meu trabalho. Precisam confiar em mim. Do contrário, é melhor não me escalar.

Vai manter as capas de ouro nos dentes?
Não. Ainda estou em elas porque, ao terminar a filmagem, voltei imediatamente ao sul da França, onde moro (na cidade de Neuilly). Só depois percebi que estava a milhares de quilômetros de distância do dentista que deveria remover as capas (risos).

Não houve resistência da sua parte para atuar em blockbuster?
Por ter recusado tantos convites, achei que já tivessem desistido de mim para sempre. Passado o choque inicial, não me preocupei mais se o filme era ou não uma superprodução. Só quando assisti ao *trailer* é que percebi como o projeto era gigantesco. Confesso que não tinha a dimensão enquanto filmava, apesar do tamanho dos navios que usamos de cenário e do tamanho do meu *trailer* (risos).

Como consegue resistir aos cachês milionários oferecidos por Hollywood?
Talvez eu seja um idiota (risos). Se fosse inteligente, teria aceitado alguns convites para protagonizar filmes mais comerciais, que faturaram alto nas bilheterias.

Quais, por exemplo?
Prefiro não revelar os títulos para não comprometer a imagem do ator que desempenhou o papel. Não posso dizer que lamento não ter feito. Mas reconheço que, se tivesse mais dinheiro na minha conta bancária hoje, teria mais tranqüilidade e principalmente mais tempo para fazer o que gosto: tomar pina colada e ler livros (risos). Agradeço, de qualquer forma, nunca ter me deixado iludir, achando que sucesso e dinheiro trazem felicidade.

Como a distância de Hollywood, por morar na França, alterou a sua relação com a indústria?
A distância e o nascimento dos meus filhos mudaram radicalmente a minha visão de Hollywood. Estou totalmente por fora. Não sei quem está no topo, quem está ganhando mais dinheiro, quem está estampando a capa das revistas. Também não vejo mais filmes. De uns tempos para cá, só vejo desenhos na companhia de meus filhos. O melhor desse afastamento é que, quando filmo, não tenho a menor idéia da competição. Simplesmente me concentro no trabalho.

Como a sua visão dos EUA mudou?
A distância só confirmou as minhas suspeitas. Sobretudo no que diz respeito ao governo americano. Infelizmente as autoridades dirigem o país como quem conduz um *playground* no jardim de infância. Mal pude acreditar quando eles quiseram

mudar o nome de *"french fries"* (como os americanos chamam batatas fritas) para *"freedom fries"* só para tirar o nome *"french"*. Tudo isso porque a França não queria apoiar a guerra contra o Iraque por preferir investigar mais a fundo antes de partir para o ataque. Fiquei perplexo com essa medida infantil, em que os americanos se revelaram tão imbecis.

Até que ponto os seus filhos influenciam as suas escolhas cinematográficas?
Por mais incrível que pareça, os meus filhos já influenciavam a minha carreira antes mesmo de nascerem. Eu me lembro de estar completamente insatisfeito no elenco da série de televisão *21 Jump Street*. Foi naquele momento que decidi que seria mais exigente na escolha dos papéis. Quando optei por *Edward Mãos de Tesoura*, por exemplo, tinha consciência de que talvez o filme não fosse um sucesso comercial. O que importava, no entanto, era participar de projetos dos quais pudesse me orgulhar depois e, quem sabe, mostrar aos filhos.

Também foi a paternidade que o fez mudar de vida, deixando para trás as loucuras?
Costumo dizer que renasci aos 35 anos, quando a minha filha nasceu. Ao dar a vida aos meus filhos, eles é que me deram vida. Também achei que estava na hora de parar com as loucuras ao perceber que existe um cara lá em cima que certamente olha

por mim. Do contrário, como explicar a mulher e os filhos que eu tenho?

Completar 40 anos também contribuiu com o seu amadurecimento?
Não necessariamente. Quando fiz 30 anos, instintivamente pensei nos 40. Achei que estaria acabado em dez anos. Também fiquei surpreso, já que não imaginava que chegaria aos 30. Ao atingir os 36, 37 e 38 anos, percebi que tanto fazia. Até porque já tinha conquistado a coisa mais importante, que é a minha família. Hoje não sinto falta das coisas que fazia quando era solteiro. Os filhos me ajudaram a aceitar que a gente envelhece mesmo.

O que os seus filhos herdaram de você?
Prefiro que eles se pareçam com a mãe. De mim, espero que adotem só a atitude. Quando era criança, recebi o mais importante conselho de toda a minha vida. Foi de minha mãe. Pode soar um pouco duro, mas ela tem razão. Disse: *"Nunca engula desaforo de ninguém"*. Espero que meus filhos sejam assim.

Foi diferente ser pai pela segunda vez?
É sempre uma experiência nova. Não há como expressar a alegria por estar envolvido em um milagre que acontece bem diante dos seus olhos. A diferença mais gritante está no fato de ter uma menina e um menino. Minha filha é uma princesa. Tudo o que ela faz é doce e suave. Meu filho, por sua vez,

é primitivo. Parece um homenzinho das cavernas (risos). Enquanto ela brilha ao desfilar pela sala, ele se arrasta e pula de um lado para o outro.

Seus filhos já assistiram a "Piratas"?
Não. Mas estiveram no *set* comigo. Minha filha adorou o meu visual. Principalmente os dentes de ouro. Como ela ainda não entende o que é ser ator, parece que assimilou melhor o meu último personagem. Estávamos num restaurante, quando uma dançarina lhe perguntou o que os seus pais faziam. Ela disse que a mãe era cantora e o pai, pirata (risos).

Para buscar inspiração, visitou a atração Pirates of the Caribbean *da Disneylância, criada em 1967, na qual o filme é baseado?*
Andei no brinquedo pela primeira vez aos oito anos. Fiquei obcecado com idéia de ser pirata. Saía do barco e voltava à fila. Foi muito divertido voltar agora ao parque de diversões da Califórnia acompanhado da minha família. Minha filha ficou encantada. Meu filho também andou no brinquedo, mas nem ligou. Como ainda é um bebê, saiu do barco com aquela cara de *"e daí?"*.

Você aceitaria fazer uma continuação de "Piratas"?
Sim. Foi desleal o quanto nos divertimos no *set* de filmagem. Houve momentos em que o diretor (Gore Verbinski) e eu brincávamos, dizendo: *"Você acredita que estamos sendo pagos para fazer isso?"*

O Olhar Desconcertante de John Malkovich

A intensidade quase hipnótica do olhar de John Malkovich é desconcertante. Fico incomodada quando percebo que ele está me encarando, aparentemente sem dar a mínima para o que eu digo. Disfarço o mal-estar, desvio o olhar e espero que ele me responda. Sem pressa, esse homem charmoso de traços marcantes continua me olhando fixamente, como se quisesse dominar o meu pensamento. E o pior é que o seu olhar é indecifrável. Não tenho idéia se ele quer conversar ou me estrangular. Foram apenas alguns segundos de silêncio até ele finalmente abrir a boca, mas confesso que o momento pareceu interminável. Até porque, diante de Malkovich, as primeiras imagens que vêm à cabeça da gente são sempre as dos estranhos, pervertidos e psicopatas que ele viveu tão convincentemente no cinema. Parece que ele está se controlando, mas, a qualquer momento, pode soltar as cobras e os lagartos, fazendo aquela já conhecida cara de louco.

Talvez o ator faça isso de propósito, no sentido de manter a mitologia ao se redor. É provavelmente essa estranheza que o deixa tão misterioso e irresistível no cinema. Ao longo da entrevista, no entanto, ele foi se revelando um sujeito tímido, introspectivo e de fala mansa. De tão calmo, parecia ter saído de templo budista. Talvez tenha sido por isso que demorou tanto a me responder da primeira vez. Malkovich é um cara de poucas palavras e, quando fala, faz longas pausas. Por vezes, cheguei a mudar de assunto, achando que ele tinha concluído a idéia. Mas não. Ele só estava pensativo, antes de seguir com o raciocínio.

Essa serenidade lhe cai muito bem, fazendo ressaltar o seu refinamento no trato. Malkovich é um homem extremamente bem-educado, um típico gentleman que se veste com certa formalidade. No dia da entrevista, no Hotel Excelsior, de Veneza, onde promovia *Guerrilha Sem Face*, desfilou num terno verde pastel, incluindo colete e gravata no mesmo tom. Um lenço de bolso num tom mais forte realçava o conjunto. Os sapatos, de modelo clássico, com fivelas, eram da mesma cor do terno. Até um relógio de bolso, peça quase extinta do guarda-roupa masculino, ele carregava. Quando perguntei quem o vestia, ele sorriu com o canto da boca, abriu o paletó e mostrou, orgulhoso, a etiqueta que dizia John Malkovich.

Quando a entrevista foi encerrada, por um de seus assessores, o ator deu mais uma prova de sofisticação. Uma exceção entre os americanos, que geralmente não dão a mínima para os outros idiomas, Malkovich falou com o secretário num perfeito italiano. Perguntei quantas línguas estrangeiras ele fala. *"Francês, italiano e um pouquinho de português"*, disse ele. Talvez seja mesmo só um pouquinho. Tudo o que eu consegui ouvir dele na nossa língua foi o tradicional *"Obrigado"*.

Um Costureiro Irresistível

Entrevista publicada na *Ícaro* de setembro de 2003

Que John Malkovich sempre rouba a cena no cinema, mesmo em papel de coadjuvante, todo mundo sabe. Um encontro com o ator, em Veneza, ajuda a entender por que esse americano de ascendência croata costuma hipnotizar os espectadores com seus personagens frios, misteriosos, sedutores e irremediavelmente cínicos. A exemplo dos tipos que interpreta, que parecem ter muito mais a dizer do que permitem as duas horas de duração do filme, Malkovich esconde facetas inexploradas nas telas ou nos palcos.

Apaixonado pela musicalidade da língua e pela generosidade da culinária portuguesa, o ator tem casa e é dono de restaurante em Lisboa. Conhecido pelo estilo elegante e sofisticado de se vestir, ainda é dono de grife de roupas masculinas na Europa, continente que adotou como lar desde 1989.

"O meu maior defeito é acreditar demais em mim, achando que posso fazer tudo", diz o ator, de fala

mansa e olhar intenso. A incursão pelo mundo da moda ocorreu, como tudo em sua vida, por *"sugestão de alguém"*. *"Eu me tornei ator porque me pediram. Provavelmente estaria no espaço hoje, se alguém tivesse me encorajado a seguir a carreira de astronauta"*, brinca, lembrando que essa abertura para ser *"o que for preciso"* não deixa de ser característica do ator. *"Durante um teste, quando o diretor pergunta se o ator pode voar e atacar um helicóptero, ele responde que sim, sem pestanejar. Mesmo que o diretor diga que o personagem precisará falar suaíle durante a ação, o ator insistirá que pode fazer."* Talvez isso explique por que Malkovich nunca teve dificuldade para convencer o espectador. Seja do cinismo do

Vicomte de Valmont de *Ligações Perigosas* (1988), do retrato do assassino psicótico de *Na Linha de Fogo* (1993) ou da sátira de si mesmo em *Quero Ser John Malkovich* (1999).

O convite para desenhar linha de roupas para homens partiu da confecção *Mrs. Mudd*, baseada no subúrbio de Florença. As criações assinadas pelo ator foram primeiramente lançadas na Itália, ampliando mais tarde para Londres, Paris e Nova York. *"Nos anos 40 e 50, os homens usavam terno, sobretudo e chapéu. Hoje em dia, o visual clássico foi infelizmente substituído por jeans, agasalho e tênis. O meu estilo é muito mais conservador"*, conta Malkovich, enxutíssimo num terno verde pastel, de sua marca. Seu primeiro contato profissional com moda se deu há dois anos, ao trabalhar com a inglesa Bella Freud, dirigindo dois curtas-metragens para a estilista. O interesse pela arte de bem-vestir, no entanto, nasceu na infância, quando o ator aprendeu a jogar futebol e beisebol na cidadezinha de Benton, no Estado de Illinois, onde cresceu. *"Meu pai dizia que me preocupava mais em saber como eu ficava no uniforme esportivo do que com a bola"*, lembra, rindo.

Costureiro brasileiro ele diz não conhecer. Talvez o único elo com o Brasil seja mesmo o carinho pela língua portuguesa. Por morar no sul da França, na cidade de Lubéron, visita Portugal freqüentemente. Viaja para melhor supervisionar o trabalho no restaurante *Bica do Sapato*, em Lisboa. *"De tanto comer lá, os proprietários me ofereceram sociedade"*, conta o ator, também sócio de uma discoteca no norte do país.

É em solo português que ele passa as férias com a família, a mulher Nicolleta Peyran (ex-secretária do diretor Bernardo Bertolucci, que ele conheceu durante a filmagem de *O Céu que Nos Protege*, de 1990) e o casal de filhos, Amandine e Lorwy. *"Portugal tem uma beleza particular, assim como uma melancolia que considero absolutamente fascinante."*

A terra de Fernando Pessoa ainda serviu de locação para a primeira experiência de Malkovich sentado na cadeira de diretor, no drama *Guerrilha sem Face*. O longa-metragem, também filmado no Equador e na Espanha, conta a história de um policial idealista (vivido pelo espanhol Javier Bardem) que caça o líder de uma organização guerrilheira em país da América do Sul. *"Fui inspirado por eventos reais. Estava no Peru, nos anos 80, quando o* Sendero Luminoso *provocou o primeiro blecaute em Lima"*, comenta o ator, que volta a surpreender assim que me vê ligando o gravador. *"Talvez a maior decepção para um jornalista seja perceber que, pessoalmente, não pareço tão perigoso e muito menos tão inteligente quanto os meus personagens"*, brinca.

Você é um dos poucos atores americanos que conseguiu construir uma carreira fora dos EUA. Até que ponto isso foi intencional ou resultado da sua busca por bons papéis?
Sempre parti do princípio de que o mundo é muito grande. Grande demais para eu ficar num lugar só. Eu me lembro de uma discussão interessante com amigo francês jornalista, durante a filmagem de *Ligações Perigosas*. Ele dizia que o romance de Choderlos de Laclos é francês demais para ser compreendido por um estrangeiro. Eu não resisti e lhe perguntei: *"Você acha mesmo que um dos maiores romances franceses, talvez o maior, é tão limi-*

tado que só um francês poderá entendê-lo? Não acha que uma criança na Malásia pode lê-lo e achá-lo igualmente notável? Você tem tão pouca fé, seja nos escritores ou nos leitores?"

O contraste da cultura européia com a americana também o incentivou a filmar fora dos EUA?
Há muitas coisas interessantes na Europa, assim como nos EUA. Discordo da falsa concepção de que não existe cultura no país onde nasci. É apenas uma cultura diferente. Podemos dizer que não é uma cultura de alta qualidade. Ainda assim, estaria mentindo se falasse que não gosto de Chicago, onde passei muitos anos (foi lá que ele fundou o famoso *Steppenwolf Theatre*, em parceria com Gary Sinise). Passei 35 afortunados anos nos EUA. Mas depois resolvi morar na Europa para enriquecer a minha vida. Como pelo menos aparentemente nós temos uma única vida, pretendo aproveitá-la ao máximo.

Lamenta algumas opções que fez na vida? Talvez alguns filmes?
Sim. Trabalhei durante muitos anos no teatro. Na época eu mal podia pagar o aluguel e não tinha sequer geladeira em casa. Quando fiz 29 anos, decidi que estava na hora de fazer um pouco do dinheiro. Aceitei fazer vários filmes que, olhando para trás, percebo que não deveria ter feito. O problema é que você nunca sabe disso até rodar o filme.

Decidiu estrear na direção justamente para filmar do seu jeito e evitar decepções?
De tanto o ator acompanhar o trabalho dos diretores no *set*, um dia tem vontade de fazer ele mesmo. No caso de *Guerrilha sem Face*, eu me interessei primeiro pelo romance (*Dancer Upstairs*, escrito por Nicholas Shakespeare). Fui atraído pela chance de refletir sobre a natureza da corrupção. Não vejo o filme necessariamente como político. Há mais de 15 anos tento contar essa história nas telas, mas encontrei várias dificuldades pelo caminho. Teria sido mais difícil ainda se tivesse contratado outro diretor e precisasse explicar o que eu queria.

É verdade que você costuma levar, além de livros, roupas para costurar durante os intervalos de filmagem? Já não é um pouco o estilista em exercício?
Talvez. Só sei que o trabalho do ator exige muita espera. Sempre procurei me manter ocupado no *set* até o momento de entrar em cena. Não fosse pela costura, teria ficado maluco.

Ao Vivo na Homenagem a Nicolas Cage

Na manhã de 14 de agosto de 2001, abri o jornal *LA Times* e dei de cara com anúncio da homenagem que Nicolas Cage receberia naquele dia na entrada do *Chinese Theatre*, no Hollywood Boulevard. Saí correndo para ver. Tão correndo que esqueci a máquina fotográfica. Cobrir pelo menos uma dessas cerimônias em que as celebridades deixam as impressões de seus pés e mãos estampadas no cimento é tarefa obrigatória para qualquer repórter de cinema residente em Los Angeles. Afinal, é um costume antigo na cidade, que vem desde o cinema mudo. Só não esperava que fosse tão fácil. Como os americanos são obcecados por credenciamento (obrigando os jornalistas a fazê-lo com antecedência exagerada), estava preparada para acompanhar o evento de longe, com os fãs e os curiosos mesmo. Talvez do outro lado da rua.

Felizmente, assim que mostrei a carteirinha internacional de jornalista, os seguranças me deixaram passar. Fui me enfiando até chegar à área VIP onde os convidados assistiriam à cerimônia na cara do gol. A pequena platéia havia sido acomodada em tenda instalada ao lado do quadrado de cimento fresco escolhido para o novo homenageado. Havia umas 20 cadeiras brancas enfileiradas no tapete vermelho. De repente, um sujeito com voz familiar se sentou do meu lado. Era Jim Carrey, todo sorridente. Não tive tempo para puxar papo, já que, na mesma hora, chegou Nicolas Cage numa limusine. Estava acompanhado da mulher na época, Lisa Marie Presley – com cara de pouquíssimos amigos, como sempre.

Conhecido pelo gosto duvidoso na hora de se vestir, Cage contrariou as expectativas, escolhendo figurino elegante e discreto. Vestia camisa branca e terno cinza. O cabelo devia ter sido pintado recentemente, pois o preto estava muito artificial, contrastando com a barba, de cor castanho escuro. Ao ser chamado no palanque pelo apresentador Jay Leno, Cage discursou brevemente, lembrando o começo difícil em Hollywood. Deu dó. Não

por conta do que ele contou, mas porque o sol do meio-dia estava castigando, fazendo o ator suar bicas. Depois de algumas palavras, chegou a hora de colocar a mão na massa. Literalmente. A operação levou alguns minutos, já que o cimenteiro precisou esperar o ponto certo. Só depois de cumprir o ritual, sendo aplaudido por cerca de 300 pessoas, é que o ator veio conversar com os jornalistas – ainda com resquícios de cimento nas mãos e nos sapatos.

Embora Cage pareça confortável diante das câmeras, por trás delas tende a emudecer. Ainda mais quando a gente liga o gravador na sua frente. Tímido, não se esforça para corresponder à imagem confiante projetada pela maioria dos astros da meca do cinema. A primeira coisa que disse foi, no mínimo, estranha: *"Já pensei em desistir de ser Nicolas Cage. Podem colocar isso no jornal"*. Com seu olhar perdido e vago, o ator tem um quê de lunático. A impressão permaneceu quando o encontrei anos depois: em 2003, em Berlim, onde divulgou *Adaptação*, e em novembro de 2004 em Washington, antes da estréia de *A Lenda do Tesouro Perdido*. Na última entrevista, ele estava bem mais solto. O visual é que estava esquisito. Vestido todo de couro, com sobretudo preto e óculos escuros (mesmo à noite), o ator desfilava pelo Hotel Mandarin Oriental não como um caçador de tesouros – o que reforçaria a temática do filme. Mas sim como um caça-vampiros.

Astro Bombril

Entrevista publicada na *Contigo* de 6 de janeiro de 2005

Longe das câmeras, das luzes e da parafernália hollywoodiana, Nicolas Cage é conhecido pelas excentricidades. A começar por sua casa, um castelo estilo gótico no alto de uma montanha no subúrbio de Los Angeles. Sua lista de propriedades ainda inclui ilha nas Bahamas e seu carro preferido é o Lamborghini que pertenceu a um xá do Irã. As esquisitices também dão o tom à vida amorosa do astro, casado desde julho de 2004 com garçonete de 20 anos que ele conheceu num sushi bar. Foi a terceira vez que Cage subiu ao altar. Sua primeira mulher, Patricia Arquette, foi pedida em casamento na mesma noite em que Cage a conheceu. Assustada, a atriz criou uma lista absurda de exigências, que ele cumpriu uma a uma (incluindo conseguir uma orquídea negra e um autógrafo do escritor recluso J. D. Salinger, autor de *O Apanhador no Campo de Centeio*). Com a segunda esposa, Lisa Marie Presley, a única herdeira do roqueiro Elvis Presley, a união durou apenas três meses. Nos *sets* de filmagem, o astro com predileção pelos personagens bêbados, loucos, ladrões, presidiários e outras almas atormentadas também choca os colegas pelo comportamento pouco ortodoxo. Durante a filmagem de *Um Estranho Vampiro* (1989), comeu barata viva e, quando rodava *Asas da Liberdade* (1984), teve dente extraído sem anestesia. *"Hoje estou bem-comportado"*, brincou.

Um dos atores mais versáteis de Hollywood, Cage nunca se deixou aprisionar em um único papel. Graças ao tipo antigalã, que não o impede de arrancar suspiros da platéia feminina, já experimentou quase todos os gêneros. Protagonizou dramas intensos, como *Coração Selvagem* (1990), *Vivendo no Limite* (1999) e *Despedida em Las Vegas* (1995), ganhando por este último o Oscar de melhor ator. Atuou em comédias, como *Feitiço da Lua* (1987), *Arizona nunca Mais* (1987) e *Adaptação* (2001), e suou a camisa em filmes de ação, como *A Outra*

Face (1997) e *A Rocha* (1996). Em *A Lenda do Tesouro Perdido*, vive um personagem que faltava no seu extenso rol. Pela primeira vez, encara um herói à la *Indiana Jones*, do tipo engomadinho, mas intrépido e ambicioso. A ponto de tomar emprestada a Declaração de Independência dos EUA, que traz mapa do tesouro no verso. *"A melhor parte foi roubar a declaração vestindo um* smoking. *Eu me senti o próprio James Bond"*, disse.

Nascido em Long Beach, na Califórnia, filho de professor de literatura e coreógrafa, Cage foi lançado no cinema pelo tio, o poderoso cineasta Francis Ford Coppola. Estreou no papel de Smokey, o amigo de Matt Dillon em *O Selvagem da Motocicleta* (1983).

Até que ele pudesse caminhar com as próprias pernas, o cineasta recrutou o sobrinho mais duas vezes: em *Cotton Club* (1984) e *Peggy Sue – Seu Passado a Espera* (1986). Buscando uma identidade própria, Cage não só mergulhou no universo de outros cineastas como abriu mão do nome da família, Copolla, que o associaria imediatamente ao tio. Escolheu o pseudônimo Cage para homenagear o compositor John Cage e o herói de histórias em quadrinhos Luke Cage. *"Legalmente ainda sou Nicolas Coppola. Cage é apenas uma versão surrealista de mim mesmo"*, disse o ator, com cachê na casa dos US$ 20 milhões.

Você é considerado um cara excêntrico, tanto pela trajetória pessoal quanto profissional. Como convive com o rótulo?
Descrever um homem como excêntrico é uma maneira educada de chamá-lo de louco. Mas o verdadeiro artista, seja ele músico, dançarino ou ator, acaba fazendo coisas extremadas para tornar o trabalho mais excitante. Para si mesmo e para o público. No meu caso, não saberia dizer se as minhas decisões são conscientes ou se eu simplesmente enlouqueço quando busco inspiração.

Seu personagem em A Lenda do Tesouro Perdido *é um sujeito obcecado por um tesouro, pelo qual passou a vida inteira procurando. Você se identificou com essa faceta?*
Sim. Sem dar muitos detalhes, já tive as minhas obsessões (risos). Ben Gates (seu personagem) é obcecado a tal ponto pelo suposto tesouro que investiu todas as suas fichas nisso, por mais ridículo que pudesse parecer. Parte da minha obsessão foi explorar, ao longo dos anos, até onde eu poderia ir na arte da interpretação. Por isso, sempre me mantive desafiado, procurando ir gradativamente mais longe.

Mantém o mesmo entusiasmo quando trabalha em blockbusters de ação, como A Lenda do Tesouro Perdido, *e títulos de baixo orçamento, como* Adaptação*?*

Preciso de variedade para trabalhar. Se tivesse feito sucessivamente o mesmo papel, provavelmente desfrutaria hoje de mais prestígio aos olhos de Hollywood. Mas a minha escolha depende exclusivamente do meu estado de espírito. Quando aceitei os papéis dos gêmeos de *Adaptação*, buscava um roteiro mais profundo no qual pudesse jogar as minhas dúvidas existenciais. Já o que me seduziu no personagem de *A Lenda do Tesouro Perdido* foi a sua estilização. Tentei imprimir um quê de Cary Grant e Jimmy Stewart, principalmente no que diz respeito ao jeito espirituoso que eles tinham de encarnar seus personagens.

Até que ponto a sua família o influenciou na escolha pela carreira?

Percebi que queria ser ator aos 6 anos. Eu me lembro de, a caminho da escola, visualizar imagens de filmes. Tomei a decisão de adotar o sobrenome artístico Cage justamente para ter mais liberdade como ator. Não queria ser julgado pelo meu sobrenome e muito menos ser escalado por conta dele.

Nos últimos anos sua vida foi parar na capa dos tablóides, especialmente por conta do divórcio e do último casamento. Isso incomoda muito?
Não gosto de reclamar. Se não gostasse da vida que levo, mudaria tudo. Quando escolhi ser ator, certamente não o fiz pensando na fama e no assédio.

Nem imaginava a dor de cabeça que os tablóides me dariam. Mas hoje os vejo como parte da minha vida, apesar de desprezá-los profundamente.

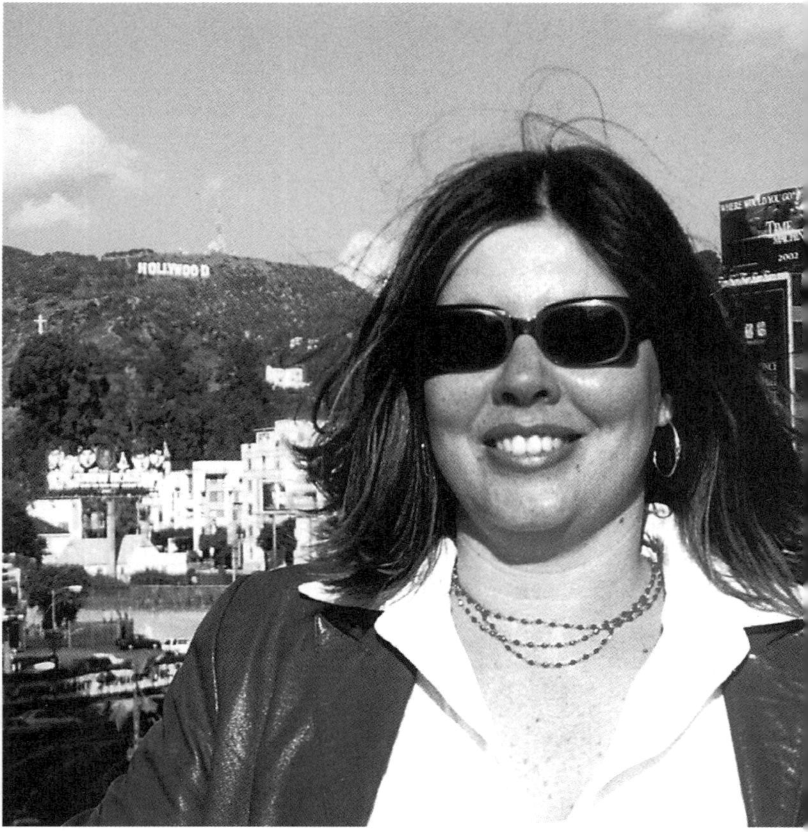

De Cara com o Grandalhão Arnold Schwarzenegger

Assim que Arnold Schwarzenegger pisa no salão do Hotel Carlton, em Cannes, exibindo seus 106 quilos, 1,88 m de altura e músculos para dar e vender, reconheço estar diante do maior astro de Hollywood. Pelo menos em envergadura. De tão avantajado fisicamente, seu pescoço é grosso e musculoso e o peito, estufado demais. Os ombros e as costas também são largos e fortes. Olhando para o tamanho da sua mão, tenho a sensação de estar diante de um gigante. Mais estranho ainda é vê-lo contrariar as expectativas e quebrar a imagem de durão. *"Não tenho medo de nada, a não ser de depilação com cera"*, brinca, mantendo a cara séria. A piada é boa, mas não consigo rir. Simplesmente não dá para desassociar Schwarzenegger do papel do robô que o projetou internacionalmente na franquia *O Exterminador do Futuro*.

Agora entendo melhor como ele convenceu tão bem na pele do personagem. Seu rosto, de cútis avermelhada, parece engessado, com feições que não se alteram ao longo da entrevista. Até o andar pesado e vagaroso do robô ele tem. Caminha com o corpo ligeiramente inclinado para frente, como se quisesse abrir caminho. O que destoa, na comparação com o Exterminador, é a eloqüência de Schwarzenegger. O sujeito fala pelos cotovelos.

Embora seja fluente em inglês, nunca perde o forte sotaque austríaco. Só sinto nele uma certa impaciência no sentido de dirigir a conversa. Provavelmente um indício da sua vocação política. Contrariando a idéia de que músculo em demasia é sinônimo de falta de inteligência, de burro Schwarzenegger não tem nada.

Passada a estranheza inicial, percebo que ele é gente boa. É apenas o seu físico que assusta. Arnie, como é chamado pelos amigos, está sempre tirando sarro de si mesmo. Diz que ninguém o agüenta, se por algum motivo, ele não pode fazer exercícios físicos. *"Nem eu mesmo."* Também não se incomoda em relembrar os tempos de vacas magras lá na Áustria. *"Como não tinha dinheiro para freqüentar as academias, tive de improvisar uma sala de halterofilismo no porão da minha casa"*, conta o ex-Mister Universo, mencionado no livro Guinness dos recordes como o homem com o corpo mais perfeito do mundo.

Schwarzenegger está inteiro para a idade. Quando o entrevistei, no balneário francês, em 2003, para falarmos de *O Exterminador do Futuro 3 - A Rebelião das Máquinas*, ele estava em forma para os 55 anos. Só lhe faltou um pouco de estilo na hora de se vestir. Durante a nossa conversa ele usava um terno de cor pouco recomendável: ocre.

A falta de um *personal stylist* também foi sentida na festa de lançamento do filme, quando o estilista Pierre Cardin abriu as portas de sua mansão futurista, com portas e janelas arredondadas, batizada de *Palais Bulles* (palácio das bolhas), com vista panorâmica para o Mar Mediterrâneo. Como o grande homenageado da noite, o ator apareceu de camisa branca, calça jeans e só a parte de cima do *smoking*. Ainda usava botas tipo coturno. O figurino não combinou com o da mulher, Maria Shriver, elegante num vestido preto, com saltos altos e *écharpe*. Mas pior mesmo foi vê-lo arriscar uns passos na pista de dança vip embalado por música eletrônica. Ele não leva o menor jeito.

Arnold Schwarzenegger, Comando para Reinar

Entrevista publicada na *Chiques* de 15 de agosto de 2003 – antes de sua posse como Governador da Califórnia

Obstáculos nunca intimidaram Arnold Schwarzenegger. Crescer no vilarejo Thal, na Áustria, em casa sem geladeira, sem aquecimento e com banheiro do lado de fora, não o impediu de sonhar com a fama e os cachês milionários de Hollywood. *"Sempre fui ambicioso, a ponto de acreditar cegamente nos meus instintos"*, disse o ator, determinado a *"vencer na vida"* desde os 15 anos. O fisiculturismo foi o seu passaporte para os EUA, onde o astro, naturalizado americano, é hoje dono de um império e seu cachê no cinema chega a US$ 30 milhões por filme. *"Só quem tem fome de sucesso chega aonde quer."*

O próximo passo para quem atingiu o topo no cinema será um cargo político. O protagonista de *O Exterminador do Futuro 3 – A Rebelião das Máquinas*, já fala como candidato. *"Recebi tanto dos EUA nos últimos 20 anos que sinto vontade de dar algo em troca"*, contou o ator, republicano fanático. No dia 6 de agosto, ele confirmou que disputará o governo da Califórnia na eleição extraordinária de 7 de outubro, que destituirá o governador Gray Davis. *"Os políticos estão hesitando, derrapando e fracassando"*, declarou o astro, durante entrevista ao programa Tonight Show, da rede NBC.

Em nome da política você já pensa em se aposentar das telas?
Não descarto a possibilidade de desistir da profissão de ator algum dia.

Até que ponto a família da sua mulher (Maria Shriver, jornalista da rede NBC e sobrinha do ex-presidente John F. Kennedy) *o influencia a seguir carreira política?*
Sempre discuto o assunto com a minha mulher e os pais dela. Sou fã dos meus sogros, duas pessoas extraordinárias que estão sempre lutando pelos direitos dos menos favorecidos. Ainda que eu seja

mais conservador na forma de encarar a política (sua mulher e os sogros são democratas), nós queremos a mesma coisa: melhorar a condição de vida das pessoas. A oposição é sempre saudável. Seria muito ruim se houvesse apenas os republicanos no cenário político. Para haver democracia, precisamos dos democratas.

O fato de flertar com a política é um sinal de que você reconhece estar com os dias contados como herói de ação?
Quando me cansar dos papéis físicos, vou parar. Só que até o momento não ouvi reclamações (risos). Desde que eu continue em boa forma física, posso cumprir a função. Ainda tenho energia para rastejar em cima de caminhão em alta velocidade, por exemplo. Obviamente é mais difícil manter o corpo em forma na casa dos 50 anos do que na faixa dos 30. Ainda assim, mantenho as três horas de treinamento por dia. Nem que seja durante a noite. Sou viciado em exercícios, é como uma droga para mim. Antes do café da manhã, eu já faço bicicleta e corrida. Antes do jantar, faço musculação. Não saberia viver se tivesse de ficar parado.

Como faz quando precisa ficar de repouso (como quando foi submetido à cirurgia no coração em 1997 ou quando foi operado no ombro, no início de 2003, após se machucar no *set* de *Exterminador 3*)?

Paro de fazer exercícios e minha mulher diz que fico insuportável. Não sei o que fazer com a minha energia extra. Maria sempre me manda fazer musculação antes de conversarmos seriamente sobre algum assunto (risos).

Desde quando cultua a forma física?
Desde a adolescência, quando lia revistas de fisiculturismo. Foi aí que percebi que tinha chance de escapar do destino de trabalhar pelo resto da vida numa fazenda na Áustria. Como queria ser bem-sucedido em alguma coisa, coloquei na cabeça que tinha de brigar pelo título de Mr. Universo (que ele conquistou cinco vezes). Até então nenhum austríaco tinha ido tão longe. Por sorte, eu

tinha vocação para isso. Tenho as pernas, o dorso, os braços e o pescoço longos. Por isso, as pessoas sempre ficavam me encarando na sala de musculação. Assim que começava uma série de exercícios, os meus músculos explodiam. Eu me lembro que, logo no início, alguém me disse: *"Se você continuar assim, será Mr. Universo"*. E eu respondi: *"Essa é a intenção."*

Nunca pensou em fazer um filme de arte?
Não há nada de errado com filmes de ação. Essas produções têm público fiel, além de bastante rentáveis. Se você prestar atenção, perceberá que o gênero mudou nas últimas duas décadas. Nos anos 80, os heróis eram mais abrutalhados porque

correspondiam à fantasia masculina vigente. Os homens da época temiam a emancipação feminina. Hoje em dia, ao percebermos que nada foi tirado dos homens, os protagonistas de filmes de ação já não se refletem tanto nesse estereótipo machista.

Reencarnar o Exterminador, o personagem que lhe deu status *de astro, trouxe lembranças do passado? Da época em que ainda precisava brigar pelos papéis.*
Não sou do tipo que olha para trás. O passado está enterrado. Só me lembro do que passou quando me obrigam a voltar no tempo, como você está fazendo agora. Aí sou forçado a reconhecer o significado especial do Exterminador. Quando o primeiro filme foi lançado (em 1984), teve um grande impacto na minha vida profissional e financeira. Tudo mudou desde então.

Como foi lutar contra uma mulher (a atriz Kristanna Loken) *em* Exterminador 3*?*
O robô interpretado por Kristanna é mais avançado do que o meu. Desta vez, eles enviam uma fêmea para destruir John Connor, mas o meu personagem sabe que ela é apenas uma máquina, pronta para destruir o que estiver no seu caminho. Os robôs só têm aparência humana porque precisam estar disfarçados entre os homens.

E você? O que faz para tentar se disfarçar quando sai às ruas? Quem disse que consigo?
Nem boné ou óculos escuros resolvem o meu problema. Por ser grandalhão, nunca passo despercebido. E quando abro a boca, todo mundo me reconhece na hora. Outro dia, eu estava no fundo de um elevador lotado. Uma pessoa entrou e não me viu. Mas bastou eu dizer uma palavra para ela olhar para trás e perguntar: *"Schwarzenegger, é você?"*

Sua aparição em Cannes foi motivo de comoção. O assédio o incomoda?
Não. Quem não suporta o calor, deve sair da cozinha. Como isso faz parte da profissão que escolhi, encaro com naturalidade. Não deixo de fazer as coisas que gosto. Levo os meus filhos à escola normalmente e os acompanho aos jogos de futebol e beisebol. Como não tive a chance de fazer isso na minha infância, volto a ser criança com eles. O máximo que pode acontecer é alguém me pedir autógrafo. Que mal há nisso?

O Cinismo Incorrigível de Kevin Spacey

Logo nos primeiros minutos de entrevista, concedida em suíte do Hotel Four Seasons, de Beverly Hills, Kevin Spacey já revela por que Hollywood não se cansa de escalá-lo para destilar cinismo nas telas. *"Talvez eu incomode por quase sempre encarnar o cara mais inteligente do filme"*, provoca o ator, dono de uma língua tão afiada quanto a da maioria dos personagens que interpreta no cinema. Ele tem um prazer perverso em ridicularizar aqueles que o entrevistam. Quando pergunto onde guarda as duas estatuetas do Oscar que conquistou, simplesmente responde: *"Na minha casa"*. É só a gente bobear para ele despejar o sarcasmo. Tem sempre uma piadinha na ponta da língua. E, quando as solta, mantém o rosto impassível. Suas flechadas raramente erram o alvo.

Spacey fala depressa e tem um sorriso persuasivo, daqueles que fazem o resto do mundo muitas vezes ceder. Não é bonito, mas a perspicácia e o olhar penetrante lhe concedem um certo charme. Ele ainda tem uma energia nervosa, de quem não gosta de ficar muito tempo parado. Muito menos sentado numa cadeira. É impaciente, crítico e por vezes temperamental. Não gosta de ser chamado de "astro" e muito menos de falar em nome de Hollywood – por mais que esteja em posição privilegiada no *hall* de celebridades da indústria. *"Fui criado em New Jersey, moro em Nova York* e *nunca vou representar Hollywood. Mal represento a mim mesmo."*

Observando-o de perto, há um quê de lunático. Do nada, comenta que gosta de conversar com cachorros desde *K-Pax – O Caminho da Luz*. *"Mas o cão do filme era fominha. Sempre tentava roubar as minhas falas."* Lembrar de *K-Pax* é uma desculpa para o ator abordar outra de suas excentricidades, em nome da arte. Na pele do paciente de hospital psiquiátrico que garante ter vindo de outro planeta, Spacey comeu uma banana com casca durante a filmagem. *"Uma só não. Como foram mais de dez tomadas, perdi a conta."* Isso porque o ator achou pouco convincente as bananas artificiais comestíveis que a produção providenciou para a cena. *"Preferi elevar a taxa de potássio no sangue"*, diz, orgulhoso da façanha.

Com seus olhos alertas e vivos, Spacey parece atento a tudo durante a entrevista. Ao mesmo tempo em que responde às perguntas, estuda o ambiente e os jornalistas com curiosidade. Irônico como é, nunca perde uma oportunidade para desafiar o repórter ou criar um clima de confusão. Na minha mesa, na *junket* de *Chegadas e Partidas*, em 2002, Spacey só faltou aplaudir e pedir bis quando duas jornalistas se estranharam, brigando pela vez de falar. Quando uma pediu que a outra calasse a boca, ele botou ainda mais lenha na fogueira. *"Por que vocês não vão se pegar lá fora?"*, perguntou, doido para ver o circo pegar fogo.

Kevin Spacey Suspende o Sarcasmo

Entrevista publicada pela *Agência Estado* e pelo *Portal do Estadão* em 23 de dezembro de 2002

Kevin Spacey costuma seduzir o espectador graças ao tom deliciosamente sarcástico que empresta aos personagens. Sejam os desajustados, os perversos, os perdedores ou os moralmente ambíguos. *"O que posso fazer se me oferecem o papel com as melhores falas do filme?"* Foi justamente para quebrar essa imagem cínica que o ator abraçou Quoyle, o protagonista do drama *Chegadas e Partidas*. Inspirado no livro homônimo ganhador do prêmio Pulitzer, da escritora E. Annie Proulx, o personagem é simplesmente incapaz de dar uma resposta atravessada ou de fazer uma piadinha maldosa. *"O que ele tem em comum com a minha galeria é a imperfeição. Só me atraio por tipos com fraquezas. De preferência, com algum desvio de personalidade. Como eu"*, diz o ator, duas vezes vencedor do Oscar.

Premiado como coadjuvante ao viver a testemunha manipuladora de *Os Suspeitos* (1995) e como melhor ator pelo papel do pai de família decadente de *Beleza Americana* (1999), Spacey descreve Quoyle como o *"homem mais medroso e patéti-*

co" de sua filmografia. *"Todos o consideram uma pessoa maçante. E ele é o primeiro a concordar"*, conta Spacey, que engordou dez quilos para traduzir a insatisfação e a baixa-estima do personagem. Sem ambição, o pobre Quoyle ainda vai parar no meio do nada – na inóspita ilha de Newfoundland, no Canadá –, onde eventualmente descobre a vocação para o jornalismo. *"O personagem é tão passivo que eu me sentia um inútil no set"*, brinca Spacey, sempre muito à vontade com as esquisitices de seus personagens.

Ainda que nove entre dez de suas performances acabem arrancando elogios da crítica (exceto por fiascos como *A Corrente do Bem*, de 2000), Spacey jura que seu maior dom é desconhecido do grande público e nunca foi aproveitado em *set* de filmagem. *"Sou tão intuitivo que, ao sair do elevador em loja de departamentos, já sei se algum artigo dali poderá me agradar. Nem preciso caminhar pelos cabides. Devia ser condecorado como o homem que gasta menos tempo em shopping centers"*, diz, irônico, uma qualidade que só reforça o seu carisma nas telas.

Qual a maior dificuldade ao interpretar Quoyle? Abrir mão do cinismo, sua marca registrada?
Não. O mais difícil foi retratar um homem sem objetivos. Normalmente eu começo a traçar o perfil do personagem me perguntando o que ele quer

da vida. Mas Quoyle está apenas tentando sobreviver, o que é revigorante, de certo modo. O cinema geralmente exagera, mostrando pessoas destemidas e fortes demais. Na vida real não é sempre assim. Foi justamente essa abordagem mais realista que tornou o livro tão popular. Quoyle é um homem comum.

Como foi a filmagem em local tão impróprio para ser habitado, como a ilha de Newfoundland?
Não é por acaso que Judi Dench diz no filme: *"Esqueça tudo o que você sabe sobre meteorologia"*. O tempo era tão imprevisível que a equipe nunca sabia o que faríamos no dia seguinte. Havia umas dez programações possíveis. Tínhamos um plano de filmagem, caso o dia amanhecesse chovendo. Outro, se o dia estivesse ensolarado. Outro para tempestade, neblina etc. Por conta disso, eu nunca sabia as falas da minha cena (risos). Não dava para decorar tudo ao mesmo tempo.

O personagem precisa superar um trauma de infância que o deixou com medo de água. Qual a sua fobia?
Como tinha medo de altura, há alguns anos resolvi pular de pára-quedas. Dirigir até a montanha foi pior que saltar. No caminho pensei em todas as coisas ruins que poderiam acontecer. Mas faria de novo. Foi fantástico.

A exemplo de Quoyle, que acumulou subempregos, exerceu trabalhos tediosos antes de se tornar ator?
Fui vendedor de sapatos e vendi assinatura de TV a cabo batendo de porta em porta nos subúrbios de Los Angeles. Foram anos muito pouco inspiradores na minha vida.

Foi nessa época que você conheceu Jack Lemmon, que mais tarde se tornaria seu mentor?
Não. Eu o conheci muito antes, aos 13 anos, quando já pertencia a grupo de teatro em Los Angeles. Um dia fui ver uma peça de Jack e, ao final, tive coragem de pedir um autógrafo, que tenho até hoje. Disse que queria ser ator e ele me aconselhou a estudar teatro seriamente e a não deixar que ninguém me persuadisse do contrário. O mais curioso foi reencontrá-lo na Broadway, 11 anos depois, quando fazia um teste para ser o seu filho na peça *Longa Jornada Noite Adentro*. Foi o máximo. Aos 24 anos, tive o privilégio de contracenar todos os dias com o meu ídolo por mais de um ano.

O que aprendeu com Lemmon?
A lição mais importante foi não deixar a fama, por maior que fosse, mudar as minhas convicções e corromper a minha integridade.

Apesar de sua posição privilegiada em Hollywood, você ainda atua em produções independentes como Chave do Sucesso *(1999)...*
É a minha maneira de mandar o elevador de volta, já que algumas das minhas melhores experiências profissionais se deram nos *sets* de filmes de baixo orçamento. Não sei se estaria aqui hoje se Bryan Singer (diretor de *Os Suspeitos*) não tivesse resistido às pressões do estúdio em colocar um ator mais conhecido no meu lugar.

Seu trabalho costuma ser elogiado pela crítica. Isso o pressiona ou o incentiva?
Eu só me deixo levar por motivações reais. Ou seja, o personagem e a história. Tento não me deixar impressionar por outros elementos, como o diretor, os atores, o dinheiro oferecido, a imagem que posso passar ou a reação da crítica. Tudo isso tende a distorcer a minha habilidade em julgar uma boa história.

Você também é conhecido pelas impagáveis imitações de Michael Caine, Al Pacino, Bill Clinton, Judi Dench, Ian McKellen etc. Qual a reação deles?
Prefiro não saber. Mas, se você quiser, posso fazer agora mesmo uma imitação do ator Rhys Ivans (com quem ele contracena em *Chegadas e Partidas*) no bar ontem à noite. (Spacey debruça sobre a mesa e finge dormir, encerrando a entrevista).

Capítulo VII

Os Veteranos

A Carranca Inconfundível de Robert De Niro

A cara de poucos amigos de Robert De Niro dá medo. Confesso que esperava ver aquela carranca abrir num sorriso amigável até o final da entrevista. Que nada. O ator não abre mão da dura carapaça exterior na frente de estranhos. É sério. Não, melhor dizer, seríssimo. Do momento em que dá o ar da graça no Hotel Four Seasons de Beverly Hills, vestindo terno azul escuro, deixa claro que não está ali para brincadeira. Para começo de conversa, parece que ele nem queria estar ali. Assim que se acomoda na cadeira, já começa a bater o pé, impaciente. Sua presença é forte e um tanto opressora, embora silenciosa. Ao lhe dirigir a palavra, uso Mr. De Niro, obviamente. Jamais ousaria chamar esse sujeito aparentemente tenso de Bob, como é conhecido pelos amigos (que, arrisco dizer, não devem ser muitos).

De Niro responde muitas vezes com um simples *"sim"* ou *"não"*, pontuando a entrevista com silêncios constrangedores. Para fazê-lo desenvolver algum assunto, é preciso insistir. Com jeitinho, é claro. Ninguém quer ver irritado esse homem de tronco atarracado, braços cruzados e rosto impassível. Seu olhar é sempre distante, como se a sua mente estivesse a muitas milhas dali. E o tom de voz é seco e desmotivado. A indisposição é tanta que ele quase debruça na mesa. Parece que mal agüenta com o peso do corpo. Entre uma pergunta e outra, chega a dar umas bufadas. Provavelmente de tédio.

Mas nada nele soa forçado. De Niro deve ser um cara calado mesmo, que prefere ficar quieto no seu canto, sem ser importunado. Conversar com estranhos aparentemente o incomoda. O desconforto, porém, não o torna necessariamente um cara arrogante. Ele só cria uma distância, mas sem destratar a imprensa. Fala com todos com respeito e não dá resposta atravessada. O máximo que pode fazer é concordar ou discordar. Mas não o vi alterando a voz nenhuma vez. Quando o assunto o desagrada, simplesmente não dá trela. Foi assim que reagiu ao falar do constrangimento de amamentar uma criança usando peito postiço de plástico – uma de suas cenas em *Entrando Numa Fria Maior Ainda*, filme que ele promovia quando conversamos, em dezembro de 2004. *"Foi muito estranho. Mas a idéia não foi minha, obviamente"*, resumiu.

Não houve um momento sequer de descontração até De Niro deixar a sala e dar lugar ao meu segundo entrevistado do dia – Dustin Hoffman, que virá a seguir neste capítulo (as entrevistas de De Niro e Hoffman foram publicadas num único texto). O ator manteve o ar severo e intimidador até o finalzinho. Nem o comentário do diretor Jay Roach, de que *"Bob não passa de um gatinho manso"*, aliviou a sua expressão pesada. Ok. Nessa hora admito que ele quase riu. Mas ficou no quase. De Niro saiu do salão sem que eu conseguisse ver os seus dentes.

Falando no Celular de Dustin Hoffman

Dustin Hoffman não leva nada a sério. É do tipo que perde o amigo, mas não a piada. Ri de tudo, principalmente de si mesmo, e não sossega até arrancar gargalhadas de quem o entrevista. Se preciso, apela para piadas de cunho sexual. Na *junket* de *Entrando Numa Fria Maior Ainda*, em Los Angeles, ele não pensou duas vezes antes de provocar a sua colega de cena, Barbra Streisand, que o acompanhava. *"Durante as filmagens, Barbra e eu trocamos muitas confidências sexuais. Descobrimos que, somando as nossas transas, a média era de sete vezes por semana. Eu transava apenas uma vez e ela seis."* Barbra negou com a cabeça, mas não resistiu. Acabou caindo na risada. E eu também, para a satisfação desse piadista que não consegue controlar a língua.

Hoffman é uma criatura muito engraçada. Não perdoa nem o próprio assessor, quando este se mostra um pouco afobado para controlar o tempo da entrevista. *"Calma, calma. Não se sinta pressionado"*, disse o ator, irônico. Seus filhos também são vítimas. Ele admite que, a exemplo do seu personagem na comédia, não se cansa de criar situações embaraçosas para os herdeiros na frente de estranhos. *"Sou um pai pouco convencional. Quando o meu filho Jake* (o ator Jake Hoffman) *tinha 15 anos, eu lhe entreguei uma caixa de camisinhas na saída da aula de ciência. Ele não gostou muito, mas foi a primeira lição sexual que lhe dei."*

Extrovertido, Hoffman tem uma expressão sempre alegre, com olhos que quase falam por si mesmos. É de uma vitalidade elétrica. Parece criança. Chega a interromper Barbra, não deixando muitas vezes que ela responda às perguntas que recebe. Ele se intromete, querendo falar no lugar dela. *"Dustin me conhece melhor que eu mesma"*, brinca Barbra, diante do entusiasmo do amigo. É que ele não resiste em monopolizar a conversa. E, se possível, todas as atenções também. Talvez venha daí a reputação de ser difícil de controlar no *set*. Com a imprensa, qualquer coisa é motivo para ele se exibir.

Foi só eu lhe cutucar, dizendo que não vi grande habilidade de capoeira no seu personagem, para Hoffman fazer uma atrapalhada demonstração da luta brasileira. Parecia que dançava *Macarena* (como descrevo na entrevista a seguir). Quando peço o telefone de seu professor de capoeira, um brasileiro que vive em Los Angeles, ele tira o celular do bolso, procura o nome na agenda do aparelho e liga imediatamente para o sujeito. Mas ninguém atende. Antes de ir embora, o ator liga de novo, me passa o celular e simplesmente sai da sala. Converso com o cara e, quando termino a ligação, olho para os lados e não tem mais ninguém na sala. Lá estou eu com o celular de Hoffman nas mãos. Mas, antes que eu dê uma de engraçadinha e comece a bisbilhotar a sua agenda de telefones, o assessor volta para pegar o aparelho. Afobado, como sempre.

Entre o Síndico e o Gozador

Entrevista com De Niro e Hoffman publicada na *Ícaro* de janeiro de 2005

Respiro fundo e finjo tomar notas, mas a verdade é que não sei como espantar o nervosismo. Não é todo dia que a gente entrevista dois titãs de Hollywood, um atrás do outro. O primeiro a entrar na sala do Hotel Four Seasons de Beverly Hills é Robert De Niro, que sequer dá bom dia. É como se eu estivesse diante de alguns de seus temíveis personagens, como o jovem Vito Corleone de *O Poderoso Chefão 2* (1974), o Al Capone de *Os Intocáveis* (1987) ou o gângster de *Os Bons Companheiros* (1990). Só mesmo Dustin Hoffman, que entra em cena logo depois, para aliviar a tensão. Ele já faz questão de ser tão engraçado como a babá de *Tootsie* (1982), tão humano como o autista de *Rain Man* (1988) ou tão maluco como o Capitão Gancho de *Hook* (1991). Um doce e tremendo palhaço.

Essas figuras lendárias do cinema, de igual importância, mas de temperamentos opostos, contracenam na comédia *Entrando Numa Fria Maior Ainda*. Ambos estão na casa dos 60 anos e guardam, pessoalmente, muitas semelhanças com os seus personagens. Sempre prestes a explodir, De Niro reprisa o papel do ex-agente da CIA que inferniza a vida do futuro genro (Ben Stiller) em *Entrando Numa Fria*, lançado em 2000. Já o doidinho Hoffman foi chamado para viver nessa continuação o pai do noivo, um *expert* em constranger o filho com o seu excesso de carinho.

É um duelo de gigantes. Tanto dentro das telas (onde a dupla se confronta pela segunda vez, depois de *Mera Coincidência*, de 1997) quanto fora delas. *"Dustin é mal-criado. Para quebrar o gelo durante as filmagens, é capaz de tudo. Até mesmo de arrotar e soltar pum na frente dos outros"*, reclama De Niro. *"É duro agüentar Bob falando o tempo todo no set. Ninguém consegue fazê-lo fechar a matraca"*, brinca Hoffman, satirizando a falta de assunto do colega.

Que dois gênios mais opostos. De Niro não disfarça a indisposição para falar. Ainda mais de si mesmo. Cotovelos sobre a mesa, mal se ouve o que ele rosna com a boca apoiada nos punhos fechados. Hoffman conta tudo e faz rir o tempo todo: *"Quando eu comecei a transar, era considerado um ejaculador precoce"*, lembra, sem o menor constrangimento. *"O bom é que, quando se chega a minha idade, a ejaculação demora cerca de uma hora e meia"*, brinca.

Ainda bem que De Niro não estava na sala para ouvir as confissões sexuais de Hoffman. Se estivesse, provavelmente lançaria um olhar de reprovação. O curioso é que, sem perder o jeitão de síndico, ele tem protagonizado várias comédias recentemente. Foi um gângster em crise existencial de *Máfia no Divã* (1999) e *Máfia Volta ao Divã* (2002). O que significa atuar em tantas comédias num curto espaço de tempo?, arrisco perguntar. Não seria uma tentativa de se levar menos a sério?, arrisco mais um pouco. Mas ele se safa: *"Ao longo dos anos, interpretei personagens carregados de ironia e com muito humor no comportamento. Eles tinham um quê de comédia independentemente da imagem séria que tinham de si mesmos. As últimas comédias foram apenas um passo adiante nessa direção"*.

Encorajada, quero saber se um dos mestres na arte de intimidar, um dos melhores da história do cinema, não deixa os colegas tremendo de medo no *set*. Principalmente os mais jovens. *"Quando trabalhamos juntos dia após dia isso desaparece"*, ele corta, seco. Mas será que existe algum ator capaz de intimidá-lo? *"Não!"*, ele responde, mais seco ainda. O astro que cresceu em Little Italy, o bairro dos italianos de Nova York, também não topa a brincadeira de repetir a célebre frase *"Tá falando comigo?"*, de Travis Bickle de *Taxi Driver* (1976) – recentemente escolhida como a mais memorável do cinema em pesquisa inglesa. *"Para quê?"*, pergunta.

Os dois só têm uma coisa em comum: extrema seriedade no que fazem. Para garantir a autenticidade aos personagens, De Niro aprendeu a falar o dialeto siciliano antes de rodar *O Poderoso Chefão 2*, trabalhou como motorista de táxi durante meses antes de filmar *Taxi Driver*, dispensou dublês nas perigosas cenas de ação de *Franco Atirador* (1978) e ainda engordou mais de dez quilos para encarnar o lutador de *Touro Indomável* (1980). Mas a explicação para tanto perfeccionismo é curta: *"Adoro o que faço"*.

Hoffman também não mede esforços para convencer o espectador. Nem que para isso precise colocar pedras no sapato, como ele fez durante as filmagens de *Perdidos na Noite* (1969), para melhor representar o manco Ratzo. O ator se entrega tão inteiramente aos personagens que não teve dificuldades para se passar por jovem de menos de 20 anos, ao encarnar o protagonista de *A Primeira Noite de um Homem* (1967), quando já estava na casa dos 30. Gozador que leva o trabalho a sério, fica chocado quando pergunto se ele tinha realmente aprendido capoeira para filmar *Entrando Numa Fria Maior Ainda*. *"Você está sugerindo que usei dublê no filme?"*, pergunta, já se levantando. Explico que, ainda que seu personagem afirme ser bom em capoeira, não vemos grande coisa nas telas. Ele faz que se ofende: *"Então deixe eu te mostrar o que aprendi com o professor Múmia."* Ao final da "apresentação", em que Hoffman faz uns movimentos atrapalhados, parecendo dançar *Macarena*, tenho de aplaudir, é claro. Ele encerra o show com as mãos nas costas, gritando: *"Advil! Advil!"*. Advil é um remédio contra dores musculares.

"Faço tudo por uma boa história", explica Hoffman. Mas essa sua característica, que ele usa para entreter todos ao seu redor, já lhe deu algumas dores de cabeça. Como quando ele disse durante cerimônia para homenagear Barbra Streisand que os dois, amigos há 40 anos, limparam banheiro juntos para pagar as aulas do curso de arte dramática em Nova York. *"Barbra ficou furiosa"*, lembra. Isso porque a atriz, que interpreta a mulher de Hoffman em *Entrando Numa Fria Maior Ainda*, trabalhou, de fato, como babá. Ele limpou banheiro sozinho. *"Mas a minha história é muito melhor que a dela, não é?"*

Ainda que o senso de humor distancie Hoffman de De Niro, eles são tão competentes que podem se dar ao luxo de amargar fracassos no currículo, sem que isso arranhe as suas respeitadas imagens. Como ocorreu com Hoffman em *Ishtar* (1987) e com De Niro em *15 Minutos* (2001). Ambos ainda levaram para casa dois Oscars: De Niro por *O Poderoso Chefão 2* (de coadjuvante) e por *Touro Indomável* e Hoffman por *Rain Man* e *Kramer vs. Kramer*

(1979). Seus egos também não os limitam aos papéis de protagonistas, aceitando pequenas participações – desde que tenham chances de realizar um bom trabalho. A dupla tem lá as suas idiossincrasias (quem não tem?). Mas são pessoas sem frescuras. Dispensam guarda-costas, saem às ruas vestidos com simplicidade e ainda viajam relativamente incógnitos. De Niro até passou um carnaval no Rio de Janeiro, evitando a imprensa a todo custo. Hoffman ainda não veio ao Brasil, mas me garante que quer vir. Diz que até vai aprender um pouco de português. *"Faço questão de saber pelo menos duas coisas em todas as línguas: mais rápido e mais devagar"*, diz, soltando uma gargalhada.

Na Companhia do Gentleman Sean Connery

Homem másculo, alto e de físico imponente, Sean Connery impõe respeito assim que pisa no terraço panorâmico do Hotel du Cap, em Cap d'Antibes, próximo de Cannes. Mesmo vestido de forma descontraída, com calça de veludo azulão, suéter azul claro e negligentes mocassins marrons, a pinta é de lorde. Como um perfeito gentleman, ele aponta o caminho e me conduz até uma mesa, puxando a cadeira para mim. Antes de se sentar, arregaça as mangas, deixando visível uma tatuagem um tanto incompreensível no antebraço direito – detalhe que a câmera quase nunca mostra no cinema. Quando ele percebe que eu observo atentamente aquele desenho verde, onde se lê *Scotland Forever*, o astro diz que é um *"resquício dos tempos da Marinha"*. Mostra que, tatuado no outro antebraço, há um singelo *Mum and Dad*.

O homem que imortalizou James Bond no cinema é hoje um senhor de 70 e tantos anos. É discreto, pacato, calvo e tem uma barriguinha saliente, que ele tenta murchar ao se acomodar na cadeira. Mas basta Conney carregar no forte sotaque escocês ou abrir um sorriso malicioso, de canto de boca, para me fazer lembrar do agente secreto. Sua filmografia comprova versatilidade, mas, no cara-a-cara, Connery nunca se livrará do estigma do 007. O olhar insinuante e o ar superconfiante, de quem nasceu para dominar a cena, ainda são daquele terrível conquistador. Isso ajuda a explicar a escolha do ator, em 1989, aos 59 anos, como *The Sexiest Man Alive*, pela revista *People*.

Do célebre personagem criado por Ian Fleming, ele ainda traz o humor cínico. *"Se herdei alguma coisa boa de Bond foi o gosto pelo golfe, um esporte que posso praticar até os 90 anos"*, diz, lembrando que aprendeu a apreciar o golfe em *007 Contra Goldfinger*. Mas percebo que Connery não é do tipo saudosista. Falar de 007 o incomoda. Tanto que ele sempre tenta trazer a conversa para o presente quando eu insisto em abordar o seu passado glorioso nas telas, principalmente na pele do agente. Ele garante que não assiste aos seus filmes. Até aí nada original, já que dez entre dez atores de Hollywood costumam dizer isso. O astro parece muito mais à vontade falando da família e principalmente do primeiro neto, Dashiell (na época, com dois anos), do que promovendo *Armadilha*, o assunto que lhe trouxe a Cannes, em 1999. *"As crianças renovam o nosso espírito"*, diz, como um autêntico vovô coruja.

Sean Connery ainda Brinca de James Bond

Entrevista publicada no *Jornal da Tarde* de 3 de junho de 1999

Os poucos cabelos brancos que lhe restaram não impedem Sean Connery de continuar bancando o James Bond. Com mais de 60 longas-metragens na bagagem, barriguinha avantajada e o mesmo charme que eternizou o agente secreto 007 nas telas, o astro escocês recupera o fôlego para embarcar em mais estafantes cenas de ação. Em *Armadilha*, ele não só protagoniza seqüências de fuga espetaculares como vira a cabeça de uma bela mulher – especialidades do famoso espião que fundou na década de 60 a franquia mais duradoura da história do cinema. *"Ainda posso me dar ao luxo de dispensar o dublê"*, disse Connery, no Hotel du Cap, em Cap d'Antibes, o endereço das celebridades em Cannes – o preferido de Elizabeth Taylor e Madonna. *"Só quando a cena exige muito esforço físico e habilidade é que eu deixo o trabalho para os profissionais do perigo"*, completou o ator, que faz par romântico com Catherine Zeta-Jones nas telas. Nas sessões de gala, no entanto, Connery desfilou num *smoking* impecável de braço dado com a mulher, a pintora franco-marroquina Micheline Roquebrune, com quem está casado desde 1975. *"Smoking é a cara do 007"*, lembra.

Por que retomar periodicamente o gênero ação. Saudades do James Bond?
Não (risos). Aqueles dias não voltam mais. Pierce Brosnan está fazendo um bom trabalho. O que mais me atraiu em *Armadilha* foi o seu caráter intencionalmente antiquado, principalmente na narrativa. A idéia é mesclar a forma convencional de contar uma história com o que há de mais moderno em termos tecnológicos.

Para quem começou a carreira contracenando com belas e jovens mulheres, como se sente ao continuar fazendo par romântico com atrizes da idade das bondgirls?
A culpa não é minha. Ou talvez seja, já que eu insisto em continuar trabalhando. Reconheço que o público se convence mais facilmente ao ver homem maduro com mulher mais jovem do que o contrário. O curioso é que a diferença de idade entre os meus personagens e o das minhas colegas é uma questão que incomoda só as mulheres...

Não incomoda à sua mulher?
Acho que não. Pelo menos ela nunca reclamou. Talvez eu devesse perguntar. A sua pergunta obviamente me faz pensar nas atrizes mais velhas, que desaparecem das telas aos 50, 60 anos. Talvez precisassem interpretar mulheres mais velhas um pouco antes de envelhecerem de verdade para não enfrentarem transição tão radical.

Quais as qualidades que procura numa parceira no set?
Nunca tive muitos problemas com as atrizes com quem trabalhei. Às vezes, foi fácil. Outras, nem tanto. É preciso que os dois lados se adaptem. Mas, como já estou velho demais para isso, agora elas é que têm de se adaptar.

Seus personagens geralmente são irônicos. Até que ponto você imprime essa característica? Talvez seja uma forma de ironizar a grande indústria?
Não. A razão é bem mais simples. Como nunca me fixei na Inglaterra ou nos EUA, profissionalmente falando, tive a oportunidade de rodar produções em várias partes do mundo, como a Itália, a Rússia, a Alemanha etc. Isso impediu que eu me identificasse com um único estilo cinematográfico. A ironia talvez venha daí.

Por ser um ator de tamanha credibilidade na tela, já se sentiu carregando um filme nas costas?
Eu geralmente procuro dividir o peso com quem contraceno. Por isso, procuro ser tão exigente na escolha da parceira. O processo de seleção de elenco de *Armadilha* foi longo até nós nos decidirmos por Catherine. Procurávamos por alguém que tivesse cerca de 30 anos e que não estivesse exposta demais. Ainda precisaria apresentar habilidades acrobáticas e ter carisma, a ponto de fazer o público acreditar que alguém arriscaria a vida, no topo de um prédio altíssimo, só para salvá-la.

Por que substituiu Antoine Fuqua por Jon Amiel na direção de Armadilha*?* (O filme foi produzido pela empresa Fountainbridge Films, de Connery)
Porque ele queria fazer um filme focado na ação e eu preferia concentrar as energias no relacionamento dos personagens. Tentei abordar a produção de forma mais convencional, à la *Ladrão de Casaca*, de Hitchcock. A vantagem de ser o produtor é a garantia de que o filme sairá do seu jeito.

Steve Martin Num Dia sem Inspiração Cômica

Steve Martin entra de mansinho, todo tímido, na suíte do Hotel Regent Beverly Wilshire, de Beverly Hills. Seu rosto, ideal para encarnar pessoas comuns no cinema, tem uma expressão ingênua. Nem parece o cara que várias vezes foi o mestre de cerimônias do Oscar, dando provas de desenvoltura e capacidade de improviso. Há um abismo entre os personagens atrapalhados, sonsos e divertidos que o consagraram nas telas e o sujeito calmo, sério e com ar sofisticado que se senta na minha frente. Elegante, num terno preto de corte conservador, ele é cortês e atencioso. Poderia jurar que ele não faz a menor questão de corresponder à imagem de comediante. Martin leva as perguntas a sério, sem cair na tentação de fazer piadinha. Eu é que, secretamente, fico esperando que, a qualquer momento, ele comece a fazer gracinhas e a despejar as tiradas insólitas.

O próprio Martin tem uma explicação para isso: *"Às vezes, faço rir sem saber como. Talvez porque as pessoas antecipem que farei algo engraçado ou talvez se lembrem de palhaçada de um personagem meu, abrindo o caminho. Muitas vezes, levo o crédito sem merecer"*. O ator conta que, no *set* de *A Balconista*, bastou ele perguntar ao diretor onde era a sua marca numa determinada cena para um figurante simplesmente cair na gargalhada. *"Até agora não entendi qual foi a piada"*, diz, com ar bonachão. Nem o humor físico e careteiro que ele emprega no cinema, para garantir risadas fáceis, Martin repete no cara-a-cara. Pessoalmente ele não dá a menor bandeira de seu talento para a comédia física.

Já ouvi dizer que Martin prefere as grandes platéias para caprichar nos trejeitos e nas observações hilárias. Talvez numa coletiva de imprensa ele se esforce mais para ser engraçado. Comigo, as piadinhas foram escassas. Ele tentou fazer graça na hora de falarmos sobre a refilmagem de *A Pantera Cor-de-Rosa*, em que assume o papel do confuso inspetor Clouseau, vivido magistralmente por Peter Selles. *"Que culpa eu tenho se preferiram despedir Selles e me contratar?"*, brinca ele, ao se referir ao ator que morreu de ataque cardíaco em 1980. O humorista que sempre teve uma aparência mais velha, por conta dos precoces cabelos brancos, me surpreende mesmo pela sinceridade e o senso crítico. Quando pergunto o que ele espera da carreira daqui para frente, Martin é enfático: *"Fazer menos filmes ruins"*. Coisa rara de se ouvir em Hollywood.

Steve Martin – O Rei do Riso

Entrevista publicada na *Chiques* de 6 de fevereiro de 2004

Parece piada lembrar que ele foi vendedor de lembrancinhas na Disneylândia. Um dos comediantes de maior prestígio na história do cinema e da televisão, Steve Martin se divide atualmente entre as carreiras de ator, roteirista, produtor, dramaturgo, escritor e, nas horas vagas, tocador de banjo. Nas telas, o astro continua arrancando risadas da platéia, abusando dos personagens atrapalhados e do humor *"capaz de fazer o público rir, sem fazê-lo vomitar"* – como ele mesmo gosta de definir. *"Até hoje não sei do que as pessoas tanto riem da minha cara"*, diz o ator, que não é mesmo tão engraçado pessoalmente. *"Guardo o melhor para as telas"*, explica.

Mais conhecido pelas performances em *Cliente Morto não Paga* (1982), *Um Espírito Baixou em Mim* (1984) e *L.A. Story* (1991), Martin volta às telas na comédia *Doze é Demais*, refilmagem de *Papai Batuta*, dirigido por Walter Land e estrelado por Clifton Webb em 1950. Como o título já adianta, o protagonista é um treinador de futebol americano, com uma dúzia (literalmente) de filhos. *"Fico lisonjeado com a insistência de Hollywood em me escalar para o papel de pai. Será que ninguém percebeu que já tenho idade para ser avô?"*, brinca o ator, que não tem herdeiros. Depois de se divorciar da atriz Victoria Tennant, em 1994, ele namorou Helena Bonham Carter e Anne Heche.

Apesar do humor a meio caminho entre o refinado e o pastelão, o ator nascido no Texas demonstra gosto sofisticado. Sobretudo longe das câmeras. Formado em filosofia, Martin é curador do Museu de Arte de Los Angeles e dono de uma invejável coleção, com obras assinadas por De Kooning, Lichtenstein e Picasso. *"Sou um cara eclético. Posso fazer horas admirando uma obra de arte ou assistindo a desenho do Scooby Doo."* Escritor competente, já lançou o terceiro livro, *The Pleasure of My Company*, nos EUA, colocando o título, escrito em primeira pessoa, na lista dos *best sellers* do jornal *New York Times*. *"Quem escreve se sente mais dono da própria arte."*

Desde que se tornou escritor, sente-se tentado a mudar os diálogos dos seus personagens no cinema?
Não mudo as falas quando são boas. Mas sempre tento pensar numa piada melhor. Deve ser por isso que me contratam. Sabem que me preocupo com o material. Na maioria dos filmes que faço, acrescento uma média de 15 piadas, se não escrevi o roteiro.

Doze é Demais *segue o estilo cômico que o consagrou. Como mantém a motivação para fazer personagens confusos, com humor mais físico?*
O que me motiva é a diversão nos *sets*. Uma comédia só pode ser aprimorada de acordo com o entrosamento entre os atores. Desde que esteja pisando em espaço criativo, não me preocupo se o humor do personagem é mais físico ou intelectual. Gosto dos dois tipos.

Como foi trabalhar cercado de crianças no set?
Nas horas vagas, pelo menos eu tinha com quem brincar (risos). Mas confesso que, ao terminarmos as filmagens do dia, ficava aliviado sabendo que os pais buscariam as crianças. Eles é que fazem o trabalho sujo, limpando e educando aquela garotada.

Será um desafio substituir Peter Selles no papel do inspetor Clouseau na refilmagem de A Pantera Cor-de-Rosa *(1963)?*
Sim. Passei dois meses pensando no assunto e recusei o papel duas vezes. Só voltei atrás por causa do diretor Shawn Levy, que me deixou brincar com o roteiro, reescrevendo-o. Mesmo que meu nome não apareça nos créditos como roteirista, fiz questão de moldar a história para sentir melhor o personagem Clouseau. Como Selles era perfeito para o papel, a minha tarefa será encontrar o tom adequado para mim. A idéia é revitalizar a série com outro ator.

Seu primeiro livro, A Balconista *(publicado no Brasil pela editora Record) será levado às telas. Você se envolveu na adaptação para não correr o risco de ver Hollywood se distanciar muito do original?*
Quando vendi os direitos, avisei que sairia caro. Principalmente porque eu viria no pacote. Seria muito complicado para mim ficar fora do projeto. Então eu mesmo escrevi o roteiro e ainda vou atuar no filme (no papel de Ray Porter).

A tendência é deixar a carreira de roteirista e escritor se sobressair à de ator?
Não sei. Tenho me divertido muito mais escrevendo, mas seria prematuro dizer que vou parar de trabalhar como ator. Depende do meu humor. Não há dias em que estamos em casa e só pensamos em sair? Mas há outros em que, quando estamos na rua, só pensamos em voltar para casa. Talvez a grande vantagem do escritor seja a de se permitir mais horas de folga. Coisa que o ator, comprometido a filmar 12 horas por dia, não pode fazer.

Sente-se pressionado a ser engraçado o tempo todo?
Apesar de gostar de fazer os meus amigos rirem, não me sinto na obrigação de divertir desconhecidos. Do contrário, eu me sentiria trabalhando 24 horas por dia.

Quando percebeu que podia ser engraçado?
Não sei. Só posso dizer que sempre soube que ganharia a vida divertindo as pessoas. Provavelmente aprendi de tanto ver televisão e filmes. Antes de estrear no teatro, aos 18 anos, fazendo comédia *stand-up*, já tinha números de magia que divertiam os amigos e os familiares.

Está chateado por não apresentar mais a cerimônia do Oscar?
Não. Embora seja divertido, apresentar o prêmio

dá muito trabalho. Principalmente mental. Estou aliviado por não precisar enfrentar tudo aquilo de novo. É muito estresse.

Capítulo VIII

Os Geniosos

A Seriedade Forçada de Leonardo DiCaprio

Leonardo DiCaprio está sempre com um sorrisinho cínico nos lábios. Dependendo do seu humor no dia da entrevista, pode até fazer piadas. Mas não adianta o repórter dar uma de engraçadinho. Quem decide o tom é DiCaprio. Normalmente ele exagera na seriedade, falando de seus personagens como se eles fossem mais importantes do que são. Desde que o *Titanic* passou por sua vida, o ator escolhe muito bem não só os diretores com quem trabalha, mas também as palavras quando dá entrevista. Nada contra DiCaprio se levar a sério, querendo se distanciar dos demais rostinhos bonitos de sua geração em busca de caça-níqueis. Mas de tanto medir o que fala, posando de ator compenetrado, às vezes ele tem um discurso decorado, sem espontaneidade.

Qualquer tentativa de fazê-lo dar declarações mais pessoais ainda é recebida com cara feia. Perguntar de Gisele Bündchen, por mais que os editores brasileiros sempre insistam, é perda de tempo. É só a gente dizer que é do Brasil para o ator olhar com reserva – como se já temesse a tal pergunta.

DiCaprio não gostou nada quando eu mencionei aquela história que ele chegava atrasado ao *set* de *Gangues de Nova York*, em Roma. Segundo os jornais locais, o astro caía na noite com Gisele, que o visitava quando circulava pela Itália por conta de compromissos de moda. *"Não sei de onde tiraram isso"*, disse, com ar indignado. *"É ofensivo ver a imprensa me rotular de indisciplinado e mimado."*

O rosto ainda pode ser de menino, de quem acabou de completar 30 anos. Mas, pelo seu comportamento, eu diria que ele quer parecer mais velho e, principalmente, mais maduro. No nosso primeiro encontro, em 2003, no escritório da sua produtora, a *Appian Way*, em Los Angeles, antes do lançamento de *Gangues de Nova York*, o visual escolhido transpirava descontração. Mas a camiseta azul, a calça jeans bag, o tênis e o boné dos Lakers, seu time de basquete preferido, não o impediram de recorrer às frases feitas e de reforçar como as suas intenções no cinema são sérias. *"Quero deixar um legado de filmes excelentes, dos quais possa me orgulhar"*, afirmou, enfático. Na segunda entrevista, em dezembro de 2004, também em Los Angeles, na *junket* de *O Aviador*, o ator escolheu um figurino que por si só queria impor respeito: calça social e camisa de manga comprida, abotoada até o pescoço e nos punhos. Até os cabelos escorridos estavam alinhadíssimos, penteados para trás. Quando falava, todo sóbrio, ainda dava a impressão de já estar ensaiando o discurso de agradecimento pela conquista de um prêmio.

Apesar da pinta de modelo, com aqueles cabelos loiros, olhos azuis, traços delicados e nariz empinado, ele não é tão irresistível assim. Beleza física ajuda, mas não é tudo. DiCaprio tem aparência fria, postura um tanto desengonçada e personalidade pouco cativante. O ar ainda é de garotão, daquele menino arruaceiro que ele foi um dia. De pertinho, ainda dá para ver uma leve cicatriz na sobrancelha direita. Cara a cara com o ator, só me passa uma coisa pela cabeça:
O que será que Gisele viu nele?

Homem Maduro

Entrevista publicada na *Contigo* de 17 de fevereiro de 2005

Leonardo DiCaprio foi visto no Hotel Regent Beverly Wilshire, no coração de Beverly Hills, com uma loira a tiracolo. Não, não era a modelo brasileira Gisele Bündchen, com quem começou a namorar em 1999 e de quem pouco ou nada fala durante entrevistas. Disposto a apagar a imagem de moleque brigão e mulherengo do passado, o astro estava todo sério, ocupado com compromissos profissionais na companhia de Cate Blanchett, seu par romântico em *O Aviador*. Aos 30 anos, rico (com cachê de US$ 20 milhões por filme) e preocupado com causas ecológicas e ações solidárias, ele quer mesmo provar que amadureceu. Foi do próprio DiCaprio, co-produtor de *O Aviador*, a idéia de levar às telas a história de Howard Hughes (1905-1976), o bilionário neurótico conhecido pelas conquistas amorosas – incluindo a estrela Katharine Hepburn, vivida por Blanchett – e pelas façanhas no mundo do cinema e da aviação.

O papel já garantiu a DiCaprio o Globo de Ouro de melhor ator dramático e uma indicação ao Oscar de melhor ator. Concorre à estatueta dourada da Academia pela segunda vez – depois de *Gilbert Grape - Aprendiz de Sonhador* (1993), como coadjuvante. *"Fui atraído pelo comportamento obsessivo-compulsivo de Hughes. O homem empreendedor e visionário viu seu mundo desmoronar por fobia de micróbios"*, disse o ator, lembrando as conquistas do personagem: Hughes bateu o recorde de velocidade na aviação, em 1935, e deu a volta ao mundo em três dias, 19 horas e 17 minutos, em 1938. Uma lenda em Hollywood, o bilionário ainda foi dono do estúdio RKO, atuando como diretor e produtor. Foi responsável por *Anjos do Inferno* (1930), que custou cerca de 4 milhões de dólares, um dos filmes mais caros da época, e pelo lendário *Scarface - A Vergonha de Uma Nação* (1932). *"Sou tão obcecado quanto Hugues no sentido de buscar a perfeição e a autenticidade no meu trabalho"*, afirmou.

Desde o estardalhaço de *Titanic* (1997), esse loiro de olhos azuis é presença constante na lista dos mais bonitos do cinema divulgada anualmente pela *People*. Por conta da superexposição que sofreu com o filme, vencedor de 11 Oscars e a maior bilheteria de todos os tempos (US$ 1,8 bilhão mundialmente), DiCaprio passou a escolher os projetos a dedo. Só aceita trabalhar com cineastas de prestígio. Foi assim em *Celebridades* (1998), em que foi dirigido por Woody Allen, *Prenda-me Se For Capaz* (2002), de Steven Spielberg, e *Gangues de Nova York* (2002) e *O Aviador*, ambos assinados por Martin Scorsese. *"Só quero ser dirigido pelos melhores"*, disse DiCaprio, elogiado pelo desempenho como Hugues. Para conquistar o Oscar, no entanto, terá de superar o favoritismo de Jamie Foxx, impecável no retrato de Ray Charles em *Ray*. *"Aconteça o que acontecer, não terei do que reclamar. Por tudo o que já vivi, me considero um 'lucky bastard'* (um desgraçado sortudo, na tradução)." A seguir, os principais trechos da entrevista concedida à *Contigo*, em Los Angeles, onde DiCaprio, mais uma vez, foi irredutível na já conhecida decisão de não responder perguntas sobre o romance com Gisele. Nem do Brasil ele quis falar muito.

Você ainda é jovem para um papel tão ambicioso, que cobre 20 anos da trajetória de Hugues. Sente-se maduro o suficiente como ator?
Não sei. Só posso dizer que tento me concentrar em

personagens interessantes, independentemente da idade deles. Se existisse um adolescente capaz de me instigar, eu o retrataria nas telas. Mas os papéis que mais me agradam recentemente correspondem a homens que viveram muito mais que eu. No caso de Hugues, a sua juventude foi igualmente fascinante por mostrar o início de suas obsessões e ter como pano de fundo os anos de ouro de Hollywood, da aviação e a Revolução Industrial nos EUA.

Acha que a história não faz jus a Hugues, por ele ter ficado recluso e maluco?
A existência de tantos livros a seu respeito prova que o homem continua sendo um mistério. Querendo ou não, ele foi uma figura ícone nos EUA. Foi na sua época que o país tomou as diretrizes que definiriam o que somos hoje. Eu admiro as conquistas de Hugues, mas confesso que, como ator, o aspecto mais fascinante foi explorar a sua decadência. É assustador saber que um homem da sua capacidade, depois de ter empregado tanta energia no cinema e na aviação, passou o final da vida trancafiado no quarto, obcecado com a perfeição na hora de abrir uma lata de sopa.

Assim como Hugues, que se isolou, também precisou criar um mundo próprio por conta da popularidade?
Existe, sim, uma tendência ao isolamento. Principalmente quando a pessoa conhece a fama cedo,

como aconteceu comigo. Mas sempre tive orgulho da minha natureza rebelde nesse departamento. Faço o que quero e vou para qualquer lugar. Nunca dei ouvidos aos que disseram que eu não podia fazer isso ou aquilo. Aí é que eu faço mesmo. O fato de ser conhecido afeta inevitavelmente a minha vida, mas não deixo que isso me limite, impedindo que eu tenha experiências como qualquer pessoa.

Como ir a um jogo de basquete com a namorada?
(DiCaprio fecha a cara.) Não deixo de ir a jogos, ao cinema ou a países estrangeiros. Já percorri países com mochila nas costas, como qualquer jovem americano faz.

Suas viagens já o levaram ao Brasil. O que achou do país?
Gostei muito. O Brasil me encantou pela beleza da paisagem e pela generosidade do povo. A língua portuguesa também é linda, mas difícil de aprender. Até hoje não fui além do *"tudo bem"*.

Como abordou o aspecto Casanova de Hugues?
(Além de Hepburn, o bilionário se relacionou com Ava Gardner, Faith Domergue etc.)
Ele teve muitas namoradas, mas não sei se tinha mesmo o ego do tamanho do mundo. Segundo sua ex-mulher, Terry Moore, que conheci pessoalmente, Hugues era um doce de pessoa.

Katharine Hepburn diz em O Aviador *que a pes-*

soa famosa deve guardar a vida pessoal para si mesma, não deixando que a mídia faça dela um show de horrores. Concorda?
Sim. Se o ator deixar, isso pode acontecer. Para mim, sempre foi importante manter a minha intimidade longe do alcance. Até porque eu acho que o público só tem a ganhar com isso. Não gosto quando me sinto muito familiarizado com a vida do ator que vejo na tela. Prefiro não ter em mente a sua imagem ou atitude na vida real para não me deixar influenciar.

Quem são as pessoas que mais o ajudam a manter os pés no chão?
Minha família e o meu grupo de amigos. Muitos são amigos de infância, pessoas em quem posso confiar. Sei que eles sempre serão honestos comigo. Se for preciso, me avisarão que estou agindo como um idiota. Se não fosse por eles, poderia ter me perdido pelo caminho.

Olhando para trás, como avalia o impacto de Titanic *na sua carreira?*
Foi tão brutal que eu precisei sair de cena e deixar a poeira assentar, observando tudo de longe. Não quis filmar logo depois. Aproveitei para viajar e ter outras experiências. Não desmereço a presença de *Titanic* no meu currículo. Pelo contrário. Eu me sinto honrado por estar no elenco de filme, que quebrou barreiras culturais e viverá por cen-

tenas de anos. Mas o que gravitou ao redor de nós, atores, foi surreal. Foi assustador ver a minha imagem espalhada pelo mundo inteiro. Eu já não agüentava me ver na capa das revistas.

É para ser levado a sério como ator que você tem trabalhado apenas com grandes diretores? Faria uma comédia romântica, por exemplo?
Estou aberto a tudo. Qualquer filme, gênero e personagem. Mas exijo autenticidade. Se não acredito no personagem, não aceito. Quanto aos diretores, não quero perder o meu tempo com quem tem pouco a me ensinar.

Espera que a sua parceria com Scorsese seja tão produtiva quanto a que ele estabeleceu com Robert De Niro nos anos 70?
Tomara. Apesar de sermos de gerações diferentes, Marty e eu temos os mesmos gostos no cinema, na música e em outras formas de arte. Ele é um historiador do cinema. Respira isso 24 horas por dia.

Como o cinema entrou na sua vida? Foi influência do ambiente, por ter nascido e crescido em Los Angeles?
Comecei a fazer testes aos 13 anos. Confesso que passei a considerar o cinema como profissão porque tinha dificuldade de concentração na escola. O meu cérebro trabalha mais facilmente quando posso ser criativo. Vivia entediado nas aulas de matemática. Sou péssimo em cálculos (risos).

Uma Penetra na Festa de Demi Moore

Não sou fotógrafa, mas já tive meus dias de *paparazzo*. Cliquei Demi Moore assim que ela revelou ao mundo a cabeça raspada. Lembram quando ela perdeu a cabeleira no *set* de *Até o Limite da Honra*, em 1996? Mesmo sendo amadora, feita com câmera descartável de US$ 10, a foto foi parar na primeira página da *Folha de S. Paulo* (veja ao lado). Foi foto roubada, claro. Por pouco os seguranças não me botaram para fora. Até porque eu não passava de uma penetra na festa de lançamento de *Striptease*, no famoso Rainbow Room, no topo do Rockefeller Plaza, de Nova York. Soube do evento por ter entrevistado a atriz pela manhã, no Hotel Essex House. Enquanto esperava a minha vez de entrar na suíte (nem preciso dizer que a estrela estava atrasada), ouvi comentários sobre a tal festa. Como não conhecia o lugar, caro demais para o meu bolso, pensei: *vou dar uma passadinha, como quem não quer nada...*

Tentei entrar de cabeça erguida, pedindo um convite para Moore, no final da nossa entrevista. Como só estávamos eu e ela na sala, disse que gostaria de complementar o material com o clima da festa. Ela nem deu bola. Moore não chega a ser totalmente antipática, mas é daquelas estrelas que se estressam por qualquer coisa. Não disfarça o ar de superioridade e a pouca paciência, principalmente se descobre, pelos seus comentários, que você não gostou do filme. No caso de *Striptease*, eu e o

REVISTA

Elaine Guerini/Folha Imagem

Demi Moore no lançamento de 'Striptease' em Nova York

Demi Moore elogia a nudez

A atriz Demi Moore, 33, que raspou a cabeça para rodar "G. I. Jane", fala sobre nudez, moral, família, sucesso e dinheiro.

"Não tiro a roupa para aparecer", afirma. Para interpretar uma "stripper", a atriz recebeu um cachê de US$ 12,5 milhões.

resto do mundo, provavelmente – já que a bilheteria do título sequer cobriu o seu custo. A insinuação de que a campanha publicitária prometia muito em termos de nudez e o filme cumpriu pouco a deixou visivelmente irritada. Ela me lançou um olhar desafiador e perguntou, seca: *"Você acha mesmo que os homens sairão desapontados?"* Dei uma enrolada na resposta, ao perceber que, se insistisse, a mulher ia me deixar falando sozinha.

Como Moore regulou um convite para a festa, o jeito foi furar o cerco dos seguranças na entrada do Rockefeller Plaza. Disse que o meu nome estaria na lista de convidados. Afinal, sempre existe uma lista. O pior que poderia acontecer era alguém ter o papel em mãos, não achar o meu nome e me deixar com cara de tacho. Principalmente por eu estar toda arrumada, com o aquele vestidinho preto básico.

Mas a história colou. Enquanto a imprensa foi obrigada a ficar num cercado, na entrada (de onde fotografariam Moore de cabeça raspada), fui passando de uma recepção à outra, repetindo a ladainha. Subi até chegar ao 65º andar do prédio, onde não havia mais nenhum controle e cerca de 200 pessoas já aguardavam a atriz.

Assim que Moore chegou, exibindo a careca que realçou ainda mais os traços suaves de seu rosto, a estrela cumprimentou os convidados, distribuindo beijos e abraços. Para fazer as fotos que o jornal queria, fiquei de olho nela, mas não muito perto. A atriz estava linda num vestido preto longo e decotado, que deixava à mostra as costas e os braços musculosos e bronzeados. Na hora do jantar, percebi que ela pulou as opções do cardápio salgado. Olhou para as sobremesas apetitosas, mas só colocou morango, abacaxi e framboesa no prato. Bruce Willis, seu marido na época, até subiu ao palco para animar a festa. Mesmo tendo se esforçado para interpretar canções de Joe Cocker e James Brown, faz ele muito bem de não trocar a carreira de ator pela de cantor. Seu consolo foi que Moore e as filhas, Rummer e Scout, correram para a pista de dança quando Willis começou a cantar. O mais curioso foi observar dois grandalhões de cara feia parados no meio da pista, ao lado das três. Eram os seguranças. Nem numa hora de descontração como essa eles dão folga.

"Não faço nada para aparecer"

Entrevista publicada na *Revista da Folha* de julho de 1996, quando ela ainda era a sra. Bruce Willis

Demi Moore chega ao Hotel Essex House de Nova York com a blusa branca estrategicamente desabotoada. Apenas o suficiente para exibir as curvas dos seios bronzeados e desnortear os hóspedes e curiosos que esperam a estrela de *Striptease* no saguão. A atriz trocou os longos cabelos castanhos pelo visual inspirado em Sinéad O'Connor. Ela esconde a careca, que ganhou durante as filmagens de *Até o Limite da Honra*, com lenço branco e usa o mínimo de maquiagem, realçando a cor verde-cinza de seus olhos.

Mais baixa do que aparenta nas telas (com pouco mais de 1,60 m), Moore veste calça preta justa para destacar suas formas esculturais – agora, avantajadas graças a intensas sessões de musculação. Apressada, ela se dirige a um dos quartos do hotel e pede à secretária que providencie algo para comer. Em poucos minutos, a atriz está pronta para receber a *Revista da Folha* para a entrevista.

Moore se acomoda animadamente em um dos sofás do quarto – uma suíte de luxo no 33° andar do hotel cinco-estrelas, situado em Manhattan. Logo de cara, se mostra desembaraçada e de personalidade forte. Basta a primeira pergunta para a atriz começar a falar pelos cotovelos, com a característica voz rouca e sensual, e deixar claro sua missão nessa entrevista: defender *Striptease*, que foi bombardeado pela crítica nos EUA. *"Os americanos ainda são muito puritanos. Têm vergonha do próprio corpo e do que o corpo significa"*, diz a atriz, que embolsou US$ 12,5 milhões para interpretar a *stripper*. Nas cenas mais quentes, fica só de fio-dental. Parece se empolgar quando o tema é nudez. *"Na minha casa, eu e o meu marido* (o ator Bruce Willis) *encorajamos nossas filhas a perceberem que o corpo é algo natural, uma coisa bonita de se ver."*

A filha mais velha do casal, Rummer, contracena com Moore no filme. *"Ela concorreu com todas as outras meninas que queriam o papel"*, destaca. *"Foi espontânea e me surpreendeu muito"*, comenta, sem se preocupar com a corujice. Rummer viu a mãe tirar a roupa em cena. *"Ela ficou orgulhosa de mim. Como qualquer criança, ficava tentando me imitar"*, lembra. *"As minhas três filhas estão acostumadas a me ver nua. Elas tomam banho comigo e nós brincamos sem roupa pela casa"*, revela, rindo.

A atriz só faz uma pausa quando o garçom traz a garrafa de chá e a bandeja com canapés de salmão. *"Não entendo por que os americanos pensam que existe alguma coisa errada com o corpo. Talvez por isso os problemas como obesidade, anorexia e bulimia sejam tão freqüentes no país."* Ela cita o Brasil enquanto prossegue no discurso sobre a caretice americana. Moore rodou no país um de seus filmes, *Feitiço no Rio* (1984). *"Os brasileiros, assim como alguns povos da Europa, são mais abertos e liberais. Essa mentalidade ajuda a mulher a se sentir bem com o próprio corpo."*

Ela desconversa quando o assunto é a exploração da nudez como jogada de *marketing*. A atriz fez duas aparições ousadas na capa da revista *Vanity Fair*. Na primeira vez, em 1991, posou nua no sétimo mês de gravidez para a fotógrafa Annie Leibovitz. No ano seguinte, apareceu pelada novamente, apenas com um *smoking* pintado no corpo. *"Não tiro a roupa com a intenção de aparecer"*, diz, com ar provocante. *"Não faria uma coisa para me arrepender ou envergonhar a minha família. As fotos em que apareço grávida, por exemplo, não fiz para a revista. Fiz para mim e eles acabaram se interessando, pedindo autorização para publicá-las."*

No caso de *Striptease*, ela acha *"natural que a publicidade acentue esse lado para chamar a atenção"*. Mas será que o cachê teria sido tão alto se ela não tivesse tirado a roupa? Moore sorri e responde que sim. *"Quando fizemos o acordo, os produtores me disseram que eu precisaria dançar e ficar de* topless. *A decisão de fazer o striptease e usar apenas um tapa-sexo foi minha. Resolvi vivenciar a situação para poder mergulhar de cabeça na personagem."*

Em *Striptease*, de Andrew Bergman (de *Lua-de-Mel a Três*, de 1992, e *Atraídos pelo Destino*, de 1994), a atriz interpreta Erin Grant, uma mulher separada que perde a guarda da filha para o ex-marido vigarista e acaba ganhando a vida tirando a roupa nos clubes noturnos. *"Depois de pesquisar muito, descobri que muitas das strippers fogem do estereótipo"*, conta. *"Não são prostitutas, alcoólatras ou drogadas. São mulheres inteligentes e conscientes da escolha que fizeram. Como a minha personagem, são mães solteiras tentando sustentar os filhos."*

Na pele da *stripper*, Moore filma as cenas mais quentes de sua carreira. Muito mais que em *Assédio Sexual* (1994), no papel da executiva que tenta seduzir Michael Douglas, e *Proposta Indecente* (1993), quando foi para a cama com Robert Redford por US$ 1 milhão. Aqui ela usa o corpo para provocar uma resposta no espectador. *"É a primeira vez que faço isso. Reconheço que no começo das filmagens fiquei um pouco insegura. A coreografia é que ajudou a me soltar."* Duas cenas são ambientadas no palco do fictício clube noturno *Eager Beaver*, na Flórida, onde ela tira a roupa para uma platéia de babões – no final de cada performance, alguns não resistem em pendurar dólares no seu fio-dental. A terceira foi rodada no banheiro da casa da personagem, onde ela resolve ensaiar um número enrolada apenas numa toalha, logo depois de tomar banho. Antes de Moore colocar a calcinha, a câmera dá um *close* no seu bumbum.

Fisicamente, ela está com tudo em cima. Seu corpo ganhou massa muscular, sem perder totalmente a feminilidade. Outra mudança é que os seios parecem maiores – o que, segundo a imprensa americana, seria resultado de mais uma cirurgia plástica, entre tantas que já fez. *"Não existe mágica. Um corpo assim não se conquista da noite para o dia. É preciso malhar muito"*, conta, sem dar mais detalhes da sua rotina de exercícios. *"Não faço nada que os outros não façam para ficar em forma. Minha filosofia é estar sempre com um corpo saudável."* Mas ela desmente uma suposta obsessão pela forma física. *"A imprensa critica o que eles pensam que eu sou, o que acham que eu virei ou aquilo que eles pensam que eu penso. Mas não sou eu. As pessoas que realmente me conhecem e gostam de mim são as únicas que importam."*

O Olhar Desconfiado de Jodie Foster

Jodie Foster é séria. Não brinca em serviço. Conceder entrevistas é apenas uma prova de seu profissionalismo. Está na cara que ela não gosta nem um pouquinho de conversar com estranhos. Não chega a ser mal-educada, mas, no momento que aperta a mão do jornalista, deixa claro que não tolerará nenhuma gracinha. Talvez seja autodefesa da sua parte ficar com a cara fechada, como se estivesse pronta para atacar. Deve ser mesmo muito chato enfrentar esses curiosos que querem a todo custo saber a identidade misteriosa do pai dos seus dois filhos. O problema é que nem todo mundo chega com essa intenção (será que algum espertinho acha mesmo que ela vai responder?). E muitas vezes o olhar desconfiado dessa baixinha de olhos verdes cria uma atmosfera de tensão desnecessária.

O assessor da atriz já avisou, antes mesmo que ela entrasse na suíte do Hotel Four Seasons de Beverly Hills, que perguntas muito pessoais seriam ignoradas e podiam encerrar a entrevista. Jodie estava ali exclusivamente para divulgar *O Quarto do Pânico*. Como o filme não rendia mais que cinco minutos de entrevista, o jeito foi abordar, de uma forma positiva, o seu comportamento arredio, de quem foge dos holofotes e das banalidades de Hollywood.

Por mais que Jodie seja um pouco difícil no cara-a-cara, por querer estar no controle das coisas e parecer ansiosa para direcionar a conversa, não deixa de ser um prazer conversar com uma mulher inteligente, sem aquela preocupação exagerada com a aparência. Ela dá a impressão de saber muito bem quem é e não dar a mínima para a opinião dos outros.

"Não tenho de provar mais nada para ninguém", disse, com aparente convicção. Diferentemente da maioria dos atores, conhecidos pelos egos gigantes, ela nem se incomodou em lembrar que foi a segunda opção do diretor David Fincher. Inicialmente ele havia convidado Nicole Kidman para o papel de protagonista de *O Quarto do Pânico*. Mas a atriz abandonou o projeto ao machucar o joelho. *"Substituições acontecem todos os dias em Hollywood"*, comentou a atriz, que se veste com certa formalidade. Ela me recebeu com um terninho branco – escolhido a dedo, aposto, para passar uma imagem profissional. A cara fechada de Jodie só ganha uma expressão mais suave quando ela começa a se sentir mais à vontade na entrevista. Quando baixa a guarda, fica até mais bonita. Tem um rosto de traços delicados e o cabelo liso louríssimo. Quando parece mais amigável, porém, a entrevista normalmente já está no fim. Aí entra aquela assessora apressada, que não hesita em me mostrar a saída.

A Vida muito Discreta de Jodie Foster

Entrevista publicada na *Quem Acontece* de julho de 2002

Jodie Foster conheceu cedo o preço da fama. Desde os três anos, quando despontou como a garota-propaganda do bronzeador *Coppertone*, cresceu sob os olhares incessantes da mídia. *"Tive de aprender a me defender"*, diz a atriz, que foge dos holofotes, deixando o trabalho falar por si mesmo. Esperta, nunca caiu na tentação, comum em Hollywood, de vender a alma à caça de publicidade. *"Nunca confundi as duas identidades: a atriz e a pessoa. Expor-se para a câmera é uma coisa. Ver sua intimidade escancarada nas páginas dos jornais é outra"*.

Se Jodie não fosse tão discreta, sua vida certamente renderia farto material aos tablóides e às revistas de fofocas. Como ela não abre o jogo, existem apenas especulações. Mesmo que não assuma publicamente sua preferência por mulheres, Jodie é tida como homossexual. Na parada *gay* em San Francisco, por exemplo, já virou moda desfilar com uma máscara com o rosto de Jodie e uma camiseta onde se lê: *"Um dia eu saio do armário"*. Mas nem assim ela discute a sexualidade. Quando o tema é vida amorosa, só diz que já amou, mas não quer amar de novo porque dá muito trabalho.

Jornalistas de prestígio nos EUA, como Larry King e Liz Smith, já tentaram de tudo para arrancar da estrela o nome do pai de seus dois filhos: Charles e Kit. Mas não adianta. Ela sempre diz a mesma coisa: *"Não é da conta de ninguém"*. A insistência no assunto tem deixado Jodie ainda mais arisca. Atualmente a atriz só fala com a imprensa quando lança algum filme. E assim mesmo porque um determinado número de entrevistas está previsto no contrato. *"Faço o necessário para promover o meu trabalho, mas não permito que façam da minha vida pessoal o centro das atenções."*

Na tentativa de descobrir a identidade do(s) pai(s) das crianças de Jodie, os jornais atiram para todas as direções, apostando sempre em inseminação artificial. Já foi sugerido que Charles foi concebido com esperma congelado doado por Brad Pitt. Kit, por sua vez, seria filho de Russell Crowe, de quem a atriz estava muito próxima quando ficou grávida pela segunda vez. Jodie dirigiria o bonitão em *Flora Plum*, mas o projeto foi engavetado assim que Crowe machucou seriamente o ombro enquanto se preparava para o papel.

"Quem tem uma mãe como eu não precisa de pai. Como sou de escorpião, sou extremamente controladora. Meu filho mais velho é de câncer. Nem preciso dizer que ele é o perfeito filhinho da mamãe", diz Jodie, que nunca conheceu o pai, um piloto de avião. Assim que ele deixou a família, antes do seu nascimento, sua mãe, uma produto-

ra de filmes, teve de sustentar os quatro filhos sozinha. *"Não existe família perfeita. Sou a prova de que ser filha de mãe solteira não arruina a vida de ninguém."*

Jodie ainda se sente em vantagem por criar dois meninos. *"Se tivesse duas garotas, talvez fosse mais complicado. Digo isso com base na relação delicada que tenho com minha mãe."* Ela usa Meg Altman, sua personagem no *thriller O Quarto do Pânico*, como exemplo. Recém-divorciada, Meg não consegue se aproximar da filha adolescente. Pelo menos até acabar trancada com a garota em quarto de segurança máxima quando a casa é invadida por ladrões durante a madrugada. Só quando Meg faz tudo para proteger a filha é que as duas finalmente começam a se entender.

"Há algo difícil de explicar entre mães e filhas. É como tentar ver um elefante com microscópio", diz a atriz, que aos dez anos já sustentava a mãe com o cachê recebido em comerciais e filmes. Sempre elogiada nos *sets* pela sua *"inteligência precoce"*, Jodie chamou pela primeira vez a atenção da Academia de Artes e Ciências Cinematográficas de Hollywood aos 12 anos. Na época ela contracenou com Robert De Niro, vivendo a prostituta mirim de *Taxi Driver* (1976) – que lhe valeu uma indicação ao Oscar de melhor atriz coadjuvante. *"Por ter começado tão cedo, tenho uma percepção di-*

ferente de quem ingressou no show biz já na casa dos 20 anos. Hollywood é apenas o lugar onde eu trabalho das 9 horas às 17 horas. Nada mais."

Caseira, Jodie confessa sair pouco. Quando não está trabalhando, como atriz, produtora ou cineasta (estreou na direção com *Mentes Que Brilham*, de 1991), prefere ficar com os filhos em sua casa em Los Angeles. Quando sai, geralmente vai ao supermercado, à lavanderia ou à videolocadora *("Adoro vasculhar as prateleiras de dramas")*. *"Nunca tive uma vida social agitada. Talvez por isso tenha mais privacidade. Os jornais só podem falar de quem se expõe nas ruas."*

Com a maternidade, Jodie promete ficar ainda mais reclusa e muito mais exigente na escolha dos papéis. *"Nunca conseguiram me convencer a fazer um filme atrás do outro. Agora precisa ser algo ainda mais extraordinário para me tirar de casa"*, afirma a atriz, com 30 anos de carreira no cinema, cerca de 40 longas-metragens no currículo e duas estatuetas do Oscar na estante. Foi premiada pela performance como a vítima de estupro em *Acusados* (1988) e a agente do FBI à caça de um *serial killer* canibal de *O Silêncio dos Inocentes* (1991).

Ainda que continue fascinada por cinema, Jodie está decepcionada com a banalização do trabalho do ator em Hollywood, onde seu cachê beira os

US$ 15 milhões por filme. *"Reconheço que o diretor precisa do retorno da mídia para avaliar o impacto de seu filme. Mas ninguém valoriza mais a profissão do ator. Agora só interessa quanto ele ganhou ou se já fez cirurgia plástica."* Longe de repetir a frescura da maioria das estrelas – que não revela a idade, nem sob tortura –, Jodie está feliz da vida com o 40° aniversário. *"Vejo os 40 como um marco: o fim das pressões. Agora já posso desistir da idéia de ser Miss Estados Unidos ou de competir nas Olimpíadas. A minha vez definitivamente já passou"*, brinca.

O Recato Juvenil de Meg Ryan

Loirinha de olhos azuis brilhantes, gestos graciosos e tipo mignon, Meg Ryan deve despertar muita inveja entre as estrelas para quem o tempo tem sido menos generoso. Pessoalmente não dá para acreditar que a atriz com ar de menina já viveu mais de quatro décadas. A cinturinha é tão fina que, se ela quiser, pode perfeitamente comprar roupas na seção infantil dos magazines. Isso provavelmente explica por que até hoje Meg continua sendo requisitada para os papéis de mocinha que sofre por amor no cinema. É espantoso como ela não envelhece. Curiosamente, o comportamento também não corresponde ao de uma mulher que passou dos 40. Às vezes, parece uma garota imatura e um tanto mimada.

Eu explico. O motivo por trás do nosso último encontro, realizado em setembro de 2003, em suíte do Hotel Dorchester, em Londres, foi o lançamento do *thriller* erótico *Em Carne Viva*. Como ela rodou cenas ousadas, pela primeira vez na carreira, simplesmente não dava para ignorar a nudez e voltar ao Brasil sem pelo menos uma declaração da atriz sobre o assunto. Nunca pensei em fazer sensacionalismo. Como qualquer jornalista preocupado em cobrir os vários aspectos da história, queria apenas que a nudez fosse um dos itens abordados. Quando entrevistei Frances McDormand, por exemplo, ela falou abertamente das cenas que rodou sem roupa em *Laurel Canyon*, comentando até que sentia uma necessidade de se liberar fisicamente como atriz. Foi um papo adulto, sem frescuras.

Com Meg, toda vez que eu tentava extrair algo dessa natureza, ela fazia cara feia. Perguntei se a decisão de tirar a roupa em cena naquele momento tinha a ver com a maturidade dos 40, quando as mulheres geralmente se sentem mais seguras de si, e se o fato de ser dirigida por uma mulher (Jane Campion) a deixou mais à vontade para rodar as cenas de sexo. Mas nada. Ela só fazia beicinho e, muito contrariada, dizia que tudo isso era irrelevante. Arrancar de Meg um simples *"sim"*, quando perguntei se ela tinha pelo menos se sentido mais *sexy* no *set* de *Em Carne Viva*, foi um sufoco, acredite.

Confesso que fiquei constrangida diante do ridículo da situação: uma mulher feita se comportando como menina. Como se ela não tivesse plena consciência de que, tirando a roupa em filme, o mundo inteiro ia ver e comentar. O máximo foi ouvi-la dizer que se recusou a ver o resultado final nas telas de tanta vergonha. Isso mesmo. Perguntei como ela tinha reagido ao ver a beleza do corpo eternizada para sempre no cinema e ela garantiu não saber. Disse que fechou os olhos nas cenas fortes na première de *Em Carne Viva* – realizada em Londres, onde Meg chegou a ser vaiada pelos 200 fãs que a esperavam e mal viram a estrela que passou apressada pelo tapete vermelho. *"Não tive coragem de ver as cenas mais ousadas"*, contou, lembrando mais uma vez que o tema a deixava desconfortável. Talvez ela quisesse apenas fazer tipo, tentando manter a imagem inocente que a projetou nas telas. Ou talvez não tenha mesmo confiança para falar de nudez naturalmente, como uma atriz mais segura de si (e menos enjoada) faria.

Meg Ryan Dá Adeus à Inocência

Entrevista publicada na Chiques de outubro de 2003

Meg Ryan decide pôr fim à imagem cândida que construiu em Hollywood. Pelo menos nas telas. A atriz que ganhou as páginas dos jornais e revistas por conta do *affair* relâmpago com Russell Crowe, enquanto ainda estava casada com Dennis Quaid, volta a ser o centro das atenções na mídia ao tirar a roupa em cena. *"Eu me senti mais sexy rodando o filme"*, diz, ao promover o *thriller* erótico *Em Carne Viva*. Diferentemente da inesquecível seqüência em que finge ter um orgasmo em *Harry e Sally, Feitos Um para o Outro* (1989), aqui a ex-namoradinha da América precisou dar realismo quando a personagem atinge o clímax na cama.

"Tive propostas antes, mas só agora me senti preparada para rodar cenas de intimidade tão intensas", afirma. O bom-gosto da cineasta neozelandesa Jane Campion, que despiu Holly Hunter em *O Piano* (1993), certamente pesou na hora de aceitar o papel. *"Eu me coloquei inteiramente nas mãos de Jane. Só perguntava, por curiosidade, de que ângulo a câmera iria me filmar"*, diz a atriz, encarregada de viver Frannie, uma amarga professora universitária que mergulha em território sexual até então inexplorado com um policial vulgar (Mark Ruffalo).

Para acentuar o contraste com as mulheres adocicadas que Meg viveu em *Sintonia de Amor* (1993), *Mensagem pra Você* (1998) e *Kate & Leopold* (2001), entre outras comédias românticas, a nova personagem tem olhos e cabelos castanhos. *"Não conseguia ver Frannie loira e de olhos azuis. Por isso, insisti para escurecer o cabelo e usar lentes de contato. De tantas decepções, ela prefere se esconder das pessoas. Vive num mundo próprio."* Frannie ainda fala pouco, principalmente se comparada às personagens anteriores da atriz, muito tagarelas. *"Interpretar uma mulher que não se expressa verbalmente foi tão difícil quanto rodar as cenas de sexo."*

Sem namorado (apesar de ter sido flagrada pelos tablóides dos EUA na companhia do ator John

Cusack), Meg se sentiu particularmente atraída pelo caráter solitário da personagem. *"Frannie reflete como as pessoas estão desesperadas nos dias de hoje para sentir uma conexão com alguém, para dividir momentos de verdadeira intimidade. O ser humano só se realiza quando percebe que existe alguém que o conhece profundamente, que consegue vê-lo por dentro"*, conta a estrela. O único homem na sua vida atualmente é o filho, Jack. Ela até brigou com o ex-marido na Justiça pela guarda do menino. *"Jack é a pessoa mais importante para mim."*

Meg caiu de cabeça no trabalho desde o fim do romance com Crowe, que ela conheceu em 2000 nas filmagens de *Prova de Vida*, e o divórcio, após casamento de dez anos com Quaid. Além de *Em Carne Viva*, rodou *Contra Tudo e contra Todos*, interpretando personagem verídica: Jackie Kallen, a primeira mulher bem-sucedida como agente de boxe, um universo dominado por homens. Foi provavelmente mais uma tentativa de reinventar a sua persona nas telas, por mais que ela não goste de admitir isso. *"Não preciso me preocupar por ser freqüentemente associada às comédias românticas. Fiz mais de 30 filmes, sendo apenas seis ou sete do gênero. As comédias foram apenas os títulos de maior sucesso comercial"*, comenta.

Ela já tentou quebrar a imagem de mocinha apaixonada em *Quando um Homem Ama uma Mulher*

(1994), vivendo alcoólatra, e em *Coragem Sob Fogo* (1996), no papel de oficial do exército. Mas ambos fracassaram nas bilheterias. *"Esperei muito tempo por papel tão complexo como o de* Em Carne Viva. *Depois de Frannie, será difícil voltar a representar uma personagem tipicamente hollywoodiana."* Como Jane Campion havia convidado inicialmente Nicole Kidman para viver a protagonista do *thriller*, Meg precisou enfrentar um teste antes de filmar. Algo que uma estrela com salário de US$ 15 milhões geralmente se recusa a fazer. *"Não me envergonho por ter me esforçado para ganhar o papel. Pelo contrário. Faria tudo de novo"*, afirma.

Capítulo IX

Os Grandes Diretores

O Woody Allen neurótico de sempre

Se dependesse dos seus atributos físicos, Woody Allen não conseguiria mesmo vencer no cinema. Foi isso que pensei assim que o diretor franzino, careca, narigudo, de olhar assustado e com os inseparáveis óculos de armação preta pisou na suíte do Hotel Carlton de Cannes, no concorrido boulevard de la Croisette, em 2002. O crítico americano Jack Kroll estava certo quando disse certa vez que o rosto de Allen *"parece sugerir que Deus é um cartunista"*. É maldade, eu sei, mas o próprio cineasta não perde a mania de ridicularizar a sua aparência. *"Você consegue me imaginar vivendo o galã nas telas?"*, pergunta, com aquela voz anasalada. Não preciso responder. Uma risada basta.

Não dá mesmo para levar Allen a sério. Ele nunca pára de se rebaixar, de questionar o seu talento e de subestimar os seus filmes (como fica claro na entrevista que vem a seguir). Não dá para saber se o diretor sempre foi assim, tão autocrítico, ou se o fato de ter sido consagrado na pele de tipos inseguros, paranóicos e desastrados o deixou ainda mais à vontade para posar eternamente de insatisfeito. Seja qual for a resposta, é um prazer estar diante desse célebre humorista. É como se a gente estivesse num de seus filmes.

Não há diferença entre o Allen da tela e o da vida real. Mesmo sem a presença da câmera, seu olhar é tímido, suas falas são rápidas e o humor é amargo, tipicamente judeu. *"É um milagre eu continuar filmando"*, diz. E ele fala isso sério, não como uma de suas tiradas. O mais estranho de tudo é o figurino do cineasta para promover *Dirigindo no Escuro*: apesar do clima agradável no balneário francês, dá para sentir a brisa do Mediterrâneo soprando pela janela, Allen escolheu uma calça de veludo preta para acompanhar a camisa branca de manga comprida. Outra curiosidade: ou o diretor está com problemas de audição ou não consegue entender o meu inglês com sotaque. A cada pergunta, ele se aproxima para ouvir melhor. Mesmo assim, tenho de repetir. Em vez de Allen olhar para mim quando responde, ainda olha para o chão.

Antes de voltar ao conforto de sua suíte, a mais cara do Carlton custa aproximadamente 4.500 euros por noite, Allen tem um acesso de tosse daqueles. Precisa tomar água para melhorar. *"Peguei um resfriado"*, comenta, após assoar o nariz nada discretamente na minha frente. Aproveito para perguntar se ele é hipocondríaco, como tantos dos personagens que criou. O cineasta balança a cabeça, sério, dizendo que não. *"Só tenho uma tendência a sempre pensar o pior quando se trata de uma doença"*, confessa. Sim, parece cena de filme.

Eu Sou um Cara Comum

Entrevista publicada na *Ícaro* de agosto de 2002

Woody Allen intimida qualquer repórter. Assim que coloco o gravador diante dessa figura lendária do cinema, sinto uma incômoda obrigação de ser inteligente. Cerebral e crítico ao extremo, o cineasta dono de um estilo inconfundível não perdoa ninguém. Nem a si mesmo. *"Não vejo graça nos meus filmes. Não entendo por que os críticos são tão generosos comigo."* O diretor obcecado por personagens neuróticos e desafortunados garante que a mídia é a única responsável por toda a mitologia que gravita ao seu redor. *"Como sou um tipo recluso, as pessoas pensam que eu sou uma criatura formidável."* Diz que por trás de todas as suas celebradas manias existe uma razão simples: *"Não ensaio antes de filmar porque fico entediado. Não falo muito com os atores no set simplesmente porque não há necessidade. Como não sei extrair performances extraordinárias, tenho de contratar os melhores"*.

Essa tendência à autodepreciação, que o acompanha ao longo de 40 anos de carreira, não só quebra o gelo como confirma a genialidade do diretor. Mesmo que ele não goste de admiti-la. Allen soube tirar partido do seu físico franzino, das suas neuroses, ansiedades e fobias, criando uma persona que não se limita às telas de cinema. Ele é mesmo um mestre da autoparódia. *"Nunca fui um Martin Scorsese, um Robert Altman ou um Francis Ford Coppola. São esses diretores que influenciam a nova geração de cineastas. Ou você já viu alguém tentando imitar o meu estilo?"*

Não. Realmente ninguém se atreve a mergulhar no território de Allen, marcado pelo humor intelectualizado, diálogos afiados e sensibilidade única para tratar de temas como a angústia de viver, o medo da morte e a incomunicabilidade entre os sexos. Também seria difícil copiar o ritmo de trabalho do cineasta judeu nova-iorquino, nascido no Brooklyn. Como poucos, ele tem fôlego para lançar um filme por ano – fora da máquina de Hollywood. *"Por ser um diretor independente, posso fazer o que quiser. Não suportaria ter de submeter um roteiro à aprovação."*

Por ser dono da própria *"lojinha de filmes"*, como ele gosta de dizer, Allen pode se dar ao luxo de dirigir produções que não dão dinheiro. Seus filmes, com orçamento entre US$ 10 milhões e US$

20 milhões (baratos, para o padrão de Hollywood), geralmente só conseguem se pagar. *"Discordo da mentalidade de indústria, onde só se pensa em fazer o máximo de dinheiro. Se o filme é bom, é um acidente de percurso"*, alfineta o diretor, que raramente resiste em interpretar os protagonistas de suas histórias – tipos não muito diferentes de si mesmo.

Responsável por obras-primas como *Noivo Neurótico, Noiva Nervosa* (1977), *Manhattan* (1979), *A Rosa Púrpura do Cairo* (1985) e *Hannah e Suas Irmãs* (1986), Allen veio a Cannes para promover *Dirigindo no Escuro*, em que também atua. O longa-metragem é uma desculpa para o cineasta lançar um olhar mordaz sobre a indústria, vivendo diretor que realiza um filme apesar de estar temporariamente cego. *"Reconheço ser um ator limitado. Ainda assim, sou indicado para alguns papéis. Para encarnar um cara inseguro e atrapalhado, sou mais convincente que Tom Cruise, por exemplo. Sem falar que, mesmo que eu quisesse contratá-lo, não poderia pagar o seu cachê."*

Enquanto limpa as lentes dos óculos, o vencedor de três Oscars (melhor direção e roteiro por *Noivo Neurótico, Noiva Nervosa* e melhor roteiro por *Hannah e Suas Irmãs*) ainda deixa escapar que essa será a sua última entrevista no balneário francês. *"Foi uma maratona. Assim que terminarmos, pego o vôo de volta para casa."* Pergunto se ele está cansado de responder às mesmas questões – reclamação comum de quem enfrenta uma bateria de entrevistas. *"Não. Mas tudo o que dizem a meu respeito é besteira. Sou um cara comum"*, diz. Ligo o gravador. Allen não vai parar mesmo de bancar o sujeito desinteressante.

Como é o seu processo de criação? O personagem sempre nasce primeiro que a história?
Não há regra. Às vezes tenho a idéia de um personagem e fabrico uma história para ele. Outras vezes penso inicialmente em situação engraçada que serve de trampolim. *Dirigindo no Escuro* nasceu da idéia de fazer humor com uma doença psicossomática. Ia escrever sobre um personagem que sofria de paralisia temporária, mas a idéia evoluiu para a cegueira. Pensei em encarnar um médico, para quem seria muito arriscado trabalhar sem enxergar. Depois percebi que a doença cairia melhor em cineasta, já que o profissional precisa dar a sua visão sobre o assunto que retrata. Ou pelo menos fingir que tem uma visão a respeito.

É essa falta de visão que deixa os filmes de Hollywood tão parecidos, como se tivessem sido realizados pelo mesmo diretor?
Manipuladora e propagandista, a indústria é que não incentiva a inspiração por parte dos cineastas.

A maioria deles passa mais tempo tentando entender e acertar a fórmula do sucesso do que pensando em como fazer uma obra-prima. Os estúdios ficam mais felizes produzindo filme ruim que dá lucro do que lançando um ótimo título que não dá dinheiro nas bilheterias.

Por que não entrega o roteiro completo aos atores? Superstição?
Quando o ator interpreta um personagem que participa do começo ao fim na história, dou o roteiro integral. Ainda que a mídia sempre trate esse assunto como algo exótico, os atores geralmente não se importam. Não querem mesmo perder tempo lendo as 200 páginas em que eles não aparecem. Pela minha experiência, ainda percebo que os atores são mais espontâneos e experimentais quando não sabem o destino que o roteiro lhes reserva.

Como explica o fato de muitos atores fazerem qualquer coisa para trabalhar com você?
Talvez isso aconteça porque os críticos são muito simpáticos comigo. Mesmo quando eles não gostam dos meus filmes, elogiam a performance dos atores. Parece que ninguém percebe que os atores que eu escalo já eram ótimos antes de estrelarem meus filmes.

As mulheres com quem você contracena, além de talentosas, são sempre bonitas...

Mesmo que quisesse contratar feias, não saberia onde encontrá-las. Provavelmente por exigência da profissão, a maioria das atrizes é atraente. Sobretudo nos EUA. Se eu trabalhasse na Itália ou na França, talvez conseguisse encontrar tipos mais gente como a gente. Mas confesso que prefiro a companhia de mulheres no *set*. Sempre digo que, se o mundo fosse mais matriarcal, seria muito melhor.

Seu personagem em Dirigindo no Escuro *é mais um que parece brincar com a imagem que o público tem de você, sempre às voltas com inseguranças.*

Nós dois somos diretores, mas não temos muitas coisas em comum. Por conhecer as nuances da profissão, posso dizer que foi fácil representar fielmente a atmosfera no *set*, as reuniões com os executivos e a pressão por parte do estúdio. Se usasse apenas as minhas experiências, porém, o personagem não teria a menor graça. Eu não sou tão louco quanto Val. Nunca fui processado por não terminar um filme.

Você não costumava promover os seus filmes. O que o fez mudar de idéia nos últimos anos?

Faço pouca campanha por não ver resultado. Ter dado entrevista nos últimos anos não aumentou o meu público. São sempre as mesmas pessoas que vêem os meus filmes. Mesmo assim, fui convencido de que, se não ajudar, promover também não vai atrapalhar.

Foi pensando no público do Brasil que você resolveu enviar um dos personagens de *Dirigindo no Escuro* ao país, pelo menos em citação?
Não (risos). Como os brasileiros desfrutam de uma boa imagem junto às mulheres americanas, a idéia de se casar com um brasileiro rico e bonitão me pareceu um bom destino para uma personagem feminina no filme. Nem que isso ficasse apenas na imaginação dos espectadores.

Não se cansa de filmar em Nova York?
Não. Além de preferir trabalhar em casa, Nova York tem tudo o que um cineasta pode desejar. Há teatro, moda, restaurantes, cabarés, música, dança, editoras, cinemas, parques e artes. Quando saio de casa para comprar um simples sorvete, a probabilidade de eu me deparar com um quadro de Van Gogh ou Renoir é maior do que a de um habitante de qualquer outra cidade americana.

Como vê a reação de Hollywood ao atentado de 11 de setembro, sobretudo por apagar as imagens do World Trade Center *de filmes em produção?*
Isso é ridículo. O que será que os produtores pensam? Acham que a platéia vai desfalecer ao ver as torres no cinema? Nenhum diretor responsável

apagará as torres de seus filmes. Isso é coisa de iniciante, de quem tem medo de perder dinheiro ou de contrariar os executivos.

Não pensa em voltar a dirigir filmes existenciais, à la Bergman, como Interiores *(1978)?*
Ingmar Bergman foi o melhor cineasta do mundo. Adoraria poder fazer filmes mais sérios, mas tenho muito mais idéias para comédias. Não que eu despreze as comédias, mas admito que, quando vou ao cinema, a minha primeira opção é o drama.

Se não fosse cineasta, o que seria?
Se pudesse escolher, queria ter talento para ser pianista. Nenhuma outra forma de arte consegue atingir tão diretamente o coração das pessoas quanto a música.

Não está satisfeito no cinema, onde sempre foi aclamado pela crítica?
Não leio nada. Percebi cedo que ler artigos a meu respeito ou críticas de meus filmes só complicaria a minha vida. Também não gosto de ser elogiado ou homenageado. Fiquei sem graça em Cannes (onde o cineasta recebeu a Palma de Ouro pela contribuição artística, sendo aplaudido de pé por cinco minutos). É desconfortável ser aplaudido por tanta gente que você nunca viu na vida. É como ficar preso em elevador com estranhos (risos).

FESTIVAL
DE
CANNES
2001

A Metralhadora Verbal de Martin Scorsese

Woody Allen fala mesmo muito rápido. Mas, se apostasse uma "corrida" com o colega de profissão Martin Scorsese, perderia. Scorsese fala em alta velocidade. O que ele tem de baixinho (com 1,60 m de altura), tem de elétrico. Dá a impressão de estar ligado na tomada. Muitas vezes nem espera você terminar a pergunta e, como se pudesse ler o seu pensamento, já desembesta a falar, gesticulando freneticamente. Ele não só responde à pergunta como aproveita para botar para fora tudo o que lhe vem à cabeça. Não se sabe se a fala apressadíssima de Scorsese, tão característica quanto as suas sobrancelhas espessas e unidas, é uma decorrência da asma, problema que o acompanha desde a infância. Só sei que diante dessa metralhadora verbal, é difícil fazer interrupções e mudar o rumo da conversa. Sabe quando a gente está no trânsito caótico, tentando entrar em pista movimentada, mas ninguém deixa? Entrevistá-lo é um pouco assim.

Encontrei Scorsese duas vezes. A primeira foi no Hotel Majestic de Cannes, em 2002, quando ele fez na Croisette uma sessão aperitivo de *Gangues de Nova York*, mostrando apenas um clipe de 20 minutos. O diretor provocou o maior empurra-empurra na entrada do famoso Grand Théâtre Lumière.

Foi uma das raras vezes em que um filme inacabado foi recebido com toda a pompa dentro da programação oficial do festival às margens do Mediterrâneo. Nosso segundo encontro foi no Hotel Regent Beverly Wilshire, de Beverly Hills, na *junket* de *O Aviador*, em dezembro de 2004, quando o filme já despontava como um dos candidatos ao Oscar. O dia do diretor estava tão corrido que a entrevista teve de ser remarcada, ocorrendo duas horas depois. Nas duas ocasiões tive a mesma impressão: de que o entusiasmo do diretor é sempre proporcional ao tamanho das produções que promove.

Falam de como ele é difícil e irritadiço nos *sets* de filmagem. Com a imprensa, Marty, como é conhecido pelos amigos, não chega a ser desagradável. Mas é um obstinado. Além daquele detalhe de quase não deixar o jornalista falar, sua vontade de defender o filme é tanta que, diante do menor indício de crítica, ele despeja todos os argumentos possíveis. Foi o que aconteceu quando sugeri que, embora DiCaprio cresça nas suas mãos, ainda lhe falta maturidade profissional para um papel do calibre de Howard Hughes, em *O Aviador*. Scorsese falou tanto que até me deixou zonza. Embora longa, a resposta que aparece na entrevista a seguir é uma versão curta do que ele disse. A integral ia fazer o texto estourar a página do jornal.

Scorsese Voa nas Asas de Howard Hugues

Entrevista publicada no *Valor Econômico* de 14 de janeiro de 2005, antes da sua indicação ao Oscar por *O Aviador*

Martin Scorsese é o maior cineasta vivo americano que nunca ganhou um Oscar. Os amigos Francis Ford Coppola, Steven Spielberg e Woody Allen já levaram o cobiçado troféu para casa. *"Hollywood ainda reluta em me aceitar"*, diz Scorsese, que até hoje não precisou da estatueta dourada para ser considerado uma grife cinematográfica. Talvez a Academia de Artes e Ciências Cinematográficas consiga se redimir este ano, quando o autor de obras consagradas como *Taxi Driver* (1976), *Touro Indomável* (1980), *Os Bons Companheiros* (1990) e o documentário *Minha Viagem à Itália* (1999) fatalmente receberá uma indicação. *"Cinema é a minha grande obsessão"*, conta o diretor, às voltas com mais uma produção grandiosa que reforça o seu gosto pelos detalhes, os movimentos de câmera meticulosamente calculados e a implacável direção de atores.

O Aviador, cinebiografia do excêntrico bilionário Howard Hughes (1905-1976), consumiu US$ 112 milhões para cobrir 20 anos da trajetória do produtor de cinema e gênio da aviação. O longa-metragem protagonizado por Leonardo DiCaprio tem mesmo cheiro de Oscar. Até celebra Hollywood, à medida que faz desfilar pela tela ícones como Katharine Hepburn, Ava Gardner, Errol Flynn, Jean Harlow e outras personalidades que cruzaram o caminho de Hughes. *"É um revival dos anos de ouro, época que sempre me fascinou"*, conta Scorsese, que concorrerá ao Oscar de melhor diretor pela quinta vez.

Conhecido por nunca ter se limitado a um gênero atrás das câmeras, disputou a estatueta com *Gangues de Nova York* (2002), *Os Bons Companheiros, A Última Tentação de Cristo* (1988) e *Touro Indomável*. Por *A Época da Inocência* (1993) e *Os Bons Companheiros* também brigou pelo prêmio de melhor roteiro adaptado. Embora ainda aguarde a sua vez de erguer uma estatueta no palco do Kodak Theatre, o diretor conduziu várias performances condecoradas: Ellen Burstyn, por *Alice Não Mora Mais Aqui* (1974), Robert De Niro, por *Touro Indomável*, Paul Newman, por *A Cor do Dinheiro* (1986), e Joe Pesci, *Os Bons Companheiros*.

Scorsese não deixa o mimado Hugues, que sofria de comportamento obsessivo-compulsivo, de fobia de micróbios e de ambição desenfreada, destoar completamente de seu universo predileto – o submundo povoado de marginais. *"Como a maioria dos meus personagens, ele é um desajustado que se redime por suas qualidades"*, afirma o diretor, de 1m60 de altura e respostas intermináveis. O próprio Scorsese enfrentou muitas dificuldades no passado, quando morava com a família no Queens, de Nova York. *"Meus pais eram da classe operária. Não havia livros na minha casa."* Para garantir o futuro, Scorsese chegou a cursar o seminário, desistindo de ser padre quando descobriu o cinema em Little Italy, no bairro italiano de Manhattan – onde conheceu Robert De Niro. *"Não consigo mais me imaginar afastado dos* sets *de filmagem. Quando iniciei a carreira, tinha a esperança de simplificar as coisas com o tempo. Mas, a cada novo filme, percebo ter muito mais a aprender que a ensinar"*, diz, modesto.

Identificou-se com Howard Hughes, principalmente no que diz respeito às obsessões?
Posso perfeitamente entender algumas características da personalidade de Hugues. Também sou obcecado, a ponto de não desistir das idéias que tenho, não importando o tempo necessário para realizá- las. *Gangues de Nova York* é um exemplo (ele escreveu o primeiro roteiro dessa superprodução nos anos 70). Reconheço ainda alguns elementos de isolamento. Houve momentos difíceis em minha vida, quando preferi me afastar das pessoas. Até hoje não sou muito sociável. Prefiro ficar no meu canto trabalhando. Como Hughes, também costumo me trancar na sala de exibição e ver um filme atrás do outro.

Gostaria de ter conhecido Hugues e vivido naquela época, sobretudo anos 30 e 40?
Em hipótese alguma eu teria trabalhado para ele, dirigindo os filmes que Hugues produziu. Não sei se teria a disciplina e a humildade necessárias para servi-lo. Mas gostaria de tê-lo conhecido. Principalmente quando ele era um jovem produtor, cheio de idéias. Ele foi amigo íntimo de Cary Grant. Só por isso Hugues devia ter algum charme. Aquele período em Hollywood sempre instigou a minha imaginação. Até hoje me pergunto como George Cukor (1899-1983) trabalhava atrás das câmeras. A maioria de seus títulos estava mais para peça de teatro que para filme. Mas havia algo na sua direção de atores, nas performances, na linguagem corporal e no ritmo que deixava as obras tão cinematográficas.

Vê Hugues como um homem a ser admirado?
Hugues usava o dinheiro como arma. Não que eu admire isso, mas vi nessa sua postura a chance de contar uma grande história. Optei por explorar a sua genialidade, mas sempre alertando para o perigo que ele representava. De tão obcecado com velocidade e aviação, Hugues se via como uma pessoa acima de todas as outras, como se ele fosse um deus. Assim como o mitológico Ícaro, ele queria voar até o sol, descobrindo no caminho que a cera nas asas não o levaria muito longe. Exemplo disso foi o acidente aéreo de 1946, quando seu

avião caiu sobre casa de Beverly Hills. Por outro lado, ele não foi simplesmente um megalomaníaco inútil. Por ser um cara de idéias grandiosas, trouxe inovações ao cinema, principalmente com *Anjos do Inferno* (1930), que custou cerca de 4 milhões de dólares, um dos mais caros da época. Eu não pude ver o filme no cinema, mas lembro que meu pai ficou impressionado. Tudo o que Hugues fez em aviação também merece destaque. Ele bateu o recorde de velocidade e ainda deu a volta ao mundo em três dias, 19 horas e 17 minutos. Quando ele assumiu a empresa aérea *TWA*, ainda empurrou os EUA na era do jato. Também construiu a maior aeronave do mundo, o hidroavião Hercules. Foi um homem notável, que merece ser lembrado pelas ações negativas e positivas.

O que mais o atrai em cinebiografia? Seria a chance de unir ficção e realidade?
Talvez. Há uma palavra em inglês que traduz o espírito: *"Faction"*, uma mistura de *"fact"* e *"fiction"*. Eu sempre tive uma fascinação por documentários (atualmente Scorsese trabalha em projeto sobre Bob Dylan, além de ter realizado *The Blues*, em 2003, ambos para televisão). Buscar inspiração no gênero, no entanto, não me impede de contar a vida de um homem como Hugues com licenças poéticas. Antes de ser fiel aos fatos, prefiro ser fiel às emoções. Tomei a liberdade, por exemplo, de mostrar Ava Gardner tirando Hugues do

seu isolamento. Ninguém sabe se foi por ela que ele fez a barba e se preparou para as audiências no Senado. Alguns acreditam que foi Cary Grant. Mas preferi Ava por achar que isso ilustraria a amizade dos dois. Como Ava conta em sua autobiografia, foram 22 anos de berros, gritos e brigas, mas eles sempre faziam as pazes.

Leonardo DiCaprio é bastante jovem para a tarefa de percorrer 20 anos na vida de um personagem. Não teve receio de que ele pudesse não convencer? Ele ainda tem cara de menino.

Não. Até o rosto de bebê de Leo foi útil para representar Hugues em seus 20 e poucos anos. Quando o personagem amadurece, nós só tivemos de mudar o seu cabelo e acentuar na maquiagem, o que foi ainda mais necessário depois do acidente de avião, quando o seu corpo ganhou muitas cicatrizes. Mesmo assim, Hugues nunca deixou de ser um grande bebê, o que fica ainda mais claro na seqüência em que Ava Gardner briga com ele, por não suportar a sua superproteção. Só um homem muito mimado admitiria com aquela naturalidade toda que havia colocado grampos no telefone da amiga. Mesmo sabendo que sua atitude é inaceitável, ainda insiste que faz isso porque se preocupa com Ava. Para mim, Leo é o melhor Hugues que eu podia ter e não me importa o que as pessoas vão dizer. Gostaria que o público tivesse acesso a um vídeo em preto-e-branco que mostra Hugues em sua audiência no Senado, respondendo às acusações de corrupção. Leo está igualzinho. Quando repete a célebre frase de seu discurso, *"Eu juro que, se o Hercules não voar, eu saio desse país e não volto nunca mais"*, eu fiquei impressionado.

Sua relação com DiCaprio é semelhante à que estabeleceu com Robert De Niro no passado? (Com quem rodou *Caminhos Perigosos* - 1973, *New York, New York* - 77, *O Rei da Comédia* - 83, *Cabo do Medo* - 91, *Cassino* - 95, além de *Táxi Driver, Touro Indomável* e *Os Bons Companheiros*)
Não necessariamente. Bob e eu tínhamos a mesma idade nos anos 70. Apesar de termos históricos familiares distintos, nossas experiências de vida eram parecidas. Eu vinha da classe operária, mas Bob, mesmo sendo filho de pintores, entendia a natureza do meu mundo. Curiosamente, Bob foi o primeiro a me avisar para ficar de olho em Leo, depois que os dois contracenaram em *O Despertar de um Homem* (1993), quando ele ainda era só um menino. E Bob tinha razão. Leo e eu tivemos uma ótima experiência em *Gangues de Nova York*, que foi uma produção complicada, com 154 dias de filmagem. Em *Aviador*, foram mais 91 dias juntos. A partir dessa convivência, descobrimos que temos o mesmo gosto, principalmente para livros e filmes. Como diretor, eu me interesso pela sua disposição, ambição e energia. Ele não tem medo de representar personagens perigosos e com mui-

tas fraquezas. Espero que a parceria continue. Trabalharemos juntos no meu próximo filme, *The Departed*, sobre o submundo dos irlandeses em Boston. Mas a cumplicidade que tive e tenho com Bob jamais poderá ser duplicada.

O Jeito de Vovô de Robert Altman

Olhando para Robert Altman, esse senhor pacato, de aparência cansada e mãos trêmulas, não dá para imaginá-lo dirigindo um plano-seqüência vibrante, em que a câmera desliza pelo cenário quase arbitrariamente, buscando ângulos menos óbvios. Também não reconheço imediatamente aquele espírito rebelde e inquieto, que nunca vendeu a alma a Hollywood, fazendo concessões comerciais. Mas basta ele começar a falar de cinema, todo empolgado, para fazer os seus miúdos olhos azuis cintilarem. Altman está em plena forma, apesar dos cabelos branquinhos, da barriga protuberante e dos quase 80 anos. *"Eu remoço no set de filmagem"*, disse o diretor. *"Só estou um pouquinho acima do peso"*, comentou, ao recusar o *croissant* quando o garçom veio nos servir durante café da manhã no Hotel Four Seasons, em Berlim, onde o cineasta promoveu *Assassinato em Gosford Park*, em 2002.

Grandalhão e um pouco desajeitado, Altman passa a imagem de um simpático vovô. Com seu olhar profundo e ar pensativo, não consigo vê-lo berrando num *set*. Os atores, aliás, adoram trabalhar com ele – chamando-o de diretor "invisível", por dar total liberdade de criação. Sua fala é mansa, refletindo um temperamento calmo e social. Amável, cumprimenta aqueles que olham para nossa mesa, balançando a cabeça. Quem não sabe como o sossegado Altman ganha a vida nunca poderá imaginá-lo orquestrando com habilidade aquelas cenas caóticas, em que os personagens falam todos ao mesmo tempo, cada um mais alto do que o outro. A energia de seus filmes é palpitante.

Com uma longa e premiada filmografia, o cineasta dá a impressão estar mais do que realizado na carreira que escolheu. Nos nossos dois encontros (também o entrevistei em Veneza, em 2000, quando ele competia ao Leão e Ouro com *Dr. T e as Mulheres*), Altman reclamou apenas da expectativa que um filme seu invariavelmente cria, fazendo crítica e público esperar mais uma obra-prima. Os fracassos que ele conheceu (e não foram poucos) não o incomodam tanto quanto o *"julgamento injusto"* a que suas produções são submetidas. *"Não queria que o meu nome fosse reverenciado"*, diz, com certa amargura. *"Já cheguei a pensar em lançar filme com pseudônimo."*

Altman – Em Busca de um "Único Maluco" que o Admire

Entrevista publicada no *Jornal da Tarde* de 3 de setembro de 2000

Enquanto muitos cineastas adorariam se gabar de obras-primas como *M.A.S.H.* (1970), *Nashville* (1976), *O Jogador* (1992) e *Short Cuts - Cenas da Vida* (1993), Robert Altman considera o currículo invejável um *"fardo"*. *"A cada novo trabalho, sin-*

to que tenho mais domínio sobre a arte de fazer filmes. Não entendo por que, ao mostrar o título inédito ao resto do mundo, sempre ouço que já fui melhor", reclamou o diretor, comentando a falta de entusiasmo com que a imprensa recebeu *Dr. T e as Mulheres*, no Festival de Veneza. Com aquele olhar irônico, já característico, o cineasta sempre à margem do sistema hollywoodiano apronta mais uma das suas: instiga a imaginação feminina colocando o sedutor Richard Gere no papel de um ginecologista de rotina tumultuada. Rodeado de mulheres com os hormônios à flor da pele, o bonitão tenta ajudá-las, enquanto vê sua vida pessoal desabar. A mulher (Farrah Fawcett) está perdendo o juízo, a cunhada (Laura Dern) não pára de assediá-lo, uma colega do clube de tênis (Helen Hunt) o leva para a cama e a filha (Kate Hudson), que está prestes a se casar, reata o romance com uma garota (Liv Tyler). *"O filme é uma carta de amor às mulheres, em especial às de Dallas, onde se passa a história"*, resumiu Altman, em entrevista ao *JT*, no Hotel Quattro Fontane. *"Se um único maluco gostar, já me dou por satisfeito"*, brincou o diretor, veterano no circuito de festivais, de onde saiu muitas vezes aclamado. *M.A.S.H.* levou a Palma de Ouro de Cannes, *O Jogador* lhe valeu o prêmio de direção no mesmo festival francês e *Short Cuts* conquistou o Leão de Ouro em Veneza.

Alguns diretores renomados evitam colocar seus filmes em mostras competitivas. O senhor não...
Seria rude da minha parte não aceitar um convite para entrar em competição. O que diriam de mim? Que sou bom demais? Que eu sou muito importante? Ou que tenho medo? O máximo que eu posso dizer é que, mais uma vez, fiz o melhor que pude.

Até Que a Morte Nos Separe (1998) *e A Fortuna de Cookie* (1999) *não agradaram crítica e público. Qual sua expectativa com Dr. T ?*
Não me preocupo muito com o resultado. Só me incomoda o fato de meus filmes gerarem tanta expectativa. Tenho vontade de lançar uma obra com outro nome para ver o que acontece. Será que, sem o nome Altman nos créditos, o espectador assistiria ao filme pelo que ele é? As pessoas esquecem que, quando você gosta demais de um título, várias questões entram em jogo. Quem você é, o momento que vive, suas expectativas de vida etc. É por isso que alguns filmes são insuperáveis. *Dr. T* é um filme de baixo orçamento. Eu e Richard Gere não ganhamos nada para fazê-lo. Só se o filme for bem, receberemos algum dinheiro. Se for regular, não perdemos nada. E, se for muito mal, nós só teremos perdido tempo.

A seqüência de abertura de Dr. T *é de tirar o fôlego.*
A seqüência com as mulheres circulando pela sala de espera do consultório tem quatro minutos e

meio. Mas já fiz mais longas, como a de abertura de *O Jogador*, com dez minutos. Uso o recurso para chamar a atenção da platéia, para ajudá-la a se concentrar. Quero que o espectador mergulhe imediatamente no meu mundo.

Seus atores contam que nunca sabem de onde a câmera vai filmá-los. Como isso funciona na prática?
Com todos os personagens a seus postos, simplesmente grito *"Ação!"* e a câmera começa a se movimentar aleatoriamente, sempre com outra câmera fazendo o sentido contrário. Faço isso para forçar uma movimentação em todo o *set*, mesmo que aparentemente não haja razão para tal. Espero que a minha forma de filmar dê à platéia uma sensação de que ela está entrando em espaço para o qual não foi convidada e que verá algo que não deveria. Isso aproxima cinema do teatro. Normalmente no cinema tudo é visto de um único ponto de vista, o da câmera. Já no teatro ninguém tem exatamente a mesma perspectiva, já que os atores não interpretam para um único ponto. É por isso justamente que eles trabalham o tempo todo. O mesmo acontece nos meus *sets*. Em filme meu nenhum ator no *set* pode tirar o plug da tomada, pensando: *"Agora não estou em cena"*.

Os atores também comentam a sua maneira "invisível" de dirigir.

É o meu processo. Quando algum ator me pergunta como deve fazer o personagem, sou o mais vago possível. Penso que, se falar alguma coisa, vou limitar as suas possibilidades. E, se a minha sugestão não funcionar, ele ainda vai dizer que a culpa foi minha (risos). Prefiro que os atores explorem a sua bagagem no *set*. É o que eles mais gostam de fazer. Ou pelo menos deveriam.

Vários de seus filmes apresentam uma estranha combinação de atores. Agora, o senhor traz Farrah Fawcett de volta às telas. Isso é intencional?
Sim. Não concordo com a forma com que a maioria dos atores é escalada em Hollywood. Eles são escolhidos com base em sua popularidade, em seu fôlego nas bilheterias. Eu seleciono pelo talento. E adoro promover uma mistura inesperada de atores. Muitas vezes me surpreendo com o resultado.

Quais as qualidades de Richard Gere que o fizeram escolhê-lo como protagonista?
Ele é ótimo, melhor do que eu esperava. O que me atraiu no início foi a possibilidade de aproveitar o seu carisma na tela. Richard tem esse magnetismo, que mexe com as mulheres e deixa os homens curiosos. E era assim que eu via o ginecologista do filme. Pouco antes de escalá-lo para o papel, uma dessas revistas de comportamento ainda elegeu o ator o homem mais sexy do mundo. Essa história veio de encontro ao que eu procurava.

Não pensou em usá-lo em cena mais ousada?
Não vi razão para fazê-lo tirar a roupa. Ainda que boa parte do filme se passe num consultório ginecológico, são poucas as mulheres que a platéia vê nuas. Helen Hunt no banho e Farrah Fawcett na fonte são as únicas. O que não consigo conceber é rodar cenas de sexo gratuitas no cinema. Se um dia cair nessa tentação, será melhor me aposentar.

Capítulo X

Os Desbocados

Ninguém Segura Susan Sarandon

Trinta minutos na companhia de Susan Sarandon passam rápido demais. Talvez porque a entrevistada fale realmente o que pensa – um hábito incomum entre as celebridades do cinema. Enquanto muitos astros preferem não criticar a tirania do mercado hollywoodiano e muito menos tomar posições políticas diante de um gravador, a atriz não tem medo de pôr a boca no trombone. Doa a quem doer. Como sempre tem muito o que dizer, a conversa flui com entusiasmo, sem hesitação. E deixa um gostinho de quero mais, quando o assessor vem buscá-la no final. Quando nos encontramos, em outubro de 2004, na *junket* de *Dança Comigo?*, nem o sinal de tempo esgotado do assessor conseguiu fazê-la calar a boca na suíte do Hotel Essex House, de Nova York. Ganhei uns minutos a mais, uma espécie de prorrogação. Até sentir que já tido dito tudo o que queria sobre o nosso assunto derradeiro – no caso, as atrizes escravas da aparência – essa mulher de gestos largos, vigorosos e até dramáticos não arredou pé.

Ela é cerebral, sem ser chata. Para fazê-la falar animadamente, com um discurso afiado, é só tocar nos seus temas prediletos: as injustiças do mundo, a política nos EUA e a caretice dos americanos. Veterana em ações humanitárias, ela não se aproveita da popularidade apenas para conseguir mesa em restaurante disputado de Los Angeles. Até ao Brasil ela já veio para gravar o documentário *What's Going On*, sobre trabalho infantil, na condição de embaixadora do Fundo das Nações Unidas para a Infância (Unicef), em 2003. *"Às vezes, eu e o meu marido* (o ator Tim Robbins) *nos sentimos sozinhos, protestando tanto contra as imoralidades como contra a indiferença geral. Será que ninguém percebe no que o mundo se transformou?"*, perguntou, séria.

Susan é um exemplo. Não só de cidadania e humanidade, mas também de resistência. É uma das poucas que se atreve a manter o *sex appeal* nas telas, a despeito da idade. *"Odeio quando me perguntam como eu consegui ficar* sexy, *como se fosse uma conquista e tanto"*, disse a atriz, vestida despretensiosamente, com blusa de malha de manga comprida e calças jeans. Para uma mulher que completa 60 anos em 2006, Susan está com tudo em cima. Seu rosto é iluminado, com um quê de jovial. E o corpo é tonificado, típico de quem malha regularmente. Plástica ela diz que não fez. *"Mas não tenho nada contra, se você acha que será mesmo mais feliz com um nariz ou peito novo"*, afirmou, com sorriso irônico.

Nem preciso dizer que falamos pouco sobre o filme que me levou até Nova York. A própria Susan não fez muita questão. Dando mais uma prova de inteligência e sinceridade, reconheceu que só topou rodar *Dança Comigo?*, um *remake* equivocado do título japonês homônimo, porque a filmagem encaixou perfeitamente na sua agenda e ela ainda queria trabalhar com Richard Gere. É revigorante ouvir alguém dizer a verdade nessa hora, sem passar pelo constrangimento de tentar defender o que não merece defesa.

A Militante Número 1 de Hollywood

Entrevista publicada no *Valor Econômico*
de 5 de novembro de 2004, antes da reeleição de Bush

Susan Sarandon nunca calou a boca por temer a retaliação de Hollywood. Uma das poucas a usar o *status* de celebridade para brigar seriamente por causas sociais, a atriz nova-iorquina construiu uma sólida carreira demonstrando sensibilidade dentro e fora das telas. Militante desde a época do colégio, quando protestou contra a guerra do Vietnã, Susan já defendeu os direitos das mulheres e crianças da Nicarágua (o que lhe rendeu uma ficha no FBI), condenou a política do governo haitiano junto aos aidéticos e foi publicamente contra a guerra no Iraque, sendo chamada de *"anti-americana"* e *"traidora"*. *"Seria covarde se não usasse a minha voz para repudiar situações que considero ultrajantes."*

Apesar de sofrer as conseqüências de seus atos, incluindo ameaças anônimas e o cancelamento de convites para aparições públicas, a vencedora do Oscar por *Os Últimos Passos de um Homem* (1995) nunca parou de trabalhar. O mesmo vale para Tim Robbins, com quem a estrela vive desde 1988 e forma o casal mais engajado do cinema. *"Curiosamente o público respeita as pessoas de opiniões e a indústria, de olho na bilheteria, vai atrás"*, conta Susan, vista recentemente interpretando a mulher de Richard Gere na comédia romântica *Dança Comigo?* e em cenas sensuais contracenando com Jude Law na refilmagem de *Alfie – O Sedutor.*

"Não me incomodo em fazer papéis secundários atualmente. Eles me dão flexibilidade para me dedicar a outras atividades e aos meus filhos", diz a mãe de Jack e Miles, da união com Robbins, e Eva, da relação com o diretor italiano Franco Amuri. Ciente de que há poucos papéis para mulheres com mais 50 anos nas telas, a atriz sempre lembrada por *Telma & Louise* (1991) só lamenta que a nova geração de atrizes seja tão superficial. *"Tive a sorte de amadurecer em época em que as mulheres se sentiam poderosas porque lutavam contra guerras e defendiam o direito ao voto. Hoje elas parecem buscar satisfação unicamente na beleza."*

Qual o preço a pagar por expressar tão abertamente a sua opinião?

Obviamente não foi nada agradável quando a mídia iniciou uma campanha, anunciando que a minha vida estava ameaçada por eu repudiar a guerra no Iraque. Isso me incomodou muito mais por deixar a minha família insegura. Felizmente tenho sentido cada vez menos pressão porque outros atores também estão falando o que pensam. Comecei em uma época em que levantar questões era equivocadamente associado à idéia de ser antipatriota, o que é muito perigoso nos EUA.

Você faz cair por terra a teoria de que para fazer sucesso em Hollywood é preciso evitar a política.
Diferentemente do que muitos atores pensam, se o público gostar de você e seus filmes derem dinheiro, a indústria não vai boicotá-lo. Os executivos não têm o menor interesse em saber a sua posição política. O problema está em outros setores da sociedade, principalmente naqueles que não aceitam celebridades com opiniões políticas. É por isso que, quanto mais poderosa a celebridade, mais fortes são os ataques. O que eles querem é calar a boca de todo mundo, mandando a seguinte mensagem: *"Se nós fazemos isso com Susan Sarandon, imagine o que não poderíamos fazer com você"*.

Como vê a situação política nos EUA?
É uma vergonha. Mas não podemos esquecer que os EUA chegaram a esse caos não apenas porque os republicanos simplesmente perderam a cabeça.

Temos de culpar também os democratas que pararam de participar e de levantar questões. A solução não está apenas em John Kerry, que eu espero sinceramente que vença as eleições presidenciais. Nunca mais podemos deixar que alguém como George W. Bush aja livremente, sem contestarmos suas atitudes. Se não fosse por *Fahrenheit - 11 de Setembro*, documentário de Michael Moore, continuaríamos ignorantes a respeito de muitas ações ultrajantes do governo. Como a mídia nunca se interessou em denunciar isso?

O fato de Tim Robbins dividir as suas convicções políticas fortalece a união?
Não necessariamente. Para manter um relacionamento duradouro, cada um tem a responsabilidade de continuar se questionando e se reciclando. Não sou *expert* em casamento, já que o meu não deu certo (Susan foi casada com Chris Sarandon, de 1967 a 1979). Mas penso que cada um precisa ter vida própria, independentemente do parceiro, sobretudo depois que as crianças crescem. Tim e eu encontramos uma solução que nos impede de cansarmos um do outro. Pela vida caótica que levamos, é difícil ficarmos muito tempo juntos (risos).

Não ser casada no papel faz alguma diferença?
Nunca me casei com Tim porque gosto da idéia de que não sou obrigada por lei a viver com ele. Eu escolho isso todos os dias. Também não gosto do

conceito de unidade que os casais têm, o que é reforçado com a oficialização do casamento. Odeio quando mandam um único convite, endereçado a nós dois. Por que não mandam dois? Eu não respondo por ele e vice-versa.

Dança Comigo? *lança a idéia de que buscamos no marido ou na mulher uma testemunha sobre os acontecimentos de nossas vidas. Concorda?*
Tim é uma dessas testemunhas, assim como os meus amigos de mais de 25 anos. Mas não acredito que o ser humano precise necessariamente de uma mulher ou de um marido para ter certeza de que a sua história está sendo acompanhada por alguém. O importante é entendermos que, apesar da insignificância de nossas existências, elas podem ter importância, dependendo do uso que fazemos delas.

Apesar de Jennifer Lopez inspirar o personagem de Richard Gere a dançar, finalmente Hollywood colocou o ator fazendo par romântico com uma mulher da idade dele, você.
Você não imagina como eu fiquei contente com isso. Talvez Hollywood tenha finalmente percebido que há vida sexual depois dos 50 (risos). Fora das telas, há mulheres nessa faixa etária que continuam extremamente atraentes. Algumas muito mais do que eu.

Sua personagem em Alfie *tem cenas de nudez, oportunidade cada vez mais rara para atrizes de sua geração.*
Como já tirei a roupa em cena no passado, é gratificante poder fazer o mesmo com a idade que tenho agora. Para mim não é nenhum bicho de sete cabeças.

Como encara envelhecer nas telas?
Naturalmente. Não gosto quando atrizes veteranas fazem disso um drama, anunciando que vão parar de trabalhar. Além de ser um exemplo terrível, é idiota pensar que, longe das telas, o processo de envelhecimento vai parar. O segredo está em envelhecer com elegância e dignidade, sem cair no ridículo de tentar aparentar menos. Não agüento ver aquelas mulheres parecendo *drag queens*. Espero chegar aos 70 nas telas, mostrando que a beleza e o poder da mulher não acabam só porque ela tem rugas no rosto.

Acredita ser mais fácil para você por não ter construído a carreira em cima da beleza?
Sim. Sempre me posicionei como uma atriz de personagens e não uma beldade. Até porque, mesmo que quisesse, nunca fui bonita a ponto de escandalizar o mundo com a minha imagem. Tenho pena das atrizes que se consagram jovem, graças aos atributos físicos. Quando a beleza se transformar, perceberão que, se não tiverem mais nada a oferecer, estarão acabadas.

O que acha das atrizes que vêem na cirurgia plástica uma resposta para sua longevidade nas telas?
As pessoas devem fazer o que bem entendem com o seu corpo. Talvez até eu faça plástica para levantar algo algum dia. Só não concordo com essa ansiedade desmedida para parecer mais jovem. Será que as mulheres não percebem que isso só nos deixa mais fracas e vulneráveis?

A Homossexualidade Assumida de Ian McKellen

Ian McKellen é *gay*, muito *gay* e tem orgulho de ter saído do armário. No nosso encontro em Giffoni, província italiana de Salerno, em 2003, eu ia mesmo perguntar algo relacionado à homossexualidade, sobretudo em Hollywood, já que ele a assumiu publicamente durante debate na rádio BBC. Nem precisei. O ator sempre dá um jeito de reforçar a sua preferência sexual nas entrevistas. Pergunte sobre a alta do dólar e McKellen conseguirá fazer uma mirabolante conexão com o estilo de vida dos *gays* e simpatizantes. Sem brincadeira. Ele fala abertamente do assunto. Talvez até demais, considerando que estávamos num festival de cinema infantil, onde suas piadinhas homossexuais foram inconvenientes.

Como conversamos no terraço do Monastério San Francesco, onde alguns eventos eram realizados, uma meia dúzia de crianças se aproximou para ouvir a entrevista. Hoje, lembrando dos comentários maliciosos de McKellen, prefiro pensar que a garotada (italianos em sua maioria), não entendia inglês. Talvez o ator tenha pensado justamente isso, que seria salvo na tradução. Confesso que nem percebi como a monitora traduzia simultaneamente para os meninos, cochichando baixinho perto deles. Logo na primeira resposta de McKellen, eu já não sabia mais onde enfiar a cara.

Como o motivo que havia nos levado até o sul da Itália era o festival de filmes para crianças, comecei perguntando quais produções tinham marcado a sua infância. Pergunta inocente, certo? Errado. O ator explicou inicialmente que, na sua cidade, Burnley, só eram exibidos títulos americanos nas salas de cinema. Isso já foi motivo para lembrar que ele nunca gostou de filme de caubói e muito menos de comédias românticas. *"Desde aquela época já não suportava ver beijo na boca entre homem e mulher. Credo!"*, disse, fazendo uma careta que deixava ainda mais evidente a sua repulsa.

Mudei rapidinho de assunto, passando para a trilogia *O Senhor dos Anéis*, franquia que aproximou McKellen do público infantil. Não adiantou. Ao falar do escritor J. R. R. Tolkien, McKellen disse que sentia falta na sua obra de informações de cunho mais pessoal sobre o seu personagen, Gandalf. Enquanto enumerava coisas que gostaria de saber, como *"onde o mago vive, o que gosta de comer, como atravessa a Terra-Média sem uma mala e se ele fuma"*, o ator não resistiu em trazer novamente o sexo para a conversa. *"Por quem será que Galdalf se sente atraído?"*, perguntou. Sem que eu pudesse dizer nada, ele mesmo completou, com ar malicioso. *"Galdalf devia ter uma queda enorme pelo jovem Légolas."* Depois dessa, vi que não teria jeito mesmo. Passamos a falar então de homossexualidade – para o desespero da monitora que, minutos depois, inventou uma desculpa e tirou as crianças rapidinho de lá.

Ian McKellen – Na Luta Contra o Preconceito

Entrevista publicada na *Chiques* de 10 outubro de 2003

Desde que assumiu publicamente a homossexualidade, em 1988, durante debate na rádio BBC londrina, Sir Ian McKellen é um porta-voz da comunidade gay. *"No mundo todo, a ignorância sobre a homossexualidade ainda é assustadora. Seria preciso que todos os* gays *saíssem do armário para o resto do mundo perceber que nós estamos aqui e não vamos simplesmente desaparecer"*, disse o ator britânico. O *status* de *movie star*, do qual desfruta desde que encarnou Gandalf na trilogia de *O Senhor dos Anéis*, comprova que a homossexualidade assumida não prejudicou a carreira de McKellen. *"Pelo contrário. Nunca fui tão requisitado pelo cinema. Felizmente Hollywood percebeu que era um equívoco achar que o público não queria ver* gays *nas telas, principalmente fazendo papéis de heterossexuais. O meu Magneto* (da franquia *X-Men*) *é tão hetero quanto Ricardo III."*

O ator não esconde, no entanto, o desejo de viver nos *sets* de filmagem o personagem Antonio, de *O Mercador de Veneza*, papel que já desempenhou nos palcos. *"É o único personagem abertamente gay que Shakespeare escreveu. A peça mostra como o mundo trata mal os homossexuais, assim como os judeus"*, afirmou McKellen, que negocia com três diretores simultaneamente a realização da versão cinematográfica. *"Topei os três convites. Abraçarei o projeto que sair primeiro do papel"*, disse o ator, agraciado com o título de *"Sir"* pela Coroa Britânica em 1990, em cerimônia *"entediante"*, como ele gosta de descrever. *"A rainha não parava de olhar para o relógio."*

Com mais de quatro décadas de experiência nos palcos, McKellen arrisca dizer que Shakespeare era homossexual. *"Se as peças do autor forem minuciosamente examinadas, percebemos que ele tinha uma profunda compreensão dos relacionamentos gays."* Se o lendário dramaturgo inglês tivesse escrito *O Senhor dos Anéis*, na visão do ator, saberíamos um pouco mais sobre a intimidade do mago protetor da Terra-Média – uma criação do escritor J. R. R. Tolkien. *"Até mesmo quem Galdalf gostaria de levar para a cama."* No palpite de McKellen, seria o elfo Légolas, interpretado por Orlando Bloom.

O papel do mago que orienta Frodo na jornada para destruir o anel nas Fendas da Perdição lhe garantiu a segunda indicação ao Oscar, como coadjuvante por *Senhor dos Anéis - A Sociedade do*

Anel, em 2002. A Academia indicou McKellen pela primeira vez, como melhor ator, por *Deuses e Monstros*, em 1999, pela performance como o cineasta homossexual.

Graças ao personagem Gandalf, o ator vencedor de cinco prêmios Olivier de teatro ainda ampliou o seu público, passando também a ser apreciado pela platéia infanto-juvenil. *"Quando um garotinho de cinco anos me pede autógrafo, sei que ele pensa estar diante de Gandalf. Mas não me importo. A satisfação é a mesma"*, contou McKellen, homenageado com o prêmio Truffaut na 33ª edição do Festival de Cinema Infantil de Giffoni, província de Salerno, na Itália. McKellen não dialogava com os espectadores mirins desde os anos 60 – quando interpretou David Copperfield em seriado de televisão na BBC.

"Diferentemente do público adulto, as crianças reagem muito mais afetuosamente diante dos filmes e dos ídolos", contou McKellen, que só descobriu a paixão pelo cinema na universidade, onde se formou em literatura inglesa. Durante a infância e a adolescência em Burnley, no norte da Inglaterra, onde ele nasceu, o ator praticamente só freqüentava o teatro. *"Achei* O Mágico de Oz *assustador e nunca me recuperei da morte da mãe de Bambi no desenho"*, disse, rindo.

O Deboche de Cameron Diaz

Cameron Diaz é atrevida. Gosta de provocar com o estilo *"não estou nem aí"* de se vestir, a cabeleira quase sempre desgrenhada e os comentários cabeludos capazes de fazer as mocinhas mais pudicas ruborizarem. *"Quando a mulher vê um cara lindo, seu útero pode até chutá-la"*, disse, no nosso primeiro encontro, no Four Seasons, de Beverly Hills, no lançamento de *Tudo para Ficar com Ele*, em 2002. Não corei, mas confesso ter me surpreendido com o jeito bagaceira da moça, que não pensou duas vezes antes de levantar e soltar os seios na minha frente. *"Costumava segurá-los para cima e dizer: 16 anos. Depois, soltava-os, dizendo: 20. O problema é que agora eles não ficam mais na posição de 16 nem mesmo quando os levanto"*, completou, com certo exagero.

Ela não perde uma piada por nada. Tira sarro de si mesma por ter rodado tantas cenas constrangedoras no filme. *"Nunca pensei ter o olho atingido por pênis de borracha em set de filmagem"*, disse, soltando uma gargalhada. Tudo é motivo de deboche para Cameron. Quando abordei o seu estilo de se vestir, ela soltou um: *"Levo cerca de 14 horas e 30 minutos para me arrumar"*. Mesmo quando o assunto é sério, ela costuma dar um jeito de reforçar essa sua irreverência. Às vezes dá certo.

Em outras, soa falso. Só a vi quieta e compenetrada uma vez: em 2003, quando foi a Cannes para promover 20 minutos de *Gangues de Nova York*. Querendo ou não, ela teve de se comportar diante de tanta pompa para o filme, que nem pronto estava. Quando nos reencontramos no Four Seasons da Cidade do México, onde divulgava *As Panteras Detonando*, em 2003, ela voltou a fazer piadas. Até disse que Rodrigo Santoro, mesmo tendo morrido no filme, poderia ser ressuscitado para um possível terceiro episódio. *"Ele é o máximo"*, afirmou, derretida.

Observando Cameron, ninguém diz que ela figura entre as mulheres mais bem-pagas do mundo. A moça parece dispensar mesmo o *glamour*. Já fez feio até na festa do Oscar. Lembram da cerimônia de 2002, quando ela apareceu com um modelo de Emanuel Ungaro, de decote generoso e mangas esvoaçantes, que lembrava um quimono? Pegou mal. No seu guarda-roupa do dia-a-dia não tem frescura. Ela costuma ser vista com calças jeans de cintura baixa, top e chinelos. Ainda tem mania de aparecer de cara lavada nas entrevistas. Quando está muito maquiada, é sinal que a acne atacou de novo. Não dá para perceber o problema no cinema ou nas páginas de revistas, mas, ao vivo, sua pele não é perfeita e lisinha como a das suas personagens. Diz a lenda que, para contornar o problema, ela só lava o rosto com água mineral Evian. A acne atrapalha, mas não consegue enfear esse exemplo clássico de beleza européia. O biótipo e os olhos azuis ela herdou da mãe, de origem anglo-germânica. A boca é carnuda e o sorriso, instantâneo. As medidas ainda são de top model (com 54 quilos muito bem distribuídos em 1,75 m de altura). *"Na infância tinha apelido de Esqueleto"*, contou, acrescentando que não precisa fazer dieta para manter esse corpinho. Ok, vou fingir que acredito.

"Só faço o que quero e não deixo os homens me dominarem"

Entrevista publicada na *UMA* de julho de 2003

Linda, famosa e cada vez mais rica. Principalmente depois do cachê de US$ 20 milhões que recebeu para reprisar o papel da avoada agente Natalie em *As Panteras Detonando*. O que mais Cameron Diaz pode querer da vida? *"Rir de tudo e de todos, inclusive de mim mesma"*, responde a atriz, soltando a gargalhada que já se tornou sua marca registrada. Nem a chegada dos 30 anos ofuscou o jeito de moleca dessa ex-modelo que usa os *sets* de filmagem como palco para suas estripulias.

Basta lembrar que ela usou esperma em vez de gel de cabelo em *Quem Vai Ficar com Mary?* (1998), desafinou feio em *O Casamento do Meu Melhor Amigo* (1997), acabou enjaulada em *Quero Ser John Malkovich* (1999) e foi flagrada com uma calcinha modelo vovó em *Tudo para Ficar com Ele*

(2002*). "Se o roteiro pedir, posso perfeitamente enfiar o dedo no nariz"*, brinca.

Tão debochada quanto a maioria das suas personagens, Cameron voltou a aprontar das suas na seqüência de *As Panteras*. Além de surfar, fazer motocross e saltar de caminhão em chamas, a loira passa uma cantada audaciosa em Rodrigo Santoro, que faz uma ponta sem camisa nessa superprodução da Columbia Pictures, vivendo o vilão Emmers. Em cena rodada na praia, ela fala da prancha de surfe com duplo sentido, fazendo referência à genitália masculina. *"Quem disse que as mulheres também não gostam de obscenidades? Foi o tempo em que durante uma paquera nós não nos atrevíamos a dizer coisas cabeludas aos homens"*, comenta a estrela, que já namorou o bonitão Matt Dillon e Jared Leto. Mas não adianta perguntar se o coração já tem novo dono. Talvez o cantor Justin Timberlake, com quem Cameron tem sido flagrada pelos fotógrafos na noite de Hollywood. *"Odeio quando vasculham a minha intimidade"*, resume.

Depois de rodar o épico Gangues de Nova York, *com o aclamado diretor Martin Scorsese, como foi voltar a pisar em território despretensioso, no set de* As Panteras Detonando*?*
Foi uma extravagante, engordativa e barulhenta diversão. Foi ridículo o quanto nós três (o trio tam-

bém é formado por Drew Barrymore e Lucy Liu) nos divertimos durante as filmagens. Quem poderia reclamar de um trabalho tão excitante? Tivemos a chance de praticar *kung fu* com um mestre (Cheung-Yan Yuen, de *O Tigre e o Dragão*), abusar do guarda-roupa *sexy* e mostrar que mulher também sabe dar porrada (risos).

Tem orgulho da imagem feminina que a franquia vende, de mulheres que não têm medo de nada?
Não me considero feminista. Simplesmente pertenço a uma geração capaz de fazer tudo o que quer, que não se deixa manipular pelos homens. Então nada mais natural do que representarmos mulheres com habilidades que ultrapassam os limites da cozinha. Assim como não há nada de errado em saber como assar uma torta, a mulher pode perfeitamente estar no volante de um caminhão em alta velocidade.

Você se machucou nas filmagens, já que a seqüência traz muito mais cenas de ação que o original?
Muitas vezes. Nossos machucados provam como nós três nos esforçamos. Nós dispensamos os dublês sempre que possível para dar mais autenticidade às cenas. Enquanto o primeiro filme trouxe muitas cenas de ação acrobáticas, em que saíamos do chão com a ajuda de cabos de aço (apagados digitalmente na pós-produção), na continuação nós lutamos mais com os pés no chão, de modo mais agressivo.

Como foi reencontrar Drew Barrymore e Lucy Liu no set? Houve estrelismos por conta do sucesso do filme anterior (que arrecadou US$ 263,2 milhões ao redor do mundo em 2000)*?*
Nada disso. Em todo *set* há divergências, sobretudo quando todo mundo está visceralmente envolvido no projeto. Mas Drew é ótima como produtora, mantendo tudo sob controle. Drew e Luci são hoje duas de minhas melhores amigas. Nos intervalos de filmagem, nós aproveitávamos para curtir a companhia uma da outra.

Suas personagens têm um quê de provocação. Como reinventa a si mesma a cada papel irreverente?
Cada personagem ganha uma abordagem particular. Sempre levo em consideração o que o roteiro está pedindo. Provavelmente o cinema abre mais espaço hoje para mulheres provocativas porque a platéia já responde mais positivamente às produções concebidas de uma perspectiva feminina. Como as mulheres já são independentes, sobretudo do ponto de vista financeiro, não precisam mais dos namorados ou maridos para levá-las ao cinema.

A preferência por personagens inconseqüentes, que a levam a passar gel à base de esperma no cabelo ou fazer número musical de calcinha (em As Panteras)*, é uma tentativa de desglamourizar a sua imagem?*
Não sou do tipo que calcula os movimentos. Infelizmente não sou tão determinada a ponto de de-

senvolver um plano de ação para a minha carreira. Cada personagem que aceito fazer me motiva por razões diferentes. Nunca tomei uma decisão pensando na imagem que tal papel pudesse me dar. Uma atriz que se preza precisa experimentar tudo e não se preocupar com o que vão dizer. Só faço o que me dá vontade. Normalmente só me dou conta do tom provocativo de uma cena quando já rodei. Aí é tarde demais para me preocupar.

Fora das telas, você também parece não gostar de posar de estrela de cinema.
Sou do tipo que veste a primeira coisa que vê pela frente no guarda-roupa e mal penteio o cabelo antes de sair de casa. Fiz por merecer a reputação de quem só pensa no que vai vestir na noite do Oscar na véspera.

O que vê quando olha para o espelho?
Eu tento não ser tão dura comigo mesmo, já que essa é a tendência de todo virginiano. Não me julgo da maneira como as outras pessoas costumam fazer. Quando paro diante do espelho, geralmente estou compondo um personagem. Quando sou eu mesma no espelho, procuro me divertir. Brinco com as roupas.

Como se sentiu ao completar 30 anos (em 30 de agosto de 2002)*?*

Não encarei como uma data especial, ainda que goste da idéia de amadurecer e de adquirir mais sabedoria e conhecimento sobre mim mesma.

Não tem medo de envelhecer, principalmente em Hollywood, onde os atores muitas vezes são escolhidos pelos atributos físicos?
Envelhecer nunca me pôs medo. Sempre soube que, com o passar do tempo, sentiria cada vez mais a força da gravidade (risos). Quem disse que acordar pela manhã e ter de procurar os seios nas costas não pode ser divertido? (risos). Isso vai acontecer.

Como Hollywood ainda é dominada por homens, é mais difícil para uma mulher negociar seu cachê na indústria? Principalmente um salário milionário como o seu.
Não há segredo no mecanismo da indústria: quanto mais dinheiro você faz para eles, mais dinheiro ganha. Só que eu procuro não me envolver com assuntos financeiros, deixando tudo nas costas do meu empresário. É para isso que eu o pago todo mês. Considero de muito mau-gosto a mídia revelar o cachê dos atores. Por que o público precisa saber disso? Só posso dizer que não me tornei atriz de olho nos cachês polpudos de Hollywood. Para trabalhar de novo com Scorsese faria de graça.

Diria que mudou muito desde a sua estréia nas telas, contracenando com Jim Carrey em O Máskara *(1994)?*

Espere um pouquinho... Vou perguntar à *entourage* que sempre me acompanha: meu cabeleireiro, meu guarda-costas, meu preparador físico, meu guia espiritual... (risos). Não. Tudo mudou ao meu redor. Menos eu.

Como o sucesso afetou o seu relacionamento com a imprensa?
Assim que comecei a trabalhar mais assiduamente, percebi uma mudança radical na imprensa. Ainda concedo entrevista para todo mundo, independentemente de o jornalista pertencer a um veículo de grande alcance ou não. Foi o interesse da mídia que mudou com relação a mim. Agora eles sempre querem mais de mim, o que me incomoda profundamente. Por isso, eu não dou.

Longe dos sets, o que mais gosta de fazer?
Sou preguiçosa. Adoro não fazer nada, um comportamento que combina perfeitamente com o clima da Califórnia.

Como um amigo a descreveria?
É sempre difícil imaginar o que as pessoas pensam sobre você. Eu desisti desse jogo cansativo há muito tempo. Mas arriscaria dizer que os meus amigos me consideram um pouco sarcástica. Quem me conhece de verdade diria que eu sou uma desavergonhada que faz tudo para se divertir. Disso, eu sou inegavelmente culpada (risos.).

Drew Barrymore sem Censura

Drew Barrymore não deve dar ouvidos aos conselhos de seu agente. Se ouvisse, provavelmente cuidaria daqueles quilinhos a mais, daria menos detalhes de sua intimidade e se recusaria a relembrar passagens dolorosas da infância e adolescência – marcadas por negligência dos pais, abuso de álcool e drogas e até uma tentativa de suicídio. Felizmente para mim e tantos outros jornalistas, a moça não tem nada de artificial – uma raridade no circo de Hollywood. É sempre muita autêntica. Seja quando diz que é *"louca por massa com molho branco"* ou quando conta que perdeu *"a virgindade no banco traseiro de um carro"*. É. A gente nem precisa cutucar muito para ela dar declarações picantes, daquelas que fazem os editores vibrarem. Duvido ser um movimento calculado de sua parte, no sentido de chamar a atenção. Justamente por não fazer pose é que ela acaba se expressando aberta e generosamente. E, quando menos espera, já falou aquilo que provavelmente não deveria.

Ouvi a história da primeira transa durante o lançamento de *Os Garotos da Minha Vida*, em Los Angeles, em outubro de 2001. A tragédia de 11 de setembro parecia tê-la abalado, mas não a impediu de contar que perdeu a virgindade às vésperas de completar 14 anos, com um garoto que não saía do seu pé. *"Quando me perguntei se deveria mesmo transar, já tinha acontecido"*, contou Drew, dona de uma risada contagiosa. A exemplo das relações familiares complicadas no filme, lembrou dos problemas com a mãe e o pai, que se separaram antes de Drew nascer – um território no qual muitos atores se recusam a pisar durante entrevistas.

"Ainda somos profundamente diferentes, mas não desprezo mais a minha mãe. Ela é simplesmente uma mulher excêntrica", disse, ao falar da atriz Ildiko Jaid, que tentou vender as roupas de bebê da filha pela Internet, posou nua aos 49 anos para a Playboy (logo depois de Drew) e ainda escreveu um livro fazendo confidências de sua vida sexual, incluindo detalhes picantes com gente famosa e uma suposta proposta de *ménage à trois* envolvendo a filha e Warren Beatty. *"Já o meu pai* (o ator John Drew Barrymore) *é um caso perdido. Ele se sente culpado e frustrado com relação a mim, mas não faz nada para melhorar. Por ter escolhido as drogas, nunca conseguiu ou conseguirá ser pai."*

Expressiva, com feições que mudam mil vezes ao longo de uma conversa, Drew destoa por não forçar uma felicidade na cara da gente. É ridículo o número de vezes que já ouvi desses astros e estrelas declarações como: *"Nunca fui tão feliz na minha vida"*. Muitas vezes, eles dizem essas frases feitas e logo depois os anúncios de separações e divórcios mostram que a história era diferente. Não vi Drew fingindo que a sua vida é perfeita em nenhum de nossos encontros (também nos vimos em 2002, no relançamento de *E.T.- O Extraterrestre*, em Los Angeles, e na Cidade do México, em 2003, na *junket* de *As Panteras Detonando*). Gozadora, ela até tira sarro das suas desventuras amorosas. *"Pela minha cara na foto do meu primeiro casamento* (com Jeremy Thomas), *dava para ver que não daria certo mesmo"*, contou, com ar de moleca.

Drew Barrymore Diz que Acreditava no E.T. há 20 Anos

Entrevista distribuída pela *Agência Estado* e pelo *Portal do Estadão* em 29 de março de 2002

Quando Steven Spielberg rodou *E.T. - O Extraterrestre* (1982), pelo menos uma pessoa acreditou no visitante de outro planeta: Drew Barrymore. Aos 7 anos, a atriz mirim costumava levar comida e roupas ao amigo alienígena no *set*, além de procurá-lo nos intervalos para brincar. *"Spielberg me enganou direitinho. Para não quebrar o encanto, nunca me deixou ver o boneco mecânico desmontado"*, conta a atriz, que encantou as platéias de todo mundo na pele da adorável Gertie. Recrutada para *E.T.*, um dos filmes mais vistos de todos os tempos, depois de um teste frustrado para *Poltergeist – O Fenômeno* (1982), Drew diz ter lembrança vívida das filmagens, *"como se fosse ontem"*. *"Mesmo criança, eu levava tudo a sério, o que provavelmente me deixou ainda mais consciente do que se passava ao meu redor. Foi um momento mágico na minha vida"*, afirma a atriz, que mantém o ar angelical da personagem. Ela só tem um único arrependimento: o de não ter guardado um souvenir do *set*. *"Qualquer memorabilia valeria uma fortuna hoje"*, brincou, em entrevista concedida à *Agência Estado*, durante as comemorações do 20º aniversário do clássico.

Aos 7 anos, qual era a sua visão de E.T.*?*
Como Spielberg só me deixava pisar no *set* depois que o ator tivesse colocado a fantasia de E.T., eu acreditava nele. Cheguei a levar um cachecol para o boneco. Hoje, como também atuo como produtora, vejo como Spielberg foi inteligente ao lidar comigo, mantendo a magia a todo custo.

Sendo tão pequena, como lidou com a carga emocional do filme?
Como não sabia fingir, chorei de verdade. Até porque aprendi com Spielberg, naquele mesmo *set*, que nunca deveria me colocar no lugar da personagem. Eu tinha de ser a personagem. Foi a lição mais valiosa que tive na minha vida profissional.

Quando sua personagem grita ao ver E.T., em uma das cenas mais memoráveis do filme, foi mesmo a primeira vez que você se deparou com ele?
Antes de ser aceita no papel, eu tive de fazer um teste com aquela cena. Acho que eles queriam co-

locar à prova a minha capacidade de gritar (risos). Mas, graças à habilidade de Spielberg em trabalhar com crianças, tudo aconteceu espontaneamente na hora de filmar. Como se eu o estivesse vendo mesmo pela primeira vez.

As filmagens foram divertidas? Mesmo a cena em que os irmãos de Gertie a ignoram, como se ela fosse invisível?
Eu adorei tudo. Principalmente porque isso é o que irmãos e irmãs fazem normalmente uns com os outros. Mas eu, por ser filha única, nunca tive. Mesmo quando eles me ignoravam, via como uma forma de atenção. Senti pela primeira vez que tinha uma família. Spielberg era como um pai e Henry Thomas (o menino Elliot) e Robert MacNaughton (Michael) eram meus irmãos. Era um sonho que se tornava realidade.

Foi naquela época que Spielberg se tornou o seu padrinho?
Sim, mas não me lembro de nenhuma cerimônia para oficializar isso. Foi naquele período que nós nos aproximamos. Ele foi a primeira figura masculina da minha vida a confiar e apostar em mim. Nós temos uma ótima relação até hoje. Ele só odeia quando eu tiro a roupa no cinema (risos).

Ele a ajudou a superar os problemas que vieram depois, com o abuso de álcool e drogas, que culminou com a sua internação (aos 14 anos)*?*

Ele sempre me apoiou, mas confesso que não quis a sua ajuda naquele período. Não queria que ninguém me visse desmoronando e, quando resolvi apostar de novo na minha felicidade, fiz tudo sozinha. A vida é feita de escolhas e, naquele momento, eu escolhi superar o período turbulento. Foi assim que recuperei as rédeas da minha vida, aprendendo finalmente a aproveitá-la.

Olhando para trás, por que acha que caiu tão precocemente nas drogas? (Ela começou a beber aos 9 anos, aos 10 fumou o primeiro cigarro de maconha, aos 12 passou a cheirar cocaína e aos 13 tentou o suicídio, cortando os pulsos.)
Quando era mais nova não entendia o que estava acontecendo e vivia ressentida. Achava que eu era culpada pelo comportamento da minha mãe e pela distância entre meu pai e eu. Para minha mãe também não foi fácil criar uma filha sozinha, especialmente em Hollywood.

Se tivesse um filho, o encorajaria a fazer um filme na infância?
Provavelmente não. Tive sorte porque Spielberg não é um explorador. Mas reconheço que, se tivesse caído em mãos erradas, poderia ter tido uma experiência ruim. É um passo perigoso na vida da criança porque pode significar a perda da infância, uma fase maravilhosa. Por isso, vou querer que os meus filhos curtam a infância primeiro, antes de pensarem em *show biz*.

Alguns produtores de elenco costumam dizer que não existe criança que quer fazer filmes. Apenas mães que querem ver seus filhos no cinema. Concorda?
Não necessariamente. Eu nunca fui pressionada pela minha mãe. Queria mesmo ser atriz. Sempre gostei da brincadeira de ser outra pessoa, da atmosfera nos *sets*, do contato com outros atores, de viajar e de ter uma boa desculpa para faltar às aulas (risos). Ao rodar *Os Garotos da Minha Vida*, no entanto, percebi que o elenco infantil daquele filme não queria estar lá. E sim suas mães. Foi horrível.

O que teria feito diferente na sua trajetória?
Não tenho espaço para arrependimentos em minha vida. Nem de ter tirado a roupa. (Ela rodou cenas de nudez com apenas 13 anos, no *thriller Bem Longe de Casa*, e mostrou os seios no programa de TV de David Letterman como presente de aniversário ao apresentador, em 1995.) Aproveito para mostrar enquanto posso. Sei que um dia estarei tropeçando nos meus seios... Aí, então, o jeito será encomendar um sutiã à NASA (risos).

Índice

Créditos das fotografias

Ilustração da capa a partir de fotografia de Albano Mendes.

As fotos utilizadas como fundo da ilustração da capa são de divulgação das distribuidoras.

Todas as demais fotos são do acervo pessoal de Elaine Guerini.

Coleção Aplauso

Perfil

Anselmo Duarte - O Homem da Palma de Ouro
Luiz Carlos Merten

Aracy Balabanian - Nunca Fui Anjo
Tania Carvalho

Bete Mendes - O Cão e a Rosa
Rogério Menezes

Carla Camurati - Luz Natural
Carlos Alberto Mattos

Carlos Coimbra - Um Homem Raro
Luiz Carlos Merten

Carlos Reichenbach - O Cinema Como Razão de Viver
Marcelo Lyra

Cleyde Yaconis - Dama Discreta
Vilmar Ledesma

David Cardoso - Persistência e Paixão
Alfredo Sternheim

Djalma Limongi Batista - Livre Pensador
Marcel Nadale

Etty Fraser - Virada Pra Lua
Vilmar Ledesma

Gianfrancesco Guarnieri - Um Grito Solto no Ar
Sérgio Roveri

Helvécio Ratton - O Cinema Além das Montanhas
Pablo Villaça

Ilka Soares - A Bela da Tela
Wagner de Assis

Irene Ravache - Caçadora de Emoções
Tania Carvalho

João Batista de Andrade - Alguma Solidão e Muitas Histórias
Maria do Rosário Caetano
John Herbert - Um Gentleman no Palco e na Vida
Neusa Barbosa
José Dumont - Do Cordel às Telas
Klecius Henrique
Niza de Castro Tank - Niza Apesar das Outras
Sara Lopes
Paulo Betti - Na Carreira de um Sonhador
Teté Ribeiro
Paulo Goulart e Nicette Bruno - Tudo Em Família
Elaine Guerrini
Paulo José - Memórias Substantivas
Tania Carvalho
Reginaldo Faria - O Solo de Um Inquieto
Wagner de Assis

Renata Fronzi - Chorar de Rir
Wagner de Assis
Renato Consorte - Contestador por Índole
Eliana Pace
Rodolfo Nanni - Um Realizador Persistente
Neusa Barbosa
Rolando Boldrin - Palco Brasil
Ieda de Abreu
Rosamaria Murtinho - Simples Magia
Tania Carvalho
Rubens de Falco - Um Internacional Ator Brasileiro
Nydia Licia
Ruth de Souza - Estrela Negra
Maria Ângela de Jesus
Sérgio Hingst - Um Ator de Cinema
Maximo Barro
Sérgio Viotti - O Cavalheiro das Artes
Nilu Lebert

Sonia Oiticica - Uma Atriz Rodrigueana?
Maria Thereza Vargas

Ugo Giorgetti - O Sonho Intacto
Rosane Pavam

Walderez de Barros - Voz e Silêncios
Rogério Menezes

Especial

Dina Sfat - Retratos de uma Guerreira
Antonio Gilberto

Gloria in Excelsior - Ascensão, Apogeu e Queda do Maior Sucesso da Televisão Brasileira
Álvaro Moya

Maria Della Costa - Seu Teatro, Sua Vida
Warde Marx

Ney Latorraca - Uma Celebração
Tania Carvalho

Sérgio Cardoso - Imagens de Sua Arte
Nydia Licia

Cinema Brasil

Bens Confiscados
Roteiro comentado pelos seus autores
Carlos Reichenbach e Daniel Chaia

Cabra-Cega
Roteiro de DiMoretti, comentado por Toni Venturi e Ricardo Kauffman

O Caçador de Diamantes
Vittorio Capellaro comentado por Maximo Barro

A Cartomante
Roteiro comentado por seu autor Wagner de Assis

Casa de Meninas
Inácio Araújo

O Caso dos Irmãos Naves
Luís Sérgio Person e Jean-Claude Bernardet

Como Fazer um Filme de Amor
José Roberto Torero

De Passagem
Roteiro de Cláudio Yosida e Direção de Ricardo Elias

Dois Córregos
Carlos Reichenbach

A Dona da História
Roteiro de João Falcão, João Emanuel Carneiro e Daniel Filho

O Homem que Virou Suco
Roteiro de João Batista de Andrade por Ariane Abdallah e Newton Cannito

Narradores de Javé
Eliane Caffé e Luís Alberto de Abreu

Teatro Brasil

Alcides Nogueira - Alma de Cetim
Tuna Dwek

Antenor Pimenta e o Circo Teatro
Danielle Pimenta

Luís Alberto de Abreu - Até a Última Sílaba
Adélia Nicolete

Trilogia Alcides Nogueira - ÓperaJoyce - Gertrude Stein, Alice Toklas & Pablo Picasso - Pólvora e Poesia
Alcides Nogueira

Ciência e Tecnologia

Cinema Digital
Luiz Gonzaga Assis de Luca

ctp, impressão e acabamento

imprensaoficial

Rua da Mooca, 1921 São Paulo SP
Fones: 6099-9800 - 0800 123401
www.imprensaoficial.com.br